# 세상, 그 길을 걷다

# 차 례

## 2 만남 · 인생 · 기업의 길

## 3 섬유인, 그리고 기업가 정신



## 4 묻어두고 싶은 이야기들

## 5 부록, 인간 김해곤

## 저자 소개

김해곤(金海坤)은 우리나라 최초이자 유일하게 섬유업계에서 '대한민국과학기술상'을 수상한 섬유업계의 원로다.

전남 영암에서 태어난 시골소년이었던 그는 당시 수재들만 들어갈 수 있던 광주서중학교를 거쳐 광주고등학교와 전남대학교에서 섬유공학을 전공, 학사, 석사학위를 받았다.

1960년 대학을 졸업한 후 국립공업연구소의 연구원에 잠시 몸담았다가 일신방적(주)으로 자리를 옮겼다. 일신방적(주) 이후 김해곤은 40년이 넘게 방적업계 현장에서 한길을 걸었다.

그동안 그가 세운 성과는 놀랍다. 일신방적(주) 재직 중 한국에서 최초로 P/C spun yarn 및 P/C 혼방사를 이용한 직물을 개발하고 제직하는 데 성공했으며, 충남방적(수)에서 방석설비를 60만 추까지 증설하고 제직시설 5,500대, 염색가공시설 월간 1,000만 yds를 생산하는 동양최대 대규모 공장을 건설하는데 주역을 담당했다. 충남방적 기술연구소장으로 12년간 재직하면서 많은 신소재를 개발했을 뿐만 아니라 1987년까지 매년 100억 원 이상의 비용을 들이고도 제한적으로만 수입에 의존하던 특수 작전용 위장 군복지를 국내 최초로 연구 개발 생산하는데 성공하여 외화 절약 및 자주 국방에 공헌하여 대한민국과학기술상을 수상하였으며, 이 공로로 한국과학기술한림원 정회원이 되었다.

1960년대 중반 일본 테이진가공기술연구소 및 Toyo(東洋)방적, 동경공업대학에서 섬유기술 연수를 했으며, 충남방적 재직 당시인 1980년대 숭실대학교 대학원에서 섬유공학 박사학위를 취득했다.

방적업 현장에서 실무 기술 개발 뿐만 아니라 청운대학교에서 후학을 위한 강의와 연구 활동에도 헌신했다. 한국과학기술정보연구원(KISYI) 전문연구위원, 한국섬유기술사회 회장, ISOTC 전문위원 등을 역임했다.

2012년부터 지금까지 용봉리더스클럽 회장을 맡아 활발하게 운영해오고 있으며, 2017년 한국섬유패션협동조합을 설립해 현재까지 이사장직을 수행하며, 한국 섬유발전을 위해 동분서주하고 있다.

저서로 『날실과 씨실로 엮은 반평생』, 『내가 만난 세상』, 『전문가가 본 일본 과학기술의 흐름』이 있다.

## 책머리에

세월은 유수와 같다더니 내 나이 어느덧 살 만큼 살았다는 나이에 이르렀습니다

어렸을 때 나는 문학소년이 꿈이었습니다. 하지만 고등학교와 대학에 진학하면서 직장을 먼저 생각하여 이공계 기술 분야를 선택, 전문 과학기술인이 되었습니다 그리고 생활하면서 틈틈이 써온 칼럼을 월간지 등에 게재하였습니다. 세월이 지나다 보니 옛날 써 놓은 글이 묻혀버리기에는 아쉬운 생각에 새로운 글을 한데 모아 이 책을 출간하게 되었습니다. 한편으로 후배들의 권유도 일정 부분 작용하였습니다.

나는 일본침략에 의한 일본제국치하에 태어나 8·15해방과 대한민국 탄생, 그리고 6·25사변, 4·19혁명 그리고 5·16 군사쿠데타 등 파란만장한 격동의 시대 속에서 살았습니다.

초등학교와 중학교 시절까지는 한약의원을 하신 할아버지 덕분에 윤택한 생활과 환경 속에서 공부하며 자랐습니다. 참으로 감사한 일입니다. 하지만 갑자기 내가 16살이 되면서부터 동생 6명과 편모슬하의 가장이 되었고, 성인이 되어 직장생활을 하는 내내 파란만장한 고난과 역경의 세월, 그리고 고통과 인내의 순간 등을 감수하며 살아왔습니다. 어찌 보면 나는 오직 성공해야

하겠다는 일념으로 각고의 노력해왔다는 생각이 듭니다.

감사한 마음 이면에는 가보지 않은 길을 찾아 나서지 못했던 아쉬움도 진하게 남아 있습니다.

이런 생각을 한다고 해서 내가 지금까지 살아온 삶이 후회스럽거나 또는 삶에 대한 미련이 남아 있어서 그런 것은 결코 아닙니다. 도리어 내 삶에 있어서 오로지 섬유인 외길만을 걸어왔다는 자부심의 다른 말이기도 합니다.

내 삶은 그야말로 감사의 연속이었습니다. 내가 만난 사람들과의 인연 또한 대부분 감사한 인연들이었습니다. 그 인연 덕분에 지금의 내가 있다고 생각합니다.

가장 가까이는 어렸을 적 내 인생의 가치관과 삶의 방향을 이끌어주셨던 할아버지와 일찍이 혼자가 되셔서 오직 자식들만을 위해 사셨던 어머니의 헌신적 사랑, 그리고 누구보다도 희생적인 뒷바라지를 해준 나의 아내가 있었습니다. 특별히 나의 아내에게 고마움을 전합니다. 남들처럼 아이들하고 함께 보내거나 또는 둘이서 화목하게 지내야 할 10년 가까운 세월을 대학원 2곳 4년, 박사과정 4년 도합 8년간 학비부담과 시간을 쏟아 부으며 공부하는 남편을 위해 자신의 모든 시간을 다 빼앗겨 가면서 나를 뒷바라지 해주었습니다. 남편을 얼마나 원망하고 고생했을까를 생각하면 이루 말할 수 없는 미안한 생각이 듭니다. 오늘의 나는 사랑하는 아내의 헌신적인 희생과 사랑에 더하여 내 자녀들, '가족'이라는 이름의 사랑과 지지가 있었기에 가능한 일이었습니다.

이뿐만이 아닙니다. 꿈 많던 학창시절, 특히 중고등학교 동창 및 선후배와 직장생활하면서 만났던 선배와 동료들 덕분이기도 합니다. 내 평생을 섬유인으로 이끌어준 섬유업계의 1세대에서부터 지금에 이르기까지 함께한 모두에게 감사한 마음뿐입니다.

뒤돌아보면 내 삶은 나 혼자의 삶이 아니었음을 깨달았습니다. 이 소중한 깨달음을 바탕으로 앞으로 여생은 나와 함께 했던 소중한 인연들을 기억하면서 살아가고자 합니다. 건강한 내 삶의 활력소가 되어주었으며 지속 발전할 수 있도록 자양분이 되어준 그들처럼, 내 남은 삶은 누구에겐가 희망과 인생의 나침반이 되어주고 싶습니다.

이 책은 칼럼집 성격을 띠고 있지만, 문학적인 글도 포함되어 있습니다. 제1부에는 국가와 사회를 향한 칼럼 위주로 편집하였으며, 제2부는 가족, 학교, 직장 생활 등 개인사적 경험과 연관된 글과 문학작품을, 제3부에는 섬유인, 기업인으로서 오로지 일에 매달려 활동하고 있을 때의 글, 제4부는 묻어두고 싶은 이야기들, 제5부는 부록으로, 일본인 벗과 지인들의 평가, 그리고 아버지에 대한 자녀의 글을 모아서 정리하였습니다. 모두 '인간 김해곤'의 면모를 엿볼 수 있는 글이라 생각됩니다.

21세기 첨단 과학기술시대에 다소 뒤떨어진 느낌의 글이 포함되어 있지만, 그때 당시 상황에 대해 솔직하게 기술하고 있다는 점에서 의미가 있다고 생각되어 수록하였습니다.

지금도 어머니의 사랑과 할아버지의 사랑이 그립습니다.

가슴 속 깊은 곳에 남아 있는 그리움을 내 자녀들에게 꼭 간직하여 전해주고 싶습니다. 오로지 일밖에 모르는 남편 덕분에 육아에서부터 가정의 대소사 모든 것을 묵묵히 감당해준 사랑하는 아내 이수경과 바르게 잘 자라준 나의 아들 재학, 기연, 형근이와 딸 은정에게 고마운 마음 가득합니다.

또한 이 책을 출간하는 데 있어서 제목에서부터 원고 선별과 편집 방향에 이르기까지 나를 격려하고 출간에 큰 영감을 불어넣어 주었던 박양수 후배님과 사무실에서 수고하고 있는 임선복 과장과 원고의 교정과 정리에 힘써준 김상철 박사, 등대출판사 관계자에게도 감사의 마음을 전합니다.

나를 돌아보고 여생을 어떻게 살아야 할 것인가를 생각하게 해준 많은 동료, 후배에게도 이 글로나마 감사의 마음을 전합니다.

2024년 7월

상암 김해곤 識

# 추천의 말씀

**진 석 홍**(전 국기보훈처장관)

김해곤 이사장의 『세상, 그 길을 걷다』의 발간을 충심으로 축하드리며 그간의 노고에 대하여 경의를 표합니다.

영암 금정에서 태어난 김해곤 이사장은 어려서부터 글쓰기를 좋아해 문학소년의 꿈을 키워왔습니다. 그러나 급격히 변한 생활환경으로 인해 이공계 기술분야를 선택해 대학에 진학하고 섬유과학기술인의 길을 담담히 걸어왔습니다.

그의 연배가 그러하듯이 역경의 시대를 굽이굽이 헤쳐 오면서 부딪치는 어려움을 인내로 삭이며 '오로지 성공해야 한다'는 신념을 가지고 '섬유인의 외길'을 걸어왔습니다.

대학을 마치고 광주에 있는 일신방직(주)에 입사하여 실무에 임하면서 꾸준히 기술연마를 하고, 섬유산업 선진국인 일본에 파견되어 대학과 생산현장에서 선진기술을 체득하는데 힘을 기울였습니다. 귀국후 피씨(P/C)혼방사를 국내최초로 개발하고 이를 이용한 직물을 독자기술로 제작하는데 성공하고, 품질관리1등급 공장으로 평가받게 하였으며 충남방적(주)으로 자리를 옮겨 관리직과 연구소장직을 겸하면서 많은 신소재개발의 업적을 인정받아 철탑산업훈장'을 수령하였습니다.

이어서 한국섬유업계 최초로 군용 완전위장복지를 개발하는 개가를 울렸고 섬유업계 처음으로 '대한민국과학기술상'대통령상을 수상하여 이 분야 대가로서 징표가 되었습니다. 한국섬유기술사회 회장을 역임하였고 한국과학기술한림원 정회원이기도 합니다. 우리의 자랑이라 아니할 수 없습니다.

또한 우리나라 경제사절단의 일원으로 에티오피아를 방문하여 섬유테크노파크 조성을 위한 타당성조사의 임무를 맡았습니다 한국전란 시 파병하여 우리나라를 '형제국'이라 생각하는 에티오피아에 섬유테크노파크 조성계획을 마련, 정부에 제출하기도 하였습니다.

내가 보는 김해곤 이사장은 학자풍으로 평상시 새로 나온 간행물을 열심히 탐독하는 열성을 지닌 노력가입니다. 나는 늘 가까이 하면서 손에 새로운 자료를 가지고 다니며 대화의 논제로 삼는 모습을 목격하면서 항상 머리를 쓰는 부지런함에 내심 감복했습니다.

지금도 섬유분야 연구를 떨쳐버리지 않고 현역으로 활동하고 있습니다. 나이테가 없는 것 같습니다. 우리나라 산에 많이 있는 칡을 원료로 섬유를 뽑아내 활용하는 방법을 연구하고 있습니다. 젊은이 못지않게 나라의 발전을 위해 왕성한 활동을 하고 있어 부럽기도 합니다.

김 이사장은 어렸을 때부터 지녀온 '문학에의 꿈' 즉 글쓰기가 시들지 않았습니다. 섬유과학계의 대가가 되는 길목에서나 대가가 되어서도 글쓰기를 놓지 않았습니다. 일상 활동에서 보고 느낀 점을 알기 쉽게 날카로운 필치로 여러 발간물에 칼럼을 실어 남겼습니다.

소재의 범위도 다양합니다. 가까운 인생사에서부터 만남의 인연, 과학 및 섬유정책의 실상과 제언, 외국 순방 시 세세한 기록, 일본에 갔을 때 히라카다시에 있는 왕인묘역을 둘러보고 쓴 감상 등 물 흐르듯 쉽게 읽혀지는 글들이 공감을 일으킵니다. 특히 사모곡은 읽는 이의 마음을 뭉클하게 합니다.

나는 『세상, 그 길을 걷다』를 읽으면서 김 이사장의 '삶의 발자취'이며 '활동기록'이라는 느낌이 들었습니다. 이 책은 읽는 이에게 감명을 주고 후학들에게도 길잡이가 될 것으로 믿습니다. 감사합니다.

2024년 7월

# 추천사

**주승호**(한국기술사회 명예회장, 공학박사)

김해곤 이사장의 역작 『세상, 그 길을 걷다』는 우리나라 섬유산업 발전에 한 획을 그은 저자의 칼럼집이다.

저자는 이미 한국섬유기술계의 과거와 현재 그리고 미래를 위한 제언이라고 할 수 있는 주옥같은 실증 경험과 창의적인 아이디어로 가득한 전문서적을 출간한 바 있다.

여기애 더하여 이번에 출간하는 『세상, 그 길을 걷다』는 인생길에서 만난 세상과 사람에 대한 기록이다. 이 책에서 저자는 다양한 사회현상 및 섬유산업분야에 대한 그의 생각을 칼럼으로 펼쳐내는 한편, 사람과 고향에 대한 내용을 문학작품으로 그려내고 있다. 특히 이 책의 말미에 수록된 “김해곤이라는 사람”은 일본인의 눈을 통해 저자의 다양한 면모를 그려낸 글로써 독자에게 ‘인간 김해곤’의 진면목을 알 수 있게 해주는 글이다. 이 책을 끝까지 일독해야 할 이유가 여기에 있다고 본다.

전작이 섬유기술인으로서의 깊이를 알 수 있다면, 이 책은 그야말로 저자의 삶과 인생의 폭과 넓이를 파악할 수 있는 작품으로 평가할 수 있다. 이 역작에서 특히 주목하고 싶은 대목은 바로 다음이 아닐까 한다.

"한반도 최대 비극중의 하나인 1950년 6.25전쟁 직후 대학에서 섬유공학을 전공하였는데 그 당시에는 경공업으로 어려운 나라의 살길을 찾아야 했기에 자연스럽게 섬유공학을 만나는 엔지니어로서의 길에 들어섰으리라……"

필자의 이 고백이야말로 어쩌면 우리나라 섬유산업이 오늘날 세계적인 경쟁력을 갖출 수 있는 섬유업계 거목의 탄생을 예지하는 운명이었다고 짐작할 수 있다. 우리 섬유산업계 입장에서는 참으로 행운이라고 아니할 수 없다.

당시의 엔지니어링을 둘러싼 환경은 현재에 이르러서도 사실 늘 녹녹치 않다. 언제나 더 좋은 품질을 요구받고, 치열한 비용경쟁을 치뤄야만 한다. 과거에는 기술을 가진 사람은 평생 잘 먹고 살 수 있었지만, 지금은 하루가 다르게 발전하는 기술 속도전에 끊임없이 자기 계발을 하고 치열하게 배우면서도 늘 긴장하지 아니할 수 없다.

구십 평생 섬유기술 외길을 걸어온 저자의 역작을 통해 내가 느낀 점은 다음과 같다.

첫째, 한 분야에 깊게 천착하였다. 불모지나 다름없는 섬유산업의 개척자로서 중요한 순간마다 현장에서 공학적으로 증명을 해내야 했으며 문제를 해결하여 새롭게 발전해 왔다. 기술개발의 역사에는 필자와 같이 소리 없이 자기분야에서 실무자 또는 전문가로 업무를 수행한 기술자로서의 노고가 알알이 숨겨져 있다.

둘째, 끊임없이 공부하고, 그 배움을 실천하였다. 배움에는 끝이 없기에 사람은 죽는 날까지 배우며 살아가겠지만, 대학을 졸업하고 삶의 전선에 뛰어든 사람이 무엇을 배운다는 것은 쉬운 일이 아니다. 혁신을 하겠다는 굳은 의지와 실천력이 오늘날 대한민국 섬유산업의 발전사에서 필자가 더욱 큰 거목으로 돋보인 연유이기도 하다.

셋째, 한국의 숨은 글로벌리스트! 부존자원이 없는 우리나라에는 다행히도 뛰어난 인적자원이 많이 있었다. 늦은 감이 있지만, 사람이 전부인 우리나라는 산업기술 분야에 대한 재인식이 너무나도 중요한 시점이다. 우리는 4차 산업혁명 시대를 맞이하여 "기술이 곧 권력이 된 세상"에 살고 있다.

필자는 몸소 동북아시아, 에티오피아, 이집트, 네팔, 스리랑카, 라오스 등으로 기술의 세계화(K-Tech)를 통한 대한민국의 기술영토 확장에 헌신하셨으며, 한국섬유기술사회 회장과 한국섬유패션협동조합 이사장으로서 기술 중심의 국가정책 수립 및 기술자의 지위 향상을 위한 역할을 주어진 숙명처럼 묵묵히 실천해 오셨다. 또한 한국과학기술한림원 정회원의 자격을 취득한 과학자이자 여전히 작품을 발표하고 있는 작가이다.

누구도 해보지 않은 일, 그러나 누군가는 해야 할 일을 앞장서 해주셨기에 한국기술사회 회장을 역임했던 후배로서 존경과 함께 경의를 표하는 바이다.

로버트 크리겔의 말처럼 사람의 한계란 절대 알 수 없다. 세상의 어떤 검사, 스톱워치로도 인간의 잠재력은 측정하지 못한다. 꿈을 좇는 사람은 한계로 보이는 벽을 훌쩍 뛰어 넘어 버린다. 우리 안에 있는 잠재력은 한계가 없고 많은 부분이 아직 미사용인 체로 남아 있다.

이는 지금도 칡을 원료로 천연섬유 제품을 생산코자 연구에 몰두하고 있는 김해곤 이사장에 해당되는 말일 것이다. 6.25를 경험하고 IMF 극복 과정의 주역이었으며, 어떤 시대에도 기술이 필요하다는 환경에 단련된 심신일지라도 이제는 여유 있는 쉼의 삶을 권하고 싶다.

산업기술계의 큰 어른으로서 오래 뵐 수 있기를 간절한 마음으로 바라면서 『세상, 그 길을 걷다』 책 발간을 진심으로 축하드린다.

2024년 7월

# 추천의 글

**박 양 수**(용봉리더스포럼 운영위원장)

김해곤 선배님의 『세상, 그 길을 걷다』 출간을 축하드립니다.

김해곤 선배님은 전남대학교 서울동창회 용봉리더스포럼 회장으로, 저는 운영위원장으로 10여 년간 가까이 모실 수 있었습니다. 16년 선배인 저자와 월 2회 이상 정기적 만남을 유지하며, 동창회 발전과 포럼의 성장을 도모해 왔습니다.

저자는 30년을 주기로 호남지역·충청지역을 거쳐 지금은 서울지역에서 활동하고 있습니다. 저자는 구순임에도 여전히 연남동 연구실에 출근하여 신소재 섬유 개발을 위한 연구활동과 협회 이사장직을 수행하고 있습니다. 10년 전 서울동창회 활성화를 위한 동문들의 의지로 시작된 용봉리더스포럼 초대회장을 맡으신 선배님은 2024년 상반기까지 총 10회의 리더스포럼을 개최하여 동문뿐만 아니라 주위의 큰 호응을 얻었습니다.

그동안 발간된 저자의 저서들을 통해서 그의 삶이 후배들에게 커다란 귀감이 되는지를 잘 알기에 책의 출간을 적극적으로 권유하여 이루어진 것이어서 누구보다도 이 책의 출간이 반갑고 기쁩니다.

지난 2007년에 출간했던 『날실과 씨실로 엮은 반평생』은 저자가 1960년 대학졸업후 국립공업연구소 및 일신방직 입사 후 평생 일궈온 한국섬유업계의 현장을 생생하게 보여준 책입니다. 저자는 한국 근대화를 견인한 섬유산업계의 엔지니어이자, 공학박사로서 학문적 결과물인 섬유관련 논문들과 전문경영인으로서의 섬유공학을 향한 열정이 담겨 있습니다.

2014년에 출간한 『내가 만난 세상』은 산수(傘壽)에도 후학을 가르치는 교수이자, 섬유기술사 회장으로 그동안 만났던 사람들과 세상 이야기가 월간지와 신문에 실린 칼럼과 문학작품 등으로 엮은 섬유산업계의 산증인임을 실감나게 해주는 책입니다.

선배님의 학위논문집과 칼럼집, 그리고 두 권의 저서를 밤새워 읽으면서 저는 그동안 근거리에서 접해온 그는 선배 이상의 큰 산임을 가슴 깊이 느끼게 돼서 감히 추천사를 쓰게 됐습니다.

저자는 국내 최초로 면과 양모를 혼방한 직물을 개발하여 국내 방적업계에 획기직인 입직을 이루었고, 적외선 카메라에 포착되지 않는 적외선 위장 가공직물을 개발하여 100억원이 넘는 수입대체 효과와 더불어 날염기술 보유국임을 세계에 알려서 과학기술 대상과 철탑산업 훈장을 수상하였습니다. 과학기술 대상은 용봉 가족 중 최초 수상자이자, 섬유기술분야에서 지금까지 유일무이한 수상실적입니다.

선배님의 『세상 그 길을 걷다』는 한국 섬유산업 관련 초창기에서부터 성장 발전・성숙・쇠퇴기까지의 과정과 그 여정에서 만난 인물들, 그리고 고향 영암에 대한 추억 및 왕인박사에 이르기까지 다양한 소재를 대상으로 한 우리 근현대사의 역사서입니다.

섬유기술인으로서 최고경지에 이른 진솔한 생각과 일상들이 그대로 녹아 있는 이 책을 통해 삶의 지표를 바로 잡고 건강한 설계를 하는 데 큰 도움이 되리라 믿습니다.

리더스포럼에서 대면했던 글로벌세아그룹 김웅기 회장과의 특별한 인연을 비롯하여 장하준 런던대 교수와의 만남에 대한 소회도 접할 수 있습니다. 특히 '어머니에 대한 절절한 그리움'이 담긴 작품 <사모곡>과 <사투리가 바꾼 인생> 등은 문학적 감수성들이 잘 묻어나 있으며, 마음을 뭉클하게 합니다.

많은 후배들의 존경을 받고 있는 선배이자, 국제적으로 인정받고 있으면서 현재까지도 일본 섬유학계 학술세미나에 초청을 받고 있으며, 북한산 기슭의 자택에서 연남동 연구실까지 대중교통으로 매일 출근하고 있는 선배님의 책 출간을 진심으로 축하드립니다. 그리고 선배님의 건강을 기원합니다.

이울러 이 책의 독자 여러분들께서도 모두 행복하시기를 바랍니다.

2024년 7월

# 축 시

## 불굴의 의지와 샘솟는 열정의 삶

### - 김해곤 회장님의 望百 기념집 발간을 축하드리며

**김상철**(전 주안대학원대학교 교수)

일제강점기에서부터 시작하여
격동의 시기를 넘어
오로지 섬유산업 발전을 위해 정진해오신
상암 선생님

그 결과 제1세대 섬유인으로서
정점의 자리에 오르시어
일가를 이루시고
업계를 선도하신 분,

삶의 자리에서도
후배들의 귀감이 되신 분
오랫동안 단체와 포럼의 이사장으로

겸손의 리더십으로 이끌며
후배들에게도 하대하지 않으시는
한없이 부드러우신 분

지금도
망백(望百)의 나이
시간을 거스르며
칡섬유 개발 연구를 위해
일본과 국내 지방을 두루 다니며
열정을 불사르고 있으신
상암 선생님.

고향 영암을 사랑하고
왕인 박사의 후예임을 자랑하시는 분
영암 왕인 박사 묘원과 일본의 묘역을 왕래하면서
한일 문화 교류의 맥을 이어주고 있으며,
해마다 일본 섬유학술세미나에 초청을 받아
그곳에 참석하여 일본 관계자들과 소통하며
일본과 진정으로 소통하는 것을 몸소 보여주신 분
일본인들이 기록으로 남겨 기리는 분,
상암 선생님

덕불고(德不孤) 필유린(必有隣)의 참뜻을
조부와 모친의 삶에서
체득하여,
이를 좌우명으로 삼고 실천궁행(實踐躬行)하는 분

간단없는 연구와
한결같은 노력,
열정과 지혜를,
삶의 체험을
우리에게 전해주시고자
기록하는 일을 멈추지 않는 분,
상암 김해곤님

그 열정, 지혜와 노력의
결정체인 백세청풍(百世淸風),
그대의 향기 후세에 복욱(馥郁)하기를.

# 1

# 국가의 미래,
더 나은 세상을
향해

# 과학기술의 발전과 국가의 미래

세상이 많이 달라졌다고들 이야기한다. 근대 과학기술의 발전은 우리가 살고 있는 세상의 시공간을 압축해 왔다. 이제 우리는 안방에 앉아 다른 나라에서 열리는 올림픽 경기나 축구경기를 마치 코앞에서 보는 것처럼 실시간으로 관람할 수 있다. 멀리 떨어져 있는 가족이나 친구들과도 휴대폰이나 컴퓨터를 통해 매일 얼굴을 보면서 대화할 수 있다. 슈퍼컴퓨터는 1만 명의 인원이 달려들어 1년간 해야 할 계산을 단 1분 만에 해낼 수 있으며, 손바닥 크기의 시디롬(CD-ROM)은 두껍고 무거운 백과사전 30권 분량을 너끈히 담아 낼 수 있다.

이제 사람들은 아침마다 배달되는 조간신문을 받아보지 않고 지하철과 버스 정류장을 이동하면서 그날그날의 일간 뉴스를 검색한다. 또한 고속철도가 발달함에 따라 전국의 대부분이 일일생활권 내지 반나절 생활권에 속한다고 보아도 무방하다.

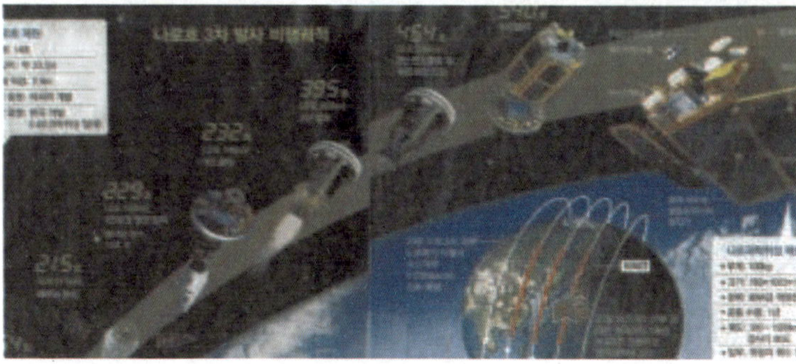

나로호 발사

과학기술의 발전이 비단 일상생활의 편리함이나 용이성과 관련된 것만은 아니다. 근대 이후, 과학 지식과 기술의 혁신은 한 국가의 발전과 흥망을 좌우하는 중요한 기준이 되어 왔다. 특히 국가 전략 산업으로서 정부의 대규모 투자를 요하는 우주항공산업은 강대국의 각축장이라 할 만하다. 20세기에 미국, 중국, 러시아 등은 앞 다투어 우주 정거장을 건설하거나 도킹을 시도하였으며, 유인 우주 왕복선을 발사해 왔다. 미 항공 우주국(NASA)은 3세대 화성 탐사 로봇 큐리오시티(Curiosity)가 2012년 8월 6일 화성 표면에 착륙하는 광경을, 이른바 '화성 쇼'라는 이름 아래 뉴욕 시내 한복판인 타임스 스퀘어에서 상영하기도 했다.

우리나라도 많은 인공위성을 우주로 쏘아 보냈으며, 근래에 우리나라 영토 내에서 최초로 인공위성 나로호 발사에 성공하였다. 이러한 인공위성의 개발은 군사용으로 활용됨으로써 상대

국가의 군사적 행동을 모두 감시할 수 있는 단계에 와 있다고 하니, 정말 가공할 만한 위력이 아닐 수 없다.

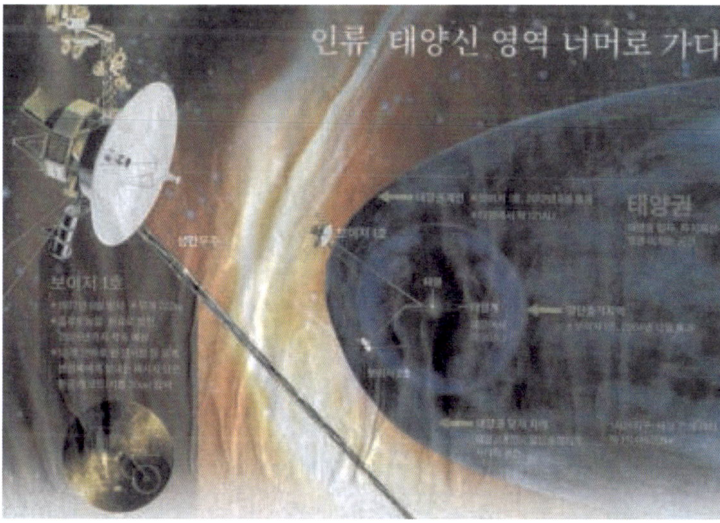


과학기술의 발전과 밀접하게 연관된 첨단 장비 및 기구를 개발하고 생산해 상용화하는 일은 기업체의 몫이다. 우리 기업들은 세계시장에서 살아남기 위해 제품 개발에 상상할 수 없을 정도로 많은 노력을 기울이고 있다. 그러나 미래 경제 성장의 원동력이 될 수 있는 핵심 기술의 개발에 있어 우리 기업들의 위치가 그리 좋은 것만은 아니다.

최근 니혼게이자이 신문(日本經濟新聞)에 따르면 2011년도 주요 국가별 세계1위 시장점유율 품목 수는 미국 19개, 일본 9개, 한국 8개, 중국 6개이다. 주목할 만한 것은 이웃나라 중국의 약진이다. 중국은 시장 점유율을 갈수록 늘려가며 한국의 뒤를 바짝 따라오고 있다. 중국 기업의 성장은, 기술 격차를 줄이기 위해 국가 차원의 투자를 확대하고 있는 ,중국 정부의 적극적인 지원에 힘입은 바가 크다. 주중 한국 대사관의 발표에 따르면 2011년도 중국에서 출원된 발명 특허의 수는 52만 6412건으로, 50만 5000건을 제출한 미국을 제치고 세계 1위를 차지하였다. 중국의 실질적인 도약은 중국 기업의 달라진 위상에서도 알 수 있다. 현재 세계 1위 가전 업체는 중국의 하이얼그룹(海爾集團)이며, 퍼스널 컴퓨터(PC) 분야에서도 중국의 롄샹(聯想·레노바)이 세계 2위로 도약했다.

우리도 긴장하지 않으면 안되는 시점에 와 있다. 이제 기업들은 모방 기술만으로는 세계 시장에서 우위를 점할 수 없으며, 원천기술을 보유해야만 살아남을 수 있다. 그럼에도 우리나라는 외국에서 부품을 조달하거나 상당한 로열티를 지불하고 핵심기술을 빌려 와 수출품을 생산하고 있는 실정이다.

이러한 현상의 주된 원인은 원천 기술력이 부족하다는 데 있다. 원천 기술은 기초 과학이 선행되어야만 얻을 수 있다. 기업들도 원천 기술의 필요성을 절실히 느끼고 있지만, 막대한 투자가 필요하고 성과에 대한 확실성이 보장되는 것도 아니기 때문에 독자적인 연구 개발을 기피하고 있다.

따라서 대대적인 기술 투자와 그 확대는 정부의 몫이 되어야만 한다. 물론 우리 정부도 경제 성장이 동력이 될 과학 기술의 발전에 많은 노력을 쏟고 있다. 정부는 2011년 5월 과학 비즈니스 벨트의 위치를 확정하고, 2016년까지 4600여억 원을 투자하여 한국형 중이온 가속기(KoRIA·Korea Rare Isotope Accelerator)를 가동할 계획이다. 이것은 물질의 원자 구조를 변형시켜 새로운 동위 원소를 생산하는 시설로, 이론상으로는 존재하지만 지구상에서 아직 발견되지 않은 수만 종의 핵을 만들어 낼 수 있는 '꿈의 시설'이다. 이 중이온 가속기는 생명과학, 의학, 신소재 공학, 우주 공학을 아우르는 광범위한 과학기술 분야에 연구 거리를 제공할 것으로 예상된다.

과학기술의 발달을 통하여 우리나라가 놀라울 정도로 발전한 것은 엄연한 사실이다. 이를 위한 국가의 뒷받침과 국민의 노력으로 우리나라의 경제규모가 세계 9위에 오른 것이다. 기업체 역시 각고의 노력 없이 오늘을 이룩하지는 못했을 것이다. 제2차 세계 대전이 끝난 이후 생겨난 147개의 국가들 중에서 유일하게 경제 대국의 반열에 오른 대한민국, 우리나라가 세계인이 부러워하는 국가로 탈바꿈하게 된 배경에는 경제와 과학기술의 동반 성장이 있었다. 따라서 이공계 분야의 발전을 위한 정부의 지원은 앞으로도 꾸준히 지속되어야 할 것이다.

그런데 최근 불거진 이공계 기피 현상은 우리나라의 미래와 발전을 생각할 때, 크게 염려스러운 부분이다. 서울대나 포스텍, 연세대, 고려대와 같은 유수의 대학 이공 계열에 재학 중인 학생들조차도 학교를 떠나거나 전과하는 경우가 비일비재하다. 이를테면 이공계 학생이 의사가 되겠다고 의과 대학으로 재입학하는가 하면, 과학 대국의 미래를 짊어지고 세계적인 과학자를 양성하는 데 목적을 둔 카이스트(KAIST)에서 변호사나 의사가 되겠다고 학교를 떠나는 학생이 8%에 이른다는 기사들을 심심치 않게 접할 수 있는 것이다. 이 안타까운 현상을 어찌 그냥 읽고 넘길 수 있으랴.

기초과학에 있어서 안정적이고 지속적인 환경이 뒷받침되지 않는다면, 변호사나 의사가 되겠다며 학교를 떠나는 이공계 학생들은 점점 더 늘어날 것이다. 이는 학생들 탓으로 돌릴 수 있는 문제만은 아니다. 젊은 과학도들은 자신들의 전공을 통하여 부는커녕 명예조차 얻을 수 없는 현실에 절망한다. 젊은 과학도들이 전공을 선택하면서 가슴에 품었던 포부를 무너뜨리는 현 상황이 안타까울 뿐이다. 과학기술의 낙후가 경제 성장과 국가 경쟁력의 발전에 걸림돌이 될 수 있음을 반드시 기억해야 할 것이다. 우리나라의 첨단 과학기술이 외국에 뒤처졌을 때 찾아올 우리나라의 장래에 대하여 한번쯤 깊이 생각해야 한다. 과학기술이 경제 발전을 뒷받침하고 있음을 부정하지 않는다면, 위와 같은 이공계 기피 현상을 극복하는 데 노력을 아끼지 말아야 할 것이다.

과학기술의 발전에 국가의 미래가 달려있다. 21세기에 국가의 운명은 첨단 기술을 보유한 과학기술 강대국이 되느냐 되지 못하느냐에 따라 결정될 것이다. 미래학자들은 첨단 산업의 발전이 향후 국가 간 판도를 결정할 것이라고 예측한다. 과학기술의 미래는 저절로 장밋빛으로 변하는 것이 아니라 국가와 사회의 관심과 참여로써 만들어 나갈 수 있는 것이다. 과학기술 강대국으로 가는 여정에 우리 정부와 국민, 기업 모두의 적극적인 노력이 요구된다.

# 부패는 기업과 국가를 망하게 한다

## -이집트의 대형 방적 회사 암리아(Amria) 운영의 꿈과 좌절-

1998년 11월 말 청운대학교의 부교수로 재직하고 있을 때의 일이다. 어느 날 산업자원부로부터 걸려 온 긴급 전화를 받았다. 용건은 이집트 국영 방적 회사인 암리아사(Misr El Amria Spinning & Weaving)의 경영 및 기술 실태 조사단의 단장을 맡아 달라는 요청이었다. 기간은 1998년 12월 11일부터 21일까지 11일간이었다. 마침 방학 기간이어서 총장의 승인을 얻어 참여하기로 결정했다. 조사단은 나를 포함하여 산업자원부 소속 공무원 3명과 학계와 회계법인 등에서 선발된 14명이 한 팀을 이루었다.

우리 조사단이 실사를 하려는 암리아 회사는 세계적으로 유명한 관광지 알렉산드리아 항구 바로 옆에 위치하고 있었는데, 이집트에서는 두 번째로 규모가 큰 회사였다. 공장의 전체 면적은 약 163만평으로, 공장 용지로는 63만평을 사용하고, 100만

평은 유휴지로 두고 있었다. 시설로는 방적(12만추), 제직(829대), 염색·가공(500만 야드 생산 능력), 의류 봉제(제봉기 1,200대) 기구를 보유하였고 구내에 발전소까지 있었다. 직기는 3미터의 광폭으로서, 우리나라에도 없는 광폭 자동 직기였다. 종업원은 약 8천 명이었으며 출퇴근 버스도 250대나 되었다. 방직회사로서는 실로 엄청난 규모를 자랑하는 세계적인 회사라 할 만하였다.

그러나 자세한 사정을 살펴보면, 이런저런 문제가 있는 것으로 밝혀졌다. 자본금은 1억 7천 8백만 달러인데 당시의 부채가 2억 3천 5백만 달러였으며, 당기 순손실이 1천 5백만 달러였다. 이집트 정부는 국민 1만분의 1, 즉 8천 명이 일하는 암리아사를 유지하기 위하여 국가 예산 1천 500만 달러를 매년 지불하고 있었는데, 그 정부로서는 골칫거리가 아닐 수 없었다.

당시의 이 대형 프로젝트는 한국 정부가 5천만 달러를 지원하고 표면적으로는 기업체를 내세우는 것이었다. 여러 가지 사연을 다 기술할 수 없지만, 이 회사를 포함하여 4가지 대형 프로젝트를 한국이 합작 경영을 하거나 인수해서 경영해 주면 당시의 무바라크(Hosni Mubarak) 대통령이 한국을 공식 방문하겠다는 약속이 되어 있었다. 그래서 김종필 총리가 이집트에 가서 MOU를 체결함으로써 우리의 조사단 업무가 본 궤도에 오른 것이다.

우리 일행은 섬유 산업 각 분야의 전문가로 구성된 조사단이어서 실사는 철저하게 이루어졌다. 조사한 결과를 당시 이집트 총리와 무역 조달부 장관, 공기업부 차관 등에게 직접 전달하고 청와대에도 보고하였다. 조사 내용은 비효율성에서 출발한 방만한 경영, 마케팅 능력과 품질 관리 능력 부족, 비효율적 조직 구성 등과 같은 전반적인 상황에 대한 것이었다. 상세한 내용의 일부분을 이야기하면 다음과 같은 것들이었다.

회사측과 실사단 회의

한국의 경우, 생산되는 직물에서 C급에 해당하는 불합격품이 10%가 나왔다고 하면 총책임자부터 문책을 받고 야단이 날 일이지만 이곳에서는 모두들 대수롭지 않게 여겼다. 불량품이 0.1% 이하 수준으로밖에 나타나지 않는 한국에서는 상상도 못할 일인 것이다.

암리아사 회장과 대화

특히 불합격품이 거래되는 내막에는 더 심각한 문제가 있었다. 이 불합격품 10%를 회사 최고 책임자의 심복 사업자 A에게 정상가의 약 30%에 팔면, 심복 A는 다시 정상가의 80%를 받고 다른 사람에게 매도한다. 그리고 남는 이익을 회사 책임자에게 상납한다. 회사 책임자는 이 비자금을 관련 기관에 뇌물로 주어 자리를 유지한다. 그러니 불합격품이 생산되어도 심한 질책이 없었던 것이다.

실사단과 함께 찍은 사진

인사 관리도 엉망이었다. 종업원이 7,793명이나 되었지만 현장의 작업 인원은 항상 모자랐다. 종업원들이 일단 출근한 다음 몸이 아프다고 구내 병원에 가서 도장을 받아 경비실에 제출하면 출근한 것으로 간주하고 있었다. 병가를 낸 사람은 집에 가서 다른 일을 한다. 그 수가 무척 많아 현장에는 사람이 모자라서 작업이 제대로 되지 않았다. 의외로 사회보장제도가 잘 되어 있어서 아픈 사람을 작업시킬 수도 없었다.

출퇴근용 버스도 250대였지만 차가 항상 모자랐다. 왜냐하면

수리하고 있는 차가 하루 평균 20대~30대나 되기 때문이었다. 관련 부품을 빼놓고 다시 갖다 붙이는 일을 철저히 관리하는 사람도 없었다.

재봉기 1,200대에서 생산되는 제품도 하루 약 3,500만 매가 넘는 어마어마한 양인데 마케팅 인원은 고작 18명(사류 4명, 직물 6명, 의류 봉재 8명)에 불과하였다. 이들도 적극적인 세일즈는 고사하고 편히 앉아서 판매를 하고 있었다. 수입을 희망하는 구매자 오더라도 선물을 들고 오지 않으면 면담에도 잘 응해 주지 않을 정도였다. 그러니 제값을 받고 물건을 팔 수 있을까 싶었다.

이집트의 기후는 목화 재배에 최고로 적합하다. 나일강 주변의 델타지역은 비옥한 토지이기 때문에 목화가 잘 자라며 목화 꽃이 잘 핀다. 비도 거의 오지 않기에 개화한 목화 꽃이 썩지 않아서 세계 최고급 면화가 생산된다. 이 목화로 만든 섬유는 실크에 가까운 양질이었음에도 불구하고 위와 같은 부정부패로 인하여 회사는 점점 부실해지고 적자를 면치 못하고 있었던 것이다.

이집트 정부는 암리아사에서 일하는 7,793명의 종업원 생계를 위하여 매년 1천 5백만 달러의 외화 원조 자금을 두입하고 있었다. 그러니 나라의 재정이 온전히 유지될 수 있을까 하는 걱정이 되었다. 그래서 만일 한국에서 이 회사를 성실하게 관리할 수 있는 토양을 제공해 준다면 이 회사는 세계적인 회사가 될 것이라는 취지의 진단보고서를 양국 정부요인에게 제출하였다.

실사단과 함께 찍은 사진

이후 양국 정부는 급진적으로 본 프로젝트를 추진하기 시작하였으며 한국 정부에서는 5천만 달러를 지원해 주는 전제하에 참여자를 모집한 결과 K방적 회사가 선정되었다.

60년 일신방적에서 직장생활을 시작한 김 사장(김해곤-집필자)은 "이집트 알렉산드리아에 있는 암리아는 13만추의 세계적인 방적설비를 갖추고도 적자를 면치 못하고 있다"며 "이집트와 경제협력을 도모해온 산업자원부의 도움으로 갑을방적이 암리아와 합작을 추진, 이 회사에 경영기법을 전수하고 정상화에 참여할 계획"이라고 밝혔다."(매일경제, 1999. 7. 19 기사 일부 발췌)

P.14 산업 1999년 7월 19일 월요일 매일경제

인터뷰/金海坤 갑을방적 이집트프로젝트 사장

# 섬유기술 이집트에 심는다

오문길 기자

'우리 섬유기술을 이집트에 심는다'.

30년 넘게 국내 섬유산업에 몸담아 온 김해곤 갑을방적 부사장이 이집트 프로젝트 사장으로 변신해 경영노하우를 이집트에 전수한다.

김 사장은 지난달까지만 해도 충남 청운대학교에서 섬유공학을 가르치는 교수였다.

그는 최근 이집트 최대 면방업체인 암리아(Amria)와 합작을 위해 갑을방적 이집트 프로젝트 사장으로 새로운 인생을 시작했다.

이는 암리아와 합작을 추진하고 있는 박창호 갑을방적 회장이 이집트 프로젝트 조사단장을 맡았던 김해곤 사장을 전격 영입한데 따른 것이다.

박 회장은 30년 이상 섬유산업 현장에서 닦은 김 사장의 경험과 상아탑에서 쌓은 학자적인 기술 그리고 끝없는 열정을 높이 산 것이다.

김 사장의 공식 직함은 갑을방적 부사장이지만 이집트 프로젝트 사장으로 알려져 있다.

60년 일신방적에서 직장생활을 시작한 김 사장은 "이집트 알렉산드리아에 있는 암리아는 13만추의 세계적인 방적설비를 갖추고도 적자를 면치 못하고 있다"며 "이

**현지 최대 면방업체**
**암리아와 합작 주선**
**30년 닦은 기술 전수**

집트와 경제협력을 도모해온 산업자원부의 도움으로 갑을방적이 암리아와 합작을 추진, 이 회사에 경영기법을 전수하고 정상화에 참여할 계획"이라고 밝혔다.

이집트 암리아의 경영정상화는 당초 무바라크 이집트 대통령의 요청으로 이뤄졌다.

이집트가 한국 정부에 경영부실을 겪고 있는 암리아의 회생을 도와줄 것을 요구하자 산업자원부가 조사단을 구성했다.

지난해 12월 이 조사단 단장에 선임된 김 사장은 "그 때는 청운대학교 섬유공학과 교수 신분이었다"며 "이집트 현지공장을 방문하고 타당성 검토작업을 추진하면서 갑을방적과 인연을 맺게 됐다"고 설명했다.

김 사장의 경력은 화려하다.

국내 최대 방적업체인 충남방적 부사장, 충방엔지니어링 사장, 태전방적 사장, 청운대학교 섬유공학과 교수를 지냈다.

이 밖에 기술사 기술지도사 세무사 등의 자격을 획득했으며 전남대에서는 섬유공학·경영학 석사, 숭실대에서 섬유공학 박사학위를 받았다. 현장과 학교의 경험을 함께 갖췄다.

그는 "갑을방적이 중국의 생산설비를 이집트에 현물출자하는 방법으로 합작을 추진하고 있다"며 "지난 4월 암리아와 양해각서(MOU)를 교환했다"고 설명했다.

면방산업에만 30년 이상 몸담아 온 김 사장은 영원한 엔지니어로 불러주기를 원한다.

그는 "일이 있으면 언제든지 달려가는 것이 나의 체질"이라며 "밤샘작업도 즐거운 마음으로 했다"고 강조했다.

당시 이집트 프로젝트에 대한 관심을 알 수 있는 인터뷰 기사(매일경제, 1999. 7. 19.)

당시 아이엠에프(IMF) 경제 위기 직후였기 때문에 5천만 달러는 상당히 획기적인 자금 지원이었다. K방적의 회장은 나를 암리아 프로젝트의 사장으로 영입하고 사업을 진행하기 시작하였다. 이러한 단계에서 이집트의 무바라크 대통령은 한국을 방문하기도 했다.

그런데 K방적의 회장은 엉뚱한 욕심을 부려 지원받은 금액은 부채 상환에 사용하고 중고 레이온 플랜트를 이집트에 보내서 합작 기업 주식의 과반 지분을 취득하려고 하여 이집트의 반발을 사게 되었다. 양국 정부와 총리가 합의한 MOU 체결도 결국 무산되고 이 과정에서 K방적 회사도 망하고 말았다. 이로써 섬유 산업에서 50여 년간 닦은 경험과 지식을 이집트에 전수하려는 나의 꿈도 애석하게도 사라지게 되었다.

이러한 사례가 주는 교훈이라고 할까. 확실한 것은 사리사욕과 부패는 기업을 망하게 하며 국가 경제를 파탄에 이르게 한다는 사실이다.

# 다시 돌아보는 에티오피아 방문과 그 소회(所懷)

2022년 6월, 에티오피아의 참전용사가 72년 만에 우리나라를 찾았다고 해서 화제가 된 적이 있다. 아프리카 국가로는 유일하게 한국전쟁에 참전했던 에티오피아. 새삼스레 2016년 에티오피아를 찾았던 기억이 떠올랐다. 내 나이 이미 70을 훌쩍 넘긴 때였으나 당시 대통령의 에티오피아 방문 사절단의 일원으로 에티오피아를 찾았다. 그때 우리 일행에게 주어졌던 미션은 에티오피아에 "섬유테크노파크" 조성을 위한 타당성을 조사하기 위한 것이었다.

프로젝트를 수행하기 위한 사전조사였지만 에티오피아는 2016년 당시 모습과 전혀 달라지지 않고 멈춰 있는 것처럼 보였다.

## 7년간의 대가뭄과 사회주의 통치로 최빈국으로 전락

에티오피아는 아프리카의 북동부에 위치한 나라다. 앞에서도 언급했지만 1950년 한국전쟁에 아프리카 국가로서는 유일하게 군대를 파병할 만큼 국력이 강성한 나라였다. 'ʻ에티오피아(Ethiopia)'라는 명칭은 그리스 고전과 구약성경에도 등장하며, 그리스어로 '혼혈인' 또는 ʻ태양에 그을린 얼굴(burned face)' 이라는 의미를 갖고 있다.

솔로몬왕 시대로부터 시작되는 약 3,000년의 긴 역사를 가졌으며, 이탈리아의 침략을 받은 1936~1941년을 빼고는 식민지배를 받은 적이 없는 역사를 자랑한다. 1950년대 당시에는 우리나라보다 잘 사는 나라였던 것이다. 다른 아프리카 국가와 마찬가지로 다종족 국가로 오로모족, 암하라족, 티그레족 등 약 80여 종족으로 구성되어 있다. 오로모족이 다수 종족이나 암하라-티그레족이 정치·경제적인 실권을 장악해 왔다.

그렇게 강성했던 국가가 한때 원조를 해주던 대한민국의 수원국(受援國)으로 전락한 것은 1960년대 셀라시에 황제 치하에 에티오피아 전역을 휩쓸었던 7년간의 극심한 가뭄 때문이다. 가뭄으로 인한 대기근으로 에티오피아의 경제상황은 급전직하, 종족간의 갈등이 표면화되기 시작했다.

이때 등장한 사람이 멩기스투 장군. 그는 1974년 소련의 지원을 받아 셀라시에 황제를 폐위시키고 사회주의 정권을 세웠다. 사회주의 정권하의 에티오피아는 독재정치가 강화되었고, 그로 인한 종족간의 갈등은 더욱 심화되면서 경제상황도 더욱 악화일로를 걸었다.

이후 소련의 붕괴와 함께 멩기투스 정권은 에티오피아인민혁명민주전선(Ethiopian People's Revolutionary Democratic Front, EPRDF)에 의하여 1991년 5월 붕괴되고 1995년 8월 선거에 의해 정식으로 지금의 연방민주공화국이 성립되었다. 에티오피아 연방민주공화국은 지방(부족)정부에게 외교, 국방, 경제협력을 제외한 여러 부분에 대한 광범위한 자치권을 부여하여 갈등 요인을 제거함으로써 오늘에 이르게 되었다.

## 황제의 친위대 한국전에 파병, 우리는 '형제의 나라'

에티오피아에 도착하고 놀란 것은 크게 두 가지였다. 하나는 '아프리카는 더울 것'이라는 선입견을 깨버린 아디스아바바의 날씨였다.

우리 일행이 아디스아바바에 도착한 것은 2016년 5월 22일이었다. 우리나라에서는 이미 여름이 시작될 시기였고, 특히나 2016년은 평균기온이 가장 높은 해로 기록될 정도로 이른 무더위가 기승을 부리고 있었다. 인천공항을 떠날 때 이미 27~28도를 웃돌고 있었으니 우리 일행은 아프리카의 더위를 적잖이 걱정하고 있었다.

그런데 이런 반전이 없었다. 공항에 첫발을 내디디는 데 그렇게 상쾌할 수가 없었다. 선들선들한 바람이 기분 좋게 피부에 와 닿았고, 공기도 맑아 마치 한국의 가을 날씨 같았다. 물론 이는 해발 2400m의 고산지대이기 때문이다. 어찌 됐든 맑고 청정한 공기에 에티오피아의 첫인상은 한마디로 'good'이었다.

두 번째로 놀란 것은 그들이 우리를 '형제의 나라'로 대접한다는 사실이었다. 업무상 에티오피아 관료를 만났을 때, 그들의 첫 마디는 "한국과 에티오피아는 형제의 나라라고 생각 한다"는 것이며 선진국 예우를  깍듯이 대하는 것이었다.

여기에는 역사적으로 한국이 에티오피아의 유일한 대외지원 참전국이라는 자부심이 작용한다.

에티오피아가 한국전쟁에 군대를 파견한 배경은 에티오피아의 외침 경험에서 비롯된다. 그들의 역사에서 유일한 외침으로 기록되는 1935~1936년 이탈리아 침공시, 당시 황제였던 셀라시에는 UN안보리에 침략자에 대한 집단안보 방위를 위한 지원군을 요청했으나 지원을 받지 못한 채 침략을 당했다. 이후 5년 만에 자력으로 이탈리아를 물리친 셀라시에 황제는 UN 집단안

보방위 제창자가 되어 이를 관철시켰다.

이후 1950년 한국에 전쟁이 발발하자 셀라시에 황제는 황실의 근위대 6,023명을 솔선수범하여 파병했다. 이때 황제는 파병군에게 절대로 전투에서 지지 말 것이며 끝까지 싸워 이기고 돌아오라는 특명을 내렸다고 한다. 이에 따라 파병군은 253회 전투에서 전승을 하였고 포로가 한 명도 없었던 반면 전사자는 123명이나 되었다고 한다.

그리고 우리나라 역시 이 같은 에티오피아 참전군의 용맹을 기려 1968년 강원도 춘천 공지천 공원에 '에티오피아참전기념탑'을 건립하고, 2004년에 춘천시와 아디스아바바시 간에 자매결연을 체결한 데 이어, 2007년 3월에는 춘천시민의 뜻을 모아 참전기념관을 건립하기도 했다. 아디스아바바에도 참전기념공원이 조성되어 있다.

이 같은 피의 역사가 두 나라 사이에 흐르고 있으니 서로간의 첫인상이 나쁠 리가 없었다. 게다가 2004년에는 한국의 명성교회가 에티오피아 최초의 현대식 병원인 MCM명성병원을 건립했다. 이 병원은 최신식 의료장비를 갖춘 종합병원일 뿐 아니라 참전용사들에게는 무료 진료를, 그 배우자에게는 신료비 50%를 감면해 주고 있다. 열악한 경제 사정만큼 의료 상황도 여의치 않은 에티오피아 국민들에게 양질의 의료 서비스를 제공하는 명성병원이 한국에 대한 좋은 인상을 갖게 하는 데 일조했다는 것은 의심할 나위 없다.

## 에티오피아에서 섬유산업의 희망을 보다

에티오피아에 머무는 동안 나는 주로 아디스아바바 인근에 건립된 봉제공장 등 섬유관련 공장들과 섬유테크노파크 조성의 후보지로 거론되는 지역을 둘러보았다. 그리고 무역협회와 코트라(KOTRA)가 에티오피아 상공회의소와 공동으로 개최한 "한-에티오피아 비즈니스 포럼"에도 참석, 섬유테크노파크 조성의 타당성을 조사하는 데 열중했다.

2016년 당시 에티오피아는 오랜 가뭄과 사회주의 폭정으로 피폐해진 국가 경제를 재건하기 위해 안간힘을 쓰고 있었고, 그 결과 경제가 성장에 돌입하는 중이었다. 에티오피아 정부는 섬유산업을 국가전략산업으로 지정하고, 이를 육성하기 위해 여러 가지 정책을 펼쳤는데, 그중 하나가 2015년 에티오피아 산업부 장관 방한과 한-에티오피아 정상회담에서 본격 논의된 "섬유테크노파크 조성"이었다.

섬유테크노파크 조성은 일자리 창출 및 빠른 성장 동력이 필요했던 에티오피아의 필요와, 생산비 절감을 위해 해외에 생산 거점을 개척하고 있던 우리나라 섬유산업의 요구가 맞아떨어지는 프로젝트였다. 게다가 수원국에서 공여국(供與國)으로 성장한 대한민국이 섬유산업의 노하우를 당시 최빈국으로 분류되던 에티오피아에 전수할 수 있었던 기술ODA로서도 안성맞춤이었던 것이다.

내가 에티오피아를 방문하던 당시, 수도 아디스아바바 인근에는 이미 국내 기업 (주)신티에스가 대규모 봉제 공장을 운영하고 있었다. 당시 신티에스 공장의 규모는 직원이 무려 5,000명에 달했던 것으로 기억된다. 후에 신티에스는 9,000명을 수용할 수 있는 기숙사를 지어, 안정적인 인력 공급의 기반을 갖추고 사업을 영위하고 있다고 들었다.

물론 어려움이 없었던 것은 아니다. 내가 파악한 가장 큰 문제는 바로 기술교육이었다. 5,000명에 달하는 사람들을 한꺼번에 기술 지도를 할 수는 없는 일인데다 거리가 멀고 언어의 문제도 있고 하니, 한국의 기술자를 파견하는 데도 한계가 있었지 않나 싶다. 이 문제는 섬유테크노파크 조성 시에도 반드시 고려해야 할 문제였다.

대략 일주일을 아디스아바바에 머물면서 인근의 봉제 및 섬유공장을 둘러보고 관련 인사와의 미팅 및 경제포험 참석 등의 활동 끝에 내린 결론은 그럼에도 '에티오피아 섬유산업의 미래는 밝다'였다.

## 에티오피아의 투자지로서의 매력과 약점

에티오피아를 다녀온 지 올해로 6년 정도가 된다. 그 사이 나는 그 프로젝트에서 손을 떼었고, 계획보다 투자규모가 줄어들었지만 에티오피아 섬유산업에 대한 투자는 지금도 이루어지고 있는 것으로 알고 있다. 그러니 당시 파악한 투자지로서의 에티오피아의 매력과 약점은 지금도 도움이 될 것이란 판단에서 요약해 보면 다음과 같다.

첫째, 최우선 장점으로는 수출환경(관세) 여건이 매우 좋다는 점이다. 미국에 대하여는 성장기회법 AGOA (African Growth and Opportunity Act)이 적용되고, 유럽에 대해서는 EBA(Emergency Bunker Additional) 또는 EBA(Everything But Arms) 원칙에 따라 무관세 수출이 가능하며, 각종 세제혜택도 많다. 예를 들어 공단입주기업에 대해서는 10년간 소득세가 면제되며 기계장비, 건설 원부자재, 차량 등의 수입 관세는 면세된다.

둘째, 노동력이 풍부하고 인건비가 싸다. 공장근로자 초임은

2016년 기준 월 60달러 정도이며, 전체인구가 1억 명에 이르기 때문에 잠재적인 경제활동 노동인구가 풍부한 편이다.

셋째, 전기료가 아주 저렴하다. 현재 외국에 전기를 팔고 있으며, 수력이 풍부하여 48억 달러의 공사비로 발전을 위한 대형 댐 건설을 하고 있다.

넷째, 정부가 주도적으로 섬유산업을 발전시키기 위한 적극적인 지원정책을 수립하고 또 수행하고 있다. 2016년 당시, 특히 한국의 섬유산업 유치를 위하여 한국섬유산업전용공단으로 아디스아바바 인근 볼레미(BOLE LEMI) 지역에 약 30만 평의 공업단지를 조성하고 있는데, 이곳에는 이미 (주)신티에스가 봉제공장을 가동하고 있었다. 이후 수도에서 80km 떨어진 아다미아주에 60만 평의 한국섬유공단을 조성하겠다는 것이며, 최종적으로는 300만 평의 한국섬유공단을 조성해 주겠다는 논의가 이루어졌었다

다섯째, 기후가 연중 섭씨 17도에서 27도 사이인 데다 습기가 적어 제품에 곰팡이가 발생할 우려가 적다. 또한 모든 작업장에 에어컨을 설치할 필요가 없어 비용절감의 효과도 크다.

여섯째, 아프리카 국가 중 드물게 정치체제가 안정적이다.

일곱째, 한국인에 대한 이미지가 좋다.

여덟째, 배후에 유럽시장이 근접해 있어서 유럽과의 무역이 용이하며 새롭게 부상하고 있는 아프리카 시장 진출이 용이하다.

반면 단점도 있다.

첫째, 정부의 의지에 따르지 못하는 제반 문제들이 있다. 예를 들어 수출품의 경우 Direct L/C는 수출로 인정되나 Local L/C는 수출로 인정받지 못하는 문제가 있다.

둘째, 사회간접자본의 미비로 물류나 유통상의 애로, 내륙국가여서 항구를 이용할 수 없다는 점 등을 들 수 있다.

셋째, 교통망 미비로 직원들의 출퇴근에 어려움이 많다.

넷째, 극심한 무역역조로 환전이 어렵다.

끝으로, 우리나라와의 먼 거리도 무시할 수 없는 단점이라 할 수 있다.

아무튼 2016년 현장조사까지 마치고 최종 보고서까지 작성한 후 나를 포함한 한국섬유기술사회는 이 프로젝트에서 하차했다. 정확한 것은 모르겠지만 당시 정권이 바뀌는 등 정치적인 격변이 있었으며, 프로젝트 예산 또한 500억 원에서 180억 원으로 축소되면서 기술지도 사업 자체가 어려워졌기 때문이다.

## 비록 '프로젝트'에서 하차했으나, 그들이 잘 살기를 기원한다

지금도 에티오피아를 생각하면 떠오르는 장면이 두 개가 있다. 하나는 버스정류장에 우르르 몰려 있던 건장한 남정네들이다. 이들이 왜 거기 그렇게 몰려서 하릴없이 시간을 보내고 있었는지는 직접 묻지 않았으니 모른다. 나름 추측해 보자면 마땅한 일자리가 없어 도시 근처로 날품팔이라도 할 요량으루 버스를 기다리고 있지 않았을까 싶다.

이렇게 남자들이 일자리가 없어 가정경제를 책임지지 못하니 에티오피아의 여성들은 억척스럽게 될 수밖에 없지 않았을까. 땔나무를 한 짐 해서 머리에 이고 장으로 나서는 여성들의 모습도 심심치 않게 보았다. 마치 1950년대 초반 전쟁이 끝난 뒤 국수라도 팔아 아이들을 먹여 살려 보겠다고 시장으로 나섰던 우리네 어머니들의 모습을 연상케 했다.

다른 하나는 길가의 아이들이었다. 우리들을 보고 눈을 빛내던 아이들의 순박한 모습이 잊혀지지 않는다. 마침 가방에 호텔에서 샀던 과자가 있었다. 차를 세우고 과자를 나눠주려고 보니 아이들이 줄지어 서 있었다. 아이들이 미군의 지프를 쫓아다니며 '기브 미 초콜렛(give me chocolate)'을 외쳐대던 종전 후 서울의 거리와 다를 바 없었다.

그래서일까. 투자액 축소로 인해 에티오피아 섬유테크노파크 조싱 프로젝드에서 손을 뗄 수밖에 없었던 상황이 아직도 너무 안타깝다. 내가 가진 경험과 노하우로 그들이 좀 더 잘 살게 도와줄 수 있는 기회였는데…….

프로젝트가 성사되었다면 그 나라의 경제성장 속도도 지금보다 빨라졌을 것이고, 그럼 그 여성들과 아이들의 삶도 보다 윤택해지지 않았을까 하는 진한 아쉬움이 남는다.

에티오피아 참전 용사들의 방한 소식을 접하며 기회가 된다면 서늘한 기후의 아디스아바바를 다시 가봤으면 싶다는 생각을 했다. 그때 거리에서 과자를 달라고 다가오던 아이들은 어떻게 되었을까. 지금은 훌륭한 나라의 기둥으로 성장해 있길 애써 바라본다.

# 박사왕인지묘(博士王仁之墓)를 참배하고 나서

백제 근초고왕 때 사람인 왕인 박사(王仁博士)는 일본에서는 '와니 하카세'(ワニ- はかせ)로 불리고 있다. 8세기에 편찬된 「고서기」(古事記)와 「일본서기」(日本書記)에는 왕인 박사에 관한 기록이 남아 있다. 그에 따르면 왕인 박사는 일본의 오진천황(應身天皇)의 초청을 받아 「논어」 10권과 「천자문」 1권을 가지고 조선 반도의 백제국에서 건너와 황자(皇子)들에게 학문을 가르쳤다고한다.

왕인 박사는 우리나라에서는 정작 별 관심이 대상이 되지 않지만, 일본에서 그들 문화의 시조로서 존경받고 있다. 한자와 유교를 일본에 전함으로써 일본 고대 문화를 발전시키는 데 기여(일조)했다는 역사적 사실 때문이다. 지금도 히라카타(枚方)시의 후지사카(藤阪) 히가시마치(東町)에는 왕인 박사의 묘소가 에도시대부터 보존되고 있다.

왕인박사 묘지

나와 1966년부터 교분이 있는 일본인 요사와(與澤) 일행이 지난봄에 한국을 방문하였다. 그들은 관광 가이드북을 펼치며 전남 영암군에 있는 왕인 박사의 유적지(출생지)를 관광하고 싶다고 말했다. 나는 흔쾌히 제안을 받아들여 안내역을 맡기로 했다. 마침 방문 일정과 겹치는 4월 6일에 왕인 박사의 일본 행차를 기념하는 의식이 거행되어서 요사와(與澤) 씨 일행에게 소개하기에 좋은 기회라 여겼다.

왕인박사 유적지

나는 일행을 이끌고 왕인 박사 출생지인 영암군 군서면에 조성된 묘원(廟苑)을 함께 관람하였다. 이곳은 나와도 특별한 인연이 있는 곳이었다. 이 묘원에는 천 명이 각각 한 글자씩 맡아서 쓴 천자문비(千字文碑)가 있는데, 과거에 나도 한 글자['散']를 이 비석에 써 넣는 기회를 얻었던 것이다. 나는 요사와(與澤) 씨 일행에게 내가 쓴 글자도 보여 주는 한편, 생가와 묘원 주위를 함께 관람하였다. 이때에 나는 요사와(與澤) 씨 일행을 통해 히라카타 시에 왕인 박사의 묘소가 있다는 사실을 알게 되었으며, 6월 초에 일본을 방문하여 꼭 참배하겠다는 마음을 먹

었다

사실 나는 1966년 한일 국교 정상화 직후부터 1967년까지 일본에서 연수를 하였으며, 그 후에도 업무상 일본을 수없이 왕래했다. 그럼에도 불구하고 왕인 박사의 묘소가 오사카에서 가까운 히라카타 시에 있다는 사실을 최근에야 알게 된 것이다. 왕인 박사의 뿌리가 우리 역사에 있음에도, 그가 한국에서보다 일본에서 더욱 유명한 것은 부끄럽고 안타까운 일이다. 아마 나와 같은 분들도 많을 것으로 추측하여 왕인 박사의 묘소를 참배한 경험을 기록으로 남긴다.

왕인박사 묘역 앞에서

나는 2012년 6월 4일 오사카에서 전철 JR 갓켄도시센(學研都市線)을 타서 약 30분 후 나가오(長尾) 역에서 내렸다. 왕인 묘를 알리는 표지판을 바라보며 동쪽으로 약 0.8킬로미터를 걸으면 목적지인 오사카부 사적(大阪府史跡) 전왕인묘(傳王仁墓)에 도착할 수 있다. 나를 안내해 준 요사와(與澤) 씨의 도움으로 현지에서 '왕인총(王仁塚)의 환경을 지키는 모임'의 회장 요시도메(吉留一夫) 씨를 만날 수 있었다. 그의 안내와 설명 덕에 여정을 더욱 수월하게 했다.

왕인 묘의 입구에는 1938년에 오사카 부(府)가 사적으로 지정한 기념비가 세워져 있다. 그곳을 지나 2006년 10월에 준공한 백제문을 들어서면 아담한 정원이 있고 그 안쪽에 왕인 박사의 위폐비가 한 자리를 차지하고 있다. 정원에는 히라카타 시 교육 위원회의 입간판이 있었다. 요시도메 회장은 정원을 함께 걸으며 왕인 박사에 대한 기본적인 정보를 제공해 주었다.

「고서기」나「일본서기」는 왕인 박사가 지금으로부터 1500년~1600년 전인 일본 오진천황 때에 백제에서 일본으로 건너왔다고 전한다. 그는 한자 문화권의 대표적인 경전과 서적들을 가지고 건너와 황자 우치노와기이로츠고(兎道稚郎子)의 스승이 되었다. 왕인 박사는 혼자 일본에 당도한 것이 아니라 제철 기술자, 직물 기술자, 양조 기술자 등을 동반했는데, 이들이 일본 기술의 발전에 이바지하게 된 것은 물론이다. 왕인의 자손도 후미노오비토(文首), 즉 문관의 책임자가 되어 대대로 조정에서 임무를 수행했다. 왕인 박사는 고대에 우리나라와 일본 문화의 문화적 교류를 입증하는 인물인 셈이다.

왕인 박사의 묘소에는 과거 한일 문화가 서로 교류한 자취는 물론, 왕인의 역사적 행적을 확인하기 위해 찾아온 한국 방문객들의 흔적도 볼 수 있었다. 묘소의 정원에는 김종필 전 총리를 비롯하여 김일태 영암군수 등이 심은 기념식수와 무궁화 몇 그루도 자라고 있었다.

정원 바깥에 자리한 공원에는 1992년에 완공한 '선린우호관'

이란 이름의 휴게소가 있어 잠시 쉬어갈 수 있었다. 여기에도 왕인박사의 출생지인 전남 영암군 왕인 묘의 사진, 왕인 문화 축제의 행사 사진 등이 전시되어 있다. 휴게소를 나와 오른쪽으로 몇 발자국을 걸으면 옛날부터 마을 사람들이 기복을 빌었던 자연석과 에도 시대에 새겨진 '박사왕인지묘'(博士王仁之墓)라는 비석이 있다. 비석의 주변에 여러 사람이 기증한 석주가 있으며, 특히 도쿄의 저명인사인 아사구라 후미오(朝倉文夫)의 석주가 눈에 띄었다. 이 묘소가 언제 건립되었는지에 대한 확실한 고증이 없기 때문에 이곳을 구전에 의한 전설적 사적이라고 폄훼하는 사람도 있다. 하지만 에도 시대인 1731년에 쿄토의 한 학자가 와다대라(和田寺)의 기록을 보고 이곳의 자연석을 왕인박사의 묘로 고증한 바 있다. 그 학자는 지방의 영주에게 진언하여 '박사왕인지묘'(博士王仁之墓)라고 새긴 장방형 묘석을 건립하였다. 또한 1827년에는 왕인 박사를 현창하려고 히라카타 지방 사람들이 중심이 되어 기부금을 모아 황족이 직필한 박사왕인분(博士王仁墳)의 비를 언덕 위에 건립하기도 했다. 이런 사실들로 미루어 보았을 때, 이 묘역은 역사적 유산을 보존하려는 일본 사람들의 노력으로 이루어진 훌륭한 사적이라 할 만하다.

다만 아쉬운 부분도 있다. 100여 명이 넘는 왕인종 환경 보존회 회원들이 묘소를 청소하면서 돌본다고는 하지만, 오사카

시의 사적으로 지정된 지 73년이나 지났음에도 아직 지정 주차장이나 경비원 및 안내원도 없다. 나 역시 자기 집에 있는 요시도메 회장을 전화로 불러내지 않았더라면 안내 팸플릿조차 구할 수 없었을 것이다. 위와 같은 확실한 고증과 일본 고대 문화에 기여한 역사적 인물로서 일본 국민이 추앙하고 있음에도, 왕인의 사적은 너무나 초라하게 방치되는 듯했다. 아직 남아 있는 기부금 납부자의 오래된 석주를 통해 추측하건대, 1945년 이전에는 이곳에 대한 추모와 존경의 물결이 활발했던 것으로 보였다. 현대에 와서 왕인 박사의 묘를 왜 이렇게 내버려 두는 것인지 의문을 품은 채 나는 묘역을 뒤로 했다.

# 등소평의 과학기술 발전 묘책

과학기술의 발전은 인류가 공유할 수 있는 지적 재산을 창출하여 인류 번영에 공헌해 왔다. 국가적 차원에서 과학기술은 국가 발전의 중심축이며 국력의 원천이다.

1960년에 무역 규모가 3억 8천만 달러에 불과하던 우리나라가 이만큼 발전할 수 있었던 이유도 과학기술 입국을 최상위 목표로 설정하고 이를 여러 산업에 적용해 왔기 때문이다. 1960~70년대에 우리나라는 고도의 기술이나 대량 자본이 필요하지 않은 섬유 산업을 중심으로, 근로자들의 피땀 어린 노력이 더하여 경제 성장의 기틀을 마련하였다.

이후 과학기술에 힘입어 조선업, 자동차 생산업 및 중화학공업을 거쳐 아이티(IT) 산업 등에서도 세계적 경쟁력을 갖는 국가가 되었다. 그에 따라 무역 규모도 2011년도에 1조 달러를 달성하고 국민소득 2만 달러에 이르는 선진국 대열에 진입했다.

북경생명과학연구소

문제는 지금부터라고 할 수 있다. 우리나라는 제품 생산과 수출이 경제 구조에서 중요한 비중을 차지하고 있다. 기술 집약도가 높은 첨단 기술의 발전을 거듭하지 않는다면 세계의 여러 나라들과의 경쟁에서 우위를 점할 수 없을 것이다. 이제는 모방 기술보다는 원천 기술이 절실히 필요한 시대다. 동북아시아 주변국은 과학 기술의 중요성을 인식하고 과학기술의 발전에 심혈을 기울이고 있다. 일본은 경제 기술 개발 5개년 계획을 착실히 진행하여 저만치 앞서가고 있으며, 중국 역시 첨단 기술을 중핵으로 하는 우주 개발과 관련된 산업들에서 깜짝 놀랄 만큼 비약하고 있다.

2013.12수(水) 동아일보 P-A16

특히 이웃 나라 중국은 우주 개발을 선도하면서 기술 대국의 위용을 과시한다는 점에서 주목할 만하다. 놀라운 점은 중국이 국제 협력 방식의 우주 스테이션 개발에 참여하지 않고 독자적 사업을 추진하고 있다는 것이다. 그 구체적인 성과를 살펴보면 다음과 같다.

첫째, 중국은 1960년에 액체 로켓을 발사하여 성공한 이후, 130여 회를 더 발사하여 94%의 성공률을 보임으로써 미국, 러시아에 이어 3대 로켓 강국을 꿈꾸고 있다. 2003년 10월에는 유인 우주선 신주(神舟)를 발사하였고, 2008년 9월 올림픽 직후에 신주 7호의 우주 유영을 이루어 내었다. 2011년 11월 1일에 다시 신주 8호를 발사하였고, 동년 11월 3일과 11월 14일에 우주 스테이션인 천궁(天宮) 1호에서 2차례에 걸친 도킹 실험을 성공하였다. 2010년 10월에는 달 탐사를 위하여 고성능 카메라를 장착한 인공위성 상아(嫦娥)가 예정 궤도를 선회하게 하는 데 성공하였다.

둘째, 중국은 북두계획(北斗計劃)의 일환으로, 독자적 지피에스(GPS·Global Positioning System) 위성 시스템을 개발하는 중에 있다. 지피에스 위성 시스템이란 지구 전역을 대상으로 하여 24개 이상의 지구 궤도 측위위성(測位衛星)을 활용해서 대상의 정확한 위치와 시간을 지피에스 통신 단말기에 전송하는 시스템이다. 현재는 이 기술을 미국이 독점적으로 소유하면서 군사 분야 및 민간 생활 등에서 무상으로 서비스하고 있다. 이는 일상생활과 가장 밀접하게 연관된 우주 기술로써, 자동차, 스마

트폰 등에 장착된 단말기, 모든 항공기와 관제 시스템, 군사 기술, 범죄 수사 등에 사용되고 있다. 편리한 만큼 국가 기능을 마비시킬 위험성도 있는 기술이다. 이와 같은 지피에스 시스템을 독자적으로 보유하고자 러시아, 유럽 및 중국이 개발을 계획하고 있다. 중국은 북두계획으로 이미 5기의 측위 위성을 발사하여 배치하였으며, 세부적인 개발을 2020년까지 완성할 것이라고 한다.

이와 같은 놀라운 중국의 첨단 과학기술은 어떻게 급진적으로 발전했을까. 그에 대한 해답은 등소평(鄧小平)의 외교적 판단력과 정치 감각에 있다. 등소평의 묘책에 대한 한 일화를 소개하면 다음과 같다.

1971년 일본에서 세계 탁구 선수권 대회가 있었다. 이때에 한 미국 선수가 길을 잃고 해맬 때, 중국 선수가 그를 숙소까지 안내해주었다. 이후 그 선수는 적성국인 미국 선수를 숙소에 데려다 주었노라고 중국 정부에 보고하게 되었다. 이 보고를 받은 중국 정부는 그 미국 선수를 중국으로 초청하여 친선 탁구 경기를 하였다. 이것이 계기가 되어 양국 간 '핑퐁 외교'의 효시가 되었다. 당시는 제2차 세계 대전 후 30여 년간 미국과 소련을 중심으로 한 냉전 관계가 지속되던 시기였다. 미국은 중국, 소련 두 강대국과 적대 관계 때문에 막대한 군사비를 투입하고 있어 어려운 처지였다. 이를 간파한 등소평이 미·중 탁구 외교를 통하여 양국 사이에서 화해 분위기를 조성하려고 한 것이다.

이 일을 계기로 미국의 닉슨 대통령이 1972년에 중국을 방문하게 된다. 등소평은 우호 관계를 유지하는 대가로 중국 과학자를 미국에서 무상으로 교육받는 협상을 체결하였다. 그 협상의 주요내용은 매년 3천 명의 포스트 닥터(Post Doctor)를 10년간 계속해서 미국의 첨단기술 산업 현장에 파견하여 과학 인재 3만 명을 무상으로 양성하는 것이었다. 당시 각각 3천 달러만을 들고 도미한 중국 과학자들은 3년간의 무상 교육 후 3백만 달러 이상을 창출하는 국보급 인재로 변모하여 귀국하였다.

이들은 오늘날 중국 정부의 요직에 배치되어 중국의 과학기술을 선도하고 있다. 정치와 관료 체제에서 이공계 출신 정치인을 우대하는 중국의 전통은 이때부터 확립된 것이다. 실제로 오늘날 중국 정치인들은, 수리공학과 출신의 후진타오(胡錦濤) 주석, 지질학과 출신의 원자바오(溫家寶) 총리, 무선 전자공학과 출신의 우방궈(吳邦國) 국회의장 등의 예에서 알 수 있듯이 과학기술을 전공한 사람들이 많다.

이렇듯 지도자 한 사람의 판단과 선택이 과학대국 중국을 탄생시킨 큰 기틀이 되었다고 본다.

# 일본을 이기면 세계를 이긴다

우리 경제는 지금 불투명하다고 말을 많이 한다. 또 브라질이나 필리핀, 그리고 아르헨티나와 같은 국가 형태가 되어서는 안 된다고 이야기들 한다.

정말 우리나라의 장래가 브라질이나 필리핀 그리고 아르헨티나와 같이 되지 않을까 걱정한다면 이는 큰 문제이다. 이와 같은 이야기를 들을 때 선진국 사람들로부터 한국의 장래에 대해서 들은 이야기가 생각난다.

그 대표적인 예가 일본으로, 일본은 역사적으로 거부감도 많고, 한 맺힌 사연이 많지만 경제적으로나 기술적으로는 부러운 상대이자 이웃하고 있는 나라이다. 때문에 일본의 나쁜 점은 버리고 좋은 점만 빨리 본받는다면(그러나 나쁜 점이 오히려 더 많이 도입된 듯하여 안타까움을 자주 느낀다) 일본을 따라 잡을 수 있는 것도 그리 멀지 않은 듯싶다.

또한 인도는 우리와는 달리 자원도 풍부하고 중화학공업 분야, 첨단 분야 등도 발달되어 있다. 어떤 특정 분야는 세계적 수준에 앞서 있기도 한 반면, 빈곤과 굶주림의 대표적인 국가가 인도이기도 하다. 그리하여 인도와 같이 되지 말라는 이야기 또한 많이 들을 수 있었다.

일본과의 무역적자는 오늘까지 끝없이 전개되고 있고 우리 경제 성장과 더불어 더욱 커지고 있다. 1987년에는 약 50억불이었던 것이 1988년에는 약 10억불 정도가 줄었다고 한다. 그러나 나의 사견으로는 이는 줄었다기보다는 오히려 일본 원화는 평가절하 내지 보합세를 유지하였고 상대적으로 우리의 원화만이 평가절상된 데서 오는 평가환산에 의한, 표면상의 금액이 줄어든 것이 반영된 것이 아닌가 한다.

이와 같은 일련의 시각에서 우리는 끊임없이 일본 시장의 문을 두드려야 한다. 미국 시장의 수출장벽이나 무역보복에 대한 대처방안을 찾아내는 일도 온 국력을 기울여야 하는 중요한 것이지만, 일본의 시장 진출 또한 못지않게 중요하다고 생각한다.

어쩌다 청와대 회의에 참석했을 때에도 역대 대통령은 일본을 이기면 세계를 이긴다는 이야기를 여러 차례 해왔다. 그래서 일본에 대응한 수출경쟁력을 배양하기 위하여 몇 가지 서술하고자 한다.

첫째, 우리의 의지 즉 국민적 수준이 일본 국민에 결코 뒤지지 않는다는 긍지를 가지고 모든 사람이 자기의 위치에 걸맞게 대외 경쟁력을 갖추려는 노력이 필요하다고 본다. 둘째, 시설의 합리화가 비록 뒤져 있다고 하더라도 현재의 동일여건 하에서의 노동 생산성은 뒤지지 말아야 할 것이다. 셋째, 모든 사람들이 스스로 나라와 겨레를 위한 커다란 꿈을 가지고 자기 책임과 임무를 수행해야 한다는 것을 자각해야 할 것이다.

이러한 대명제 하에서 오늘의 현실을 직시하면서 비생산적 투쟁 또한 사라져야 하며 위의 사항에 대해 자기 스스로 냉철한 판단이 있어야 한다고 생각한다.

또한 요즈음 거론되고 있는 직물합리화 법안의 3개년 연장과 같은 특정업종의 일부에만 막대한 혜택을 주는 그런 조치는 그야말로 미시적 안목에서 도출된 것으로, 그래도 타업종에 비하여 모처럼의 수출 기반이 형성되었다고 할 수 있는 섬유산업에 암운을 가져올 것이라 생각한다.

「종소리」, 1989.

# 중국 상하이의 빛과 그림자

여행은 가슴 설레고 낯선 꿈에 부풀게 하는 것이다. 누군가 여행이란 우리가 있는 장소를 바꾸어 주는 것이 아니라 우리 생각과 편견을 바꾸어 주는 것이라고 했다. 여행의 본질은, 내가 직접 경험해 보지 않은 환경을 체험함으로써 생각의 폭을 넓히고, 생각하지 못한 일들을 접함으로써 아름다운 추억을 남기는 것이 아닐까 한다.

지난 6월과 7월에 방문한 중국 상하이가 나에게는 그러한 장소였다. 나는 세계 섬유 기계 전시회, 국제 섬유 직물 및 제품 전시회에 참석하는 한편, 가족을 방문하기 위하여 세 번에 걸쳐 상하이를 약 3주간 여행하게 되었다.

상하이는 무섭게 성장하고 있는 중국의 심장부로 여겨지는 도시다. 최근 상하이는 기술 제품을 생산하는 능력, 대학의 연구 업적 등에서 중국 최고의 도시로 급부상하고 있다. 상하이에 대한 중국인들의 자부심은 대단하여 중국인들은 상하이를 한 번쯤 살아 보고 싶은 현대판 파라다이스로 여긴다. 특히 경제적인 측면에서 상하이의 위상은 두드러진다. 근래 다국적 기업이 홍콩에서 상하이로 이전하는 추세가 잘 보여 주듯이, 상하이는 도시 간 경제력 이동 현상의 중심에 서 있다. 역사를 돌이켜 볼 때, 상하이는 난징 조약을 체결한 후 국제정세 안에서 일찌감치 개방성과 역동성을 익혀왔는지도 모른다.

우리나라와 중국이 1992년 국교를 수립한 이후, 대기업에서부터 중소기업에 이르기까지 1만 2천여 회사가 중국에 진출해 '차이나 드림'에 도전하고 있다. 최근 「동아일보」(2012년 8월 24일)의 발표에 따르면, 중국과의 교역도 20년 전 64억 달러에서 2,206억 달러로 35배가량 증가하여 미국과의 교역량을 초과하였다. 중국과의 교역량이 증가한 데에는 중국이 내실 있는 경제적 발전을 이루었다는 사실에 그 원인이 있다. 이제 중국은 다국적 기업의 생산 기지로서만 존재하지 않으며, 중국 기업들은 하루가 다르게 성장하고 있다. 우리나라의 입장에서 중국은 단순한 동반자에서 세계 시장에서 대결해야 하는 경쟁자로 전환되고 있다. 실제로 우리나라가 아직은 우위를 점하고 있지만, 조선 산업이나 아이티(IT) 및 반도체 산업에서 중국의 약진이 두드러지는 형편이다.

상하이 야경

이러한 변화의 중심지인 상하이의 외관은 예전의 중국을 생각할 때 상전벽해라는 비유가 어울릴 만큼 변모하였다. 상하이 도심은 황푸강 하구를 중심으로 하여 동쪽의 푸동지역과 서쪽의 푸시 지역, 그리고 와이탄으로 구분할 수 있다. 푸동 지역에서는 상하이 티브이 타워인 동팡밍주(東方明珠) 탑이 눈에 띈다. 이 탑은 3개의 둥근 원형과 이것을 연결하는 기둥을 중심축으로 하는 독특한 구조를 취하고 있다. 탑의 전체 높이는 468m에 이르고, 높이 90m, 263m 지점과 350m 지점 세 곳에 전망대가 설치되어 있다. 날씨가 좋은 날이면 이곳 전망대에서 상하이 시내의 전경을 한눈에 바라볼 수 있으며 360도를 회전하는 파노라마를 즐길 수 있다. 석양이 진 후, 말뚝을 빽빽이 세워

놓은 듯한 고층 빌딩의 아름다운 조명을 바라보고 있으면 황홀한 느낌마저 들 정도였다.

푸동강 남포대교

대규모 공동 주거 단지 옆 골목길에는 대한민국 임시정부 청사의 옛 건물이 초라하게 자리하고 있다. 임시정부의 사무실을 둘러보고 나와서 쇼핑 명소인 신텐디(新天地), 빌딩 밀집지인 와이탄(外灘), 개항 당시 외국인 거주지였던 프랑스 조계지 등을 구경하였다. 아름다운 경치의 웅장함과 풍성한 먹을거리, 잘 관리된 건물들을 감상하다 보면 무섭게 발전하는 상하이에 감탄사만을 연발하게 된다. 이곳의 야경은 황포강 위에 떠다니는 유람선의 불빛과 주위의 건물에서 비추어 주는 조명으로 인해 그 아름다움이 한층 더하였다. 나중에 구경한 세계 섬유 기계 전시장도 그 규모가 놀랍기 그지없었다. 이곳에는 우리나라에서 제일 넓은 전시장인, 일산의 킨텍스(KINTEX, 약 10만 8천㎡)보다 더 넓은 상하이 국제 엑스포 전시장(Shanghai New International Expo Center, 약 12만 6천㎡)이 있다. 이 전시장은 너무 넓어서 관람하는 데 다리가 무척 피곤할 정도였다.

상하이 동방민주

현대화된 도심의 모습과 대조적으로 상하이의 옛 모습을 볼 수 있는 곳은 위위안(豫園)이다. 위위안은 약 2제곱킬로미터의 부지 위에 명·청나라 때 건설된 40여 채의 고풍스러운 건물들이 독특한 풍경을 자랑하는 중국 최고의 정원이다. 이곳은 입장객이 너무 많아서 공휴일 같은 때에는 앞사람의 뒤통수만 보고 따라다니다 나올 수 있을 정도다.

대한민국임시정부 옛터 앞에서

상하이 시내에는 최고급 아파트부터 일반 서민용 아파트, 빈민용 주거단지 등이 다양하게 분포되어 있었다. 르포대교(盧浦大橋)를 통하여 서쪽으로 약 30분을 자동차로 달리면 약 1천 세대가 사는 최고급 단독 주택 단지인 '녹보원'(綠寶園·The Emerald)이 있다. 녹보원은 각 세대별로 300~500평 이상의 부지 위에 제각각 수영장까지 갖추어 지은 고급 주택 단지다. 높이 2미터 이상의 상록수로 담장을 만들어 경계 구획을 하고 있으며, 월 5만 위안(약 1천만 원) 이상 집세를 낼 수 있는 부유한 중국인이나 외국인이 거주한다. 이와 같은 고급 주택과 고급 아파트가 상하이에는 즐비하게 있었다.

상화이 와이탄 주변

이와는 반대로 푸동에서 좀 떨어진 서민촌이나 후난 로드(Hunan Road)를 타고 좀 더 나가면 빈민촌이 나온다. 여기는 정말 쪽방촌이라 할 만한 곳이다. 이곳 사람들은 이 빈민촌을 일컬어 '벌집촌'이라고 부른다. 고시원처럼 한 사람이 들어가서 자면 딱 알맞기에 그리 부르는 듯싶었다. 여기서 사는 사람들은 건설 현장에서 막노동을 하거나 고속도로나 거리 청소 등을 하며 살아간다. 이들은 그런 힘든 일감이라도 계속 있으면 천만다행일 정도로 빈한하게 생활하는 사람들인 것이다.

벌집촌 주민들이 사는 곳 근처에는 식당이 많은데, 신텐디(新天地)나 와이탄(外灘)의 고급 식당에 비하면 음식 값이 싼 편이다. 만두(包子)의 경우, 10분의 1만큼 값이 싸다. 그러나 아무리 싸다고 하더라도 가난한 노동자의 소득으로는 버겁다고 하니 이들이 겉보기에 풍요한 상하이의 주민이라는 사실이 믿기지 않을 정도다. 나는 뜻밖에 이 벌집촌에 한국 사람들이 있다는 사실을 전해 들었다. 이들은 대개 아이엠에프(IMF) 경제 위기 당시, 중소기업을 운영하다가 부도가 나서 어쩔 수 없이 불법 체류자가 된 사람들이 대부분이라 한다. 한국에서는 표면에 나올 수 없으니 이국땅에서 힘겨운 은둔 생활을 하고 있는 것이다. 불법 체류자의 신분이기 때문에 만나기가 어려워서 구원의 손길이 닿기도 힘들다고 했다.

이를 뒤로 하고 런민궁위안(人民公園)에서 동서로 연결된 쇼핑지에서 물건을 사고, 관광하는 사람들을 위해 건설한 큰 도로를 지나 왔다. 와이탄(外灘)의 찻집에서 차를 마시고 황푸강에 떠있는 호화찬란한 유람선을 바라보는 동안에도 벌집촌의 상하이 주민들과 한국 사람들에 대한 생각이 뇌리에서 떠나지 않았다.

나는 중국 상하이에서 벌집촌에 거주하는 한국인을 도와줄 힘이 부족함을 마음 깊이 느끼는 한편, 힘겨운 생활을 하거나 불법체류자가 되어 인간 이하의 삶을 살고 있는 재외국민에게도 정부의 제도적 지원이 있으면 좋겠다는 엉뚱한 생각을 해본다.

경제적 발전과 빈부 격차의 명암을 드리운 상하이의 밤은 여러 가지 상념에 젖으며 깊어만 갔다.

# 인재(人災)와 운명

과학 문명이 발달하면서 오는 인재(人災) 사고는 종종 어이없게도 대형 사고를 유발한다. 무참히도 당하는 아비규환 속의 처절함을, 칼로 도려내는 듯한 고통스러운 심정을 말과 글로 다 나타낼 수 있겠는가.

오늘날은 과학 문명의 발달로 세상 살기가 좋아졌다고 한다. 그러나 그 문명의 이기를 이용하다 한꺼번에 79명이나 되는 귀중한 목숨을 억울하게 잃어버리게 된 것을 어떻게 생각하여야 할 것인지? 정부에서 관리하면서 가장 안전하다고 홍보해 온 열차 여행 중에 말이다. 사고 이후 몇 사람의 외국인으로부터 안부를 묻는 국제 전화를 받고 고통스러운 마음보다 창피함이 한층 더 마음을 무겁게 했다.

원인을 밝히는 보도 내용에 의하면 철도 레일 지하로 한전용 케이블(Cable)을 설치하기 위해 지하 굴착 공사를 하려다 그렇게 되었다는 것이다. 그것이 얼마나 고도의 정밀 기술을 요하는 것인지는 모르나, 우리별 1호 우주선을 띄워 올릴 정도의 최고 기술을 발휘하고 있는데 말이다. 이번 사고의 주된 원인이 각 관련 부처간 또는 각 관련 업체간의 커뮤니케이션의 부재에 있었다고 하면서, 현장소장이니 감독자라고 하는, 송사리(?)라고 표현하면 잘못일지 모르나, 아무튼 일선 책임자만을 구속시켰다.

이렇게 되어 있는 현실 속에서 우리는 속도가 사고 난 열차의 5배나 넘는 고속전철을 건설한다고 야단이다.

그렇다고 나는 걸어 다니자고 주장하는 것은 결코 아니다. 분초를 다투는 경쟁 사회에서는 자의든 타의든 간에 문명의 이기인 교통수단을 이용할 수밖에 없다.

나는 경쟁 사회에 살면서 차를 소유하고 있다. 그러면서 나는 때때로 자동차를 '움직이는 관(棺)'이라고 표현한다. 너무 지나친 표현인지는 모르나 주변에서 많은 교통사고를 접하기 때문이다.

바로 이 가장 편리한 문명의 이기(利器)가 잘못 이용되었을 때를 두고 말하는 것이다. 이 편리한 도구를 움직이는 관으로 만들지 않기 위해서는 첫째, 예방 차원의 보전(Preventive Maintenance)을 철저히 해야 하고, 둘째, 모든 규칙을 잘 지켜야 하며, 셋째, 나 자신과 더불어 상대방을 배려해야 한다고 생각한다. 항공 산업, 전자 산업, 그리고 산업 현장의 모든 공정의 기계도 예방적인 보전이 없으면 비행기가 땅에 떨어질 수도 있으며, 생산 공장에서는 좋은 제품을 생산할 수 없다.

예를 들어 방적과 제직 및 염색가공 공장에서 생산되는 제품은 Up stream도 아니며 또한 최종 소비자가 직접 쓰는 제품을 생산하는 공정도 아니다. 그러므로 실이 중간제품이기는 하나 공정 진행에 있어 방적 공정만을 위한 것이 되어서는 안 되며, 그것이 산업용으로 쓰이든 의류용으로 쓰이든 다음 공정을 위해 만족을 주어야 한다. 좋은 옷은 원료, 원사로부터 시작하여 제직과 염색가공, 그리고 봉제의 끝손질까지를 잘해야 누구나 탐내고 모두가 추구하는 상품이 된다.

어찌하여 레일을 관리하는 사람이 엄연히 있음에도 불구하고 협조도 구하지 않고 무단히 침범해서 케이블 굴착 작업을 진행하는 오만함을 부리는지 알 수가 없다.

아마도 자기 회사의 이익만을 추구하는 윗분들의 이기심이 突進型的(돌진형적) 작업 수행을 요구함으로써 이 엄청난 인재를 자아내게 했을 터이니 어찌 우리 사회의 문제가 아니라고 할 수 있겠는가. 국민 모두에게 슬픔을 안겨주고 국제적 창피를 가져오고서 무슨 할 말이 있단 말인지?

일전에 김영삼 대통령도 기술입국(技術立國)을 제창하였다.

우리는 참으로 많은 것을 생각하여야 한다. 그리고 High Technology를 지향하기 위해서는 말로만은 되지 않는다. 기술은 꿈을 현실화할 수 있는 각고의 노력이 있어야 발달한다고 생각한다. 그리고 잊지 말아야 할 것은 인간을 존중하는 마음이다.

또 다른 하나의 예로서 나는 내가 가장 애착이 가는 공장, 나의 손과 발이 구석구석마다 안 닿은 곳이 없는 세계적 규모의 방적공장이 있었다, 내가 떠난 후 (충남방적(주) 대전공장) 30,000평이 대형 화재에 의하여 전소되는 가슴 아픈 사항을 접하였으며 또 그것으로 인하여 나의 운명이 바뀌었다. 전문 경영인의 문턱에서 생산, 기술, 연구의 총책임자로 자리를 옮기면서 나는 각오를 다진다. 그 엄청난 재앙을 원망만은 하지 않을 것이며 높은 축대 옆에 새로운 사다리를 놓고 더 높은 이상을 향해 한 발짝씩 올라갈 것이다. 이는 새로운 생명을 불어 넣기 위한 시련이라는 것도 잊지 않고 광활한 평야에 곱고 아름다운 잔디를 가꾸어 나갈 것이다.

화재로 생명을 잃은 79명을 깊이 애도한다. 이들의 죽음이 헛되지 않기를 마음 깊이 기대해본다.

「월간섬유」 No. 237, 1993. 5.

# 기술과 인간의 행복

인간은 편리하고 더 좋은 것을 향한 욕망을 무한히 추구하는 동물이다. 편리한 도구가 생기면 그것에 만족하지 않고, 더 좋고 더 편리한 기구를 연구하거나 창출하려 하며 또 그것을 해낸다. 따라서 기술과 공학(工學)을 연구한다는 것은 어떤 순수학문을 대상으로 진리를 탐구한다기보다는 오히려 어떻게 하면 인간이 더욱 편리하고 더 윤택한 생활을 할 수 있도록 하는가를 추구하는 학문 영역이라고 할 수 있다.

오늘날 공학, 과학기술의 산물인 자동차는 우리에게 없어서는 안 될 필수적인 도구이다. 그러나 이로 인한 공해, 매연, 소음 그리고 교통사고 등을 생각해 보면 자동차의 발명이 과연 진실된 의미의 인간적인 행복에 기여했는가는 상당히 의문스럽다.

현대의 첨단과학기술은 밖에서 원격제어로 집에 있는 취사도

구의 스위치를 켤 수 있게 했고 꿈과 낭만의 상징이었던 달나라에 인간을 보냈으며 방안에서 광대한 우주를 한눈에 볼 수 있게 했다. 반면 가공할 핵장비(核裝備)를 보유하게 만들어 놓았고 별들의 전쟁에 대한 논쟁을 불러일으키기도 했다. 이제 첨단기술은 눈 깜박할 짧은 시간에 인류의 번영과 파멸을 좌우할 수 있게 된 것이다. 그래서 과학기술의 발전에 따른 부정적인 측면을 생각하지 않을 수 없게 됐다.

오늘날까지 다양한 합성섬유가 개발되어 범람하고 있으나 인간에게 가장 좋은 착용감을 주는 의류의 원료는 역시 천연의 면(綿)과 양모(羊毛)와 견(絹)이다.

철과 콘크리트와 플라스틱으로만 만들어진 밀폐되고 깨끗한 방보다 흙과 풀과 나무로 된 주거공간에서 인간이 더욱 쾌적감과 안도감, 편안함을 느낀다는 사실은 물질문명과 정신문화의 차이를 말해 준다.

이 같은 물질과 정신의 문화적 거리확대는 인류의 장래에 있어서 심각하게 논의돼야 할 문제이다. 인간을 보다 행복하게 만들기 위해 개발됐고 또 앞으로 그러한 목표를 향해 발전해 나가야 할 많은 기술적 산물(産物)이 상대적으로 인간을 더욱 불편하게 하고 환경을 파괴하기도 하고 황폐화시킬 수 있다는 점을 생각하지 않으면 안 된다.

요컨대 인간과 과학기술은 대자연(大自然)의 섭리 속에서 상호조화를 이뤄야 하며 그러한 조화를 통해서만 인간의 풍요로움이 보장될 수 있다는 것이다.

「한국경제신문」, 1986. 5. 16.

# 불통(不通)을 넘어 화통(和通)의 시대로

2012년의 벽두는 화합과 소통을 향한 외침과 함께 시작되었다. 그러나 그 외침이 무색하게 우리나라를 비롯한 전 세계의 현실과 경제 전망은 그리 녹록치 않다. 탐욕스러운 자본과 부패한 정치권력으로 고통 받는 사람들의 이야기는 자본주의 강대국 미국에서조차 현실화되고 있다. 미국 사회의 양극화는 우리가 상상하는 것보다 더 심각하다. 비전도 희망도 없이 살아가는 사람들이 기하급수적으로 늘고 있는 추세다. 미국 인구통계국에 따르면, 최저 생계비에 못 미치는 소득으로 생활고에 허덕이는 빈곤층의 비율이 지난해에 무려 15.1%로 17년 만에 최고치를 기록했다고 한다. 미국 월가의 금융 권력을 규탄하는 시위는, 부정한 방식으로 이익을 사유화한, 자본주의의 심장을 뒤흔들어 놓았다고 해도 과언이 아니다.

지난 몇 해 동안 우리나라 역시 극심한 양극화 현상을 겪어

왔다. 정치, 경제, 사회, 교육, 문화 등 모든 분야에서 그 골이 상당히 깊은 것을 알 수 있다. 부자와 가난한 자, 지배층과 서민, 지식인과 일반 대중, 여당과 야당 등의 대립은 모든 이들이 염원하는 화합과 소통에 반하는, 사회적 통합을 저해하는 가장 큰 요소라고 할 수 있다.

우리나라의 국가적 위상과 경제적 지위가 향상되는 것과 달리 우리 사회 내부의 위기와 불안은 점차 고조되고 있다. 부동산 경기가 침체됨에 따라 서민들의 거주 대책은 더욱 불안해지고, 젊은 세대의 취업난과 청소년들의 학교 폭력은 심각한 지경에 이르렀다고 여겨진다.

중장년층은 충분치 않는 사회 보장 제도로 말미암아 노후 대책을 걱정한다. 또 사회 지도층의 공공성과 투명도는 OECD 평균치보다 낮은 편이다. 정당 대표의 선출에 엄청난 돈 봉투가 오고 갔다는 얼마 전의 신문 기사가 그것을 방증한다.

부패한 정당 정치는 사회적 통합을 향한 시민의 열망을 정치적 동력으로 삼기는커녕 사회지도자층에 대한 불신을 극대화하고 있는 것이다. 왜 이런 현상이 나타나는 것일까?

인도의 성자(聖者) 마하트마 간디의 「어려운 시대의 일곱 가지 나쁜 조짐」이라는 글을 보면, 그는 올바른 사회를 구현하기 위해 더는 세상에 존재하지 않아야 할 일곱 가지 악덕을 이렇게 말하고 있다.

첫째, 원칙 없는 정치

둘째, 노동 없는 부

셋째, 양심 없는 쾌락

넷째, 인격 없는 교육

다섯째, 도덕 없는 경제

여섯째, 인간성 없는 과학

일곱째, 희생 없는 신앙

사회적 통합이 간절히 요구되는 이 시점에서 우리 사회가 간디가 말한 문제의 악덕들을 얼마나 제거해 가고 있는지 한번쯤 짚어볼 필요가 있다.

"과연 우리의 정치 지도자들은 올바르고 공정한 원칙에 입각해서 정치를 이끌어 나가고 있는가?

우리나라 최고 경영자들은 '직원들을 가족같이 생각한다'는 사훈(社訓)에 입각해 기업을 운영해나가고 있는가?

우리 모두는 정당한 노동으로 부를 축적하고 있는가? 순간적인 쾌락을 추구한 나머지 부도덕한 행위를 저지르고 있지는 않은가?

학교 폭력이 난무한 상황에서 학교 교육의 책임자는 가해자와 피해자 모두를 아우를 수 있는 인격과 자질을 갖추고 있는가?

"어두운 곳을 찾아가 희생적 봉사를 하고 있는가?"

탈출구를 만들 수 있는 사람은 바로 지도자다. 국가와 정치 및 기업의 발전 유무 역시 최고 책임자의 역량에 달려있다. 어떤 지도자가 국가를 이끌어 나가는가에 따라 국가의 운명은 극과 극으로 달라질 수 있다. 배가 망망대해를 무사히 항해하기 위해서 선장의 지도력이 요구되듯이, 한 국가의 책임자는 올바른 가치관과 통솔력이 있어야 국가라는 거대한 배를 별다른 사고 없이 잘 이끌어나갈 수 있다.

이제 불화(不和)와 불통(不通)에 대한 분노를 가라앉히고, 모든 문제를 냉철하고 침착하게 바라보아야 한다. 지식인과 오피니언 리더 집단 그리고 정치 지도자들이 올바른 양심과 희생정신으로 솔선수범하지 않으면, 간디가 말한 어려운 시대의 나쁜 징조가 완전히 실현되는 악몽의 순간을 맞게 될 것이다.

특히 2012년 올해는 대통령과 국회의원을 선출하는 양대 선거가 있는 중요한 해다. 아부하지 않고 직언을 서슴지 않는 참모와 부하를 둔 지도자만이 '화합과 소통'의 시대를 열어갈 것이며, 후대에도 많은 칭송을 듣는 지도자로 남을 것이다. 선거를 앞둔 지금, 우리는 이러한 지도자를 간절히 원하고 있다.

# 인간수명 100세 시대와 '고령화'

선진국을 비롯한 여러 나라들은 고령화 내지 초고령화 사회에 진입하였다. 초고령화 사회 진입의 가장 큰 요인은 여성들의 사회 진출에 따라 출산율이 저하되고, 과학 기술의 발달로 인간의 수명이 연장되었기 때문이다. 각국 정부는 인구 감소를 걱정하고 출산율을 끌어 올리려고 안간힘을 쓰고 있지만 별다른 변화가 보이지 않는다. 우리나라는 세계에서 가장 낮은 수준의 출산율을 보유하고 있다. 우리나라 여성의 출산율은 평균 1.5명으로, 멀지 않은 미래에는 인구의 현재 수준조차 유지하지 못할 정도라 하니 심히 걱정이 아닐 수 없다. 출산율 저하에 따라 고령 인구의 비율도 14%를 넘어섰으며, 2030년에는 우리나라 평균 수명이 91세에 이를 것이라는 연구 결과도 속속 발표되고 있다.

그런데 고령화 사회가 왜 문제가 되는지, 그리고 거기에 어떻게 대응해야 하는지에 대한 우리 사회의 논의는 충분하게 진전되지 않은 듯하다. 고령 인구의 급증은 정치적·사회적·문화적으로 여러 가지 문제를 야기할 수 있다. 초고령 사회에서는 경제 활동을 영위하는 소수의 젊은 인구층이 다수의 고령 인구를 부양해야만 한다. 노인의 고령화는 의료비를 증가시키고 국민건강보험의 재정을 악화시키는 주범으로 여겨져 왔다. 더욱이 출산율이 낮은 우리나라에서 비노령층의 인구수는 점점 줄어들 것이 분명하기에 문제는 더 심각하다. 이른바 '고령화 충격'(Agequake)로 인한 불안한 미래는 현실화의 조짐을 보이고 있으며, 핵심은 우리가 이를 어떻게 잘 극복해 나갈 것인가를 생각해야 한다는 점이다.

특히 사회 보장 제도나 연금 제도가 충분히 갖추어지지 않은 우리나라에서 생명연장과 장수 실현은 더 이상 축복이 될 수 없다. 과거 오복(五福)의 하나였던 장수가 이제 재앙으로 여겨지는 사회가 된 것이다. 더욱이 나이에 민감한 한국의 사회적 분위기는 공적·사적 영역에서 노인들을 배제하여 왔다. 노인이 된다는 것은 이제 존경과 지혜의 상징이 아니다.

노인의 정체성은 직업 활동에 참여할 수 없는 무능함, 돌보아야 하는 어린 아이의 의존성과 동일시되기 일쑤다. 언론에서 종종 표면화되는 노인 학대와 자살, 고독사는 노인을 둘러싼 사회적 관계망이 삶의 행복을 위한 최소한의 조건들을 그들에게 제공하지 못하고 있음을 보여 준다. 그것은 노인의 삶이 차별과 억압으로 쉽게 이어질 수 있다는 것을 알려주는 몇몇 증거일 뿐이다.

그러나 노령층을 사회의 발전을 저해하는 짐이나 사회적 부양의 대상으로만 여기는 것은 옳지 않다. 역사를 반추했을 때, 근 100세가 되었어도 젊은이들 못지않은 업적을 세운 사례는 무척 많다. 레오나르도 다빈치, 안토니오 비발디, 파블로 피카소, 한스 게오르크 가다머, 레비 스트로스, 존 케네쓰 갈브레이드, 피터 드러커 등과 우리나라의 황희, 송시열, 허목 등처럼 나이와 상관없이 맹렬하게 정치를 이끌고, 사회를 지도하고, 예술과 철학 및 학문을 완성해 나간 사람들이 존재한다.

예를 들어 레오나르도 다빈치는1501년부터 1591년까지 90년간 작품 활동을 한 것으로 기록되고 있다. 황희 정승은 87세까지 18년간 영의정을 지내고 90세에 사망했다는 기록이 있다. 나이가 들어도 얼마든지 자신의 능력을 펼치며 다양한 분야에서 능동적이고 자립적인 활동을 할 수 있다는 사실을 입증하는 것이다.

그러나 이러한 사람들이 특별한 재능과 능력을 가진 예외적인 존재들이라고 생각하지 않는다. 이들의 성취는 노인이 되어서도 열정과 집념을 잃지 않고, 본인이 추구하는 일들에서 완성을 추구하려는 노력이 있었기에 가능한 것이었다. 열정을 가진 사람이라면 연령과 무관하게 자신의 능력을 발휘할 수 있을 것이다.

팔십이 다 되어도 왕성하게 활동하고 있는 동기생들

따라서 노인과 젊은이를 양분하여 노인이 젊은이들에 비하여 신체적·정신적으로 뒤떨어진다는 전제를 버리지 않는 한, 고령화 사회에 대한 해답을 구할 수 없을 것이다. 노령층이 자립적인 사회 활동을 할 수 있는 존재임을 인식하고, 그들의 무궁무진한 가능성을 인정해야 할 것이다. 과거와 달리 노인이 되어도 건강을 유지하는 사람들이 많으며, 건강한 노인들은 고령화 사회에서 사회적·문화적 주체가 될 수 있을 것이다. 과학 기술의 발달은 생체 기능과 건강의 문제점을 크게 보완하여 왔다. 인간의 노화에 따르는 신체적 기능의 저하는 각종 보조기, 대체 기술, 이식술 또는 로봇 공학을 이용한 다양한 해결책을 통하여 강구될 것이 분명하다.

고령화 사회에 대처할 수 있는 가장 중요한 방안은 '노인' 또는 '노화'에 대한 인식의 전환이라 생각한다. 누구나 노인이 되며, 현대 사회에서 노인으로서의 삶이 길어지고 있다는 점에서 노인의 삶과 정체성에 대한 진지한 성찰이 필요하다.

노인을 보살핌의 대상으로만 보는 사회적 편견은 고령화 사회에 대한 근본적인 해결책을 가져다주지 못한다. 의학계에서도 생체를 구성하는 기본 구조인 세포가 노인이 되어서도 바뀌지 않고 개선될 수 있다는 연구 결과를 긍정적으로 수용하고 있다. 노인들 스스로도 나이가 들었다고 하여 포기하지 말고 새로운 삶을 이루기 위한 실천적 노력을 해야 한다.

나아가 장수 문화를 창달하기 위하여 연령에 상관없이 자신의 능력을 펼칠 수 있는 사회적 제도와 분위기를 구현해야 한다. 노인들이 보다 적극적으로 사회에 참여하게 하여 고립성과 고독감을 해소시켜 주어야 한다.

건강한 고령자는 오랫동안 쌓아온 지식과 경험을 통하여 얼마든지 사회 활동을 할 수 있다. 저출산 시대에 노인들은 생산적인 삶을 위하여 유능하게 일할 수 있는 인재이자 대안 인력임을 일깨워야 한다. 이를 위해서 노인이 인간 삶의 여분이 아님을 깨닫고, 그들이 살아온 시간을 정당하게 고려하는 일이 동반되어야 함은 물론이다.

칠십이 넘어서도 왕성하게 활동하고 있는 고경력 과학기술인들

누구나 100세를 사는 시대에 노후의 4대 위험인 고독(孤獨), 무업(無業), 유병(有病), 무전(無錢)은 모두에게 해당될 수 있다. 노화에 대한 본질적인 인식 전환을 바탕으로 사회 전반의 총체적이고 실천적 노력이 요구된다. 이러한 노력이 이루어진다면, 오래 사는 것이 축복이 되는 '장수사회'의 실현이 꿈으로만 그치지 않을 것이다.

# 자동화는 무한한 가능성에의 도전이다

지금으로부터 27년 전으로 생각되는 1977년경 일본에서 연수를 하고 있을 때의 일이다. 'One Man Car'라고 써 붙인 버스가 다녔다. 이 말을 직역하면 '한 사람 차'라는 말인데 내용인즉 차에 한 사람이 타서 주행한다는 뜻이었다. 당시 일본에는 주로 안내원(차장 또는 조수)이 있는 시내버스가 있었으며 그때 우리나라에서는 운전수와 앞 뒤 문의 안내원 그리고 차 내에서 차표를 파는 사람이 있어 보통 버스 한 대에 4명의 승무원이 있는 셈이었다. 그런데 오늘날 우리나라의 모든 시내버스는 운전기사 한 명만으로 운행한다.

그 옛날 여자 안내원이 수금을 하기 때문에 이들은 업무가 끝나고 숙소에 들어가기 전에 몸수색부터 당해야 했으며 그러다 보니 여러 가지 애환이 섞인 이야기가 많이 있었다고 한다. 그러나 지금 그 이야기를 하려는 것은 아니고 4명이 하던 일을

1명으로 줄인 자동화에 관한 것을 언급하고자 한다. 여기에는 많은 부작용도 뒤따랐을 것이다. 그러나 그 어려운 여건 등을 해결하지 않으면 안 되었기 때문에 종전의 25%의 인원으로 버스가 운행되고 있는 것이다.

중세기의 산업혁명은 사람의 손에 의한 생산을 기계화시킴으로써 대량생산을 가능하게 하였고 이로써 1인당 생산액이 수배로 증가한 것이다. 오늘날은 사람이 하는 일을 어떻게 기계로 전이하며 Labour- cut를 수행하느냐 하는 것이 중요하다. 흔히 자동화라 함은 고도의 자동화된 새로운 기계만을 재배치함으로써 이루어지는 것으로 착각하기 쉽다. 그러나 근본적인 의미에서의 자동화란 사람에 의해서 수행되던 일정한 작업을 완전히 기계에 의존하고 무인화하는 것이다. 여기에 고도의 자동화된 기계장치에 혹시 문제가 발생될까 하여 이를 조절 감시하는 또 다른 사람을 배치한다면 이는 본래의 취지에는 빗나가는 일이다. 그동안 노동 집약적 산업이라고 말하던 방적 회사는 이제 10,000sp 당 20명 내외의 인원으로 생산성은 1960년 대비 2배(100% 증가)에 가깝게 되었으며 인원은 약 1/10로 줄어든 셈이니 바야흐로 자본과 기술 집약적 산업이 되어가고 있다.

이는 공정의 완벽한 자동화가 이루어져 있기 때문에 가능한 일인 것이다.

물론 시설의 자동화에는 투자비와 Labour-cut의 상관관계를 면밀하게 계산할 필요가 있으며 Pay- back의 채산성도 연구 검토해야 한다. 그렇지만 'Border- less(국경이 없는)' 오늘날의 국제적 기업 환경 속에서 'Order-less(주문이 없는)' 기업이 되지 않기 위해서는 치열한 경쟁 속에서 무한한 가능성에 도전해야 한다. 그리고 합리적이고 종합적이며 근본적 취지에 맞는 자동화 시설에 대하여 부단한 연구와 노력이 필요하다고 본다.

「월간섬유」 No. 239, 1993. 7.

# 2

# 만남 · 인생 · 기업의 길

# 내가 만난 김우중 회장, 그리고 수단

## -고(故) 김우중 회장의 만남을 기억하며-

우리나라 기업사에 명멸한 많은 인재들 중에 기억에 남는 사람을 꼽으라면 나는 단연 대우의 김우중 회장을 꼽을 것이다. 그는 우리보다 낙후된 후진국에 투자해 큰 성공을 거두고, 우리 기업의 해외진출에 신화적인 성공스토리를 써내려간 사람이다. 사실 나는 김우중 회장이 우리나라 경제발전에 상당히 큰 기여를 했다고 생각한다. 그는 현대 정주영 씨나 삼성 이병철 씨 못지않은 공을 세운 사람이다.

김우중 회장의 해외진출 사례 중 가장 큰 성공을 거둔 곳 중 하나가 수단이다. 대우의 수단 진출은 아프리카 시장을 연 것일 뿐 아니라 한국과 사회주의권 국가와의 수교의 물꼬를 튼 기념비적인 사례다. 바로 그곳, 수단에 나는 김우중 회장의 요청을 받고 기술지도차 간 적이 있다.

## 비즈니스의 귀재 김우중회장, 아프리카를 점령 / 타이어 판 돈으로 가죽공장과 방적공장 건설

김우중 회장이 수단을 상대로 가장 먼저 한 사업은 타이어 수출이었다. 1970년대 중반 수단은 우리나라와는 국교도 없었다. 오히려 북한대사관이 먼저 설치돼 있을 정도로 친북 성향이 강한 나라였다. 그런 상황에서 김우중 회장은 당시 누메이리 수단 대통령을 만나 한국과 수단의 영사관계를 수립했다. 1976년의 일이다.

이때 김우중 회장이 수단에 제의한 것이 1978년 수단에서 개최되는 아프리카연합기구(Organization for African Unity, OAU) 정상회의를 위한 영빈관 건설과 수단에서 나오는 원면의 구매, 그리고 타이어공장 건설이었다. 수단 타이어공장은 우리나라 최초의 플랜트 수출로 기록된다.

1970년대 중반 당시는 한국 내에 짓는 타이어공장도 외국 업체들이 들어와 지을 때였다. 그러나 수단에서 타이어를 팔았던 경험이 있던 김우중으로서는 타이어공장에 승산이 있다는 자신이 있었다. 당시만 해도 수단에는 차는 많은데 타이어공장이 없었다. 수단은 덥고 험한 사막의 나라다. 그러니 자동차들이 다니면 타이어가 금세 소모되고, 그만큼 타이어 수요가 컸다. 김 회장 판단대로 타이어는 만드는 족족 팔려 나갔다. 그야말로 '대박'이었던 셈이다. 당시 대우가 건설한 타이어공장은 수단 최대 규모의 공장이었다.

그런데 무제가 있었다. 수단의 화폐가치가 낮아 국제시장에서는 도저히 쓸 수가 없었던 것이다. 여기서 김우중 회장의 사업석 수완을 볼 수 있다.

그는 타이어를 판 돈으로 수단에서 지천으로 생산되는 양가죽을 사들였다. 가죽 가공은 사실 엄청난 오염물질이 만들어지는 산업이다. 그러니 당연히 유럽이나 미주 같은 선진국에서는 할 수가 없었다. 김우중 회장은 사들인 양가죽을 수단에서 가공해 유럽으로 수출을 했다. 그렇게 벌어들인 외화 중 일부는 원자재를 사 들이고, 일부는 한국으로 들여온 것이다.

김우중 회장이 수단에서 벌인 또 다른 사업이 방적공장이었다. 수단의 원면은 품질은 허니듀(honeydew, 진딧물과 깍지진디의 일종이 수액을 빨아들이고 나서 분비하는 당분이 풍부한 끈적이는 액체)가 나와 바로 쓸 수가 없었다. 김 회장은 이 원면을 싸게 사들여 잘 가공해 수출을 하겠다는 복안을 갖고 있었다.

김우중 회장은 여기에 한차원 높게 현지금융회사까지 만들어서 타이어 판돈의 수납과 양가죽 매입자금의 지불등 자금의 회전까지를 원활하게 하는 능의 현지 은행역할까시 수행하고 있었다.

## 김우중, 충남방적에 수단 방적공장 합작제의 / 대우의 기술고문 역으로 수단을 방문하다

나와 김우중 회장과의 만남도 수단 방적공장 합작 문제 때문이었다. 수단의 방적공장 두 개를 인수한 김 회장이 학연(김우중과 당시 충남방적 사장은 연대 동문이었다)을 발동, 충남방적의 이준호 사장에게 수단 방적회사 관련해서 도움을 요청한 것. 당시 나는 충남방적의 기술 담당 전무 이사로 기술 관련한 업무를 총괄하고 있었다.

김우중 회장의 요청을 받은 이준호 사장은 나를 불러 김우중 회장과의 면담에 같이 갔다. 그때 오간 얘기는 아마 수단의 방적회사에 합작을 하자는 것으로 기억된다. 아무튼 그런 인연으로 나는 1998년 5월27일 수단행 비행기에 올랐다(물론 수단까지 가는 직항이 없어 두어 번 갈아타야 했지만).

수단에 도착해 보니 대우가 경영하고 있는 수단 방적공장에 낯익은 얼굴들이 있었다. 공장을 가동해야 하는 대우에서 이미 충남방적의 기술자 몇 명을 스카우트해 간 때문이다. 나와 함께 근무했던 직원을 만리타향 수단에서 만난 것이다. 산도 물도 설은 타국에서 고생을 하던 그들이 얼마나 나를 반가워했는지 새삼 말할 필요도 없다.

나의 기술지도 때문이라고 장담할 수만은 없지만 김우중 회장의 수단 방적공장도 큰 성공을 거두었다. 김 회장은 수단에서 생산한 실을 유럽에 수출을 했고, 그 덕분에 한국에서 별다른 투자를 하지 않고도 수단에서 성공을 거두었다.

기록에 의하면 1998년 기준 (주)대우의 수단 법인은 타이어 공장, 방적공장, 피혁공장, 의약품제조회사 등 5개의 제조업체와 팰래스호텔, 건설회사, 중장비 리스 회사 등을 두고 있었다. 대우는 수단에서 번 돈을 수단에 재투자도 했고, 그 결과 대우 수단법인은 총 투자액 2억 달러, 연간매출 규모 1억 달러, 고용인원 5,500여 명의 수단 내 최대 비즈니스 그룹이 되었다.

1986.06.02.- 수단의 대우 방적공장 기술지도

## 잊을 수 없는 김우중의 눈빛과 수단에서의 보름 / '산천은 의구한데 인걸은 간데 없네…'

대우 김우중 회장이 수단의 경제에 미친 영향력은 지대하다. 대우의 타이어공장이 성공적으로 가동된 날인 1980년 5월 29일이 수단에서 '한국의 날'로 선포됐고, 김 회장에게는 외국인에게 주는 최고 훈장인 '투나일스(Order of Two Niles)'를 수여할 정도였으니.

사하라사막을 도보로 횡단한 사막의 철인 최종열 단장과 함께
(1986.06.04.)

이 같은 대우의 영향력은 나의 수단 출장길에도 빛을 발했다. 1996년 5월 28일 수단 khartoum(하르툼) 공항에 도착하니 나를 마중 나온 대우 직원이 비행기 트랩 앞까지 마중 나와 있을 정도였고 입국검사나 세관통과 등이 최고 귀빈대우였다. 해외여행 또는 출장 중 최고의 예우를 받은 것으로 기억된다.

또한 1996년 6월 4일에는 사막의 사나이, 사하라의 영웅이라 불리는 최종열 대장과 동아일보기자 오강석 차장 일행이 세계 최초로 아프리카 사막 보행 횡단에 성공한 것을 기념하기 위한 행사를 수단에서 개최하였는데, 이 기념식에 참석하기 위해 이들이 수단의 포트사이트 공항(Port Sudan)에 도착한다는 신문기사가 나왔다. 우리들 일행도 이번 기념행사에 참석하기 위하여 수단의 khartoum(하르툼) 공항에서 비행기에 탑승하게 되었다.

당시 방문단에는 대우를 대표한 나를 포함해 동아일보 차장을 비롯한 기자단, 주 수단 장세돈 대사 등이 포함돼 있었는데, 다른 사람을 제치고 나에게 비행기 일등석 중 최고의 자리 No.1을 주는 것이 아닌가. 나의 직책은 충남방적 전무이사이었지만 수단에서의 나는 대우의 기술고문으로 최상급의 예우이었던 것이다. 대우에서 초청한 인사여서 으뜸으로 대우해 준다는 배려였던 것 같았다.

수단과 대우 김우중 회장을 떠올리다 보니 생각나는 옛 시가 하나 있다.

오백년 도읍지를 필마로 돌아서니
산천은 의구한데 인걸은 간데 없네
어즈버 태평연월이 꿈이런가 하노라

세월이 덧없이 흘러 한 시대를 호령했던 김우중 회장도 역사 속으로 불명예 퇴진을 했고, 나도 백발이 성성한 노장(老將)이 되었지만, 아직도 길에서 대우의 간판이 보이면 형형한 눈빛으로 수단 사업계획을 설명하던 비즈니스맨 김우중의 눈빛이 떠오른다.

그리고 그의 요청으로 갔던 수단에서의 보름동안의 기억－물 사정이 안 좋은 그곳에서 물을 잘못 먹은 탓에 생사를 넘나들었던 일이며, 에어컨이 고장 난 차를 타고 고생 고생하면서 사막을 달렸던 일이며, 대우 수단 방적공장의 직원들과 바다낚시를 가서 낚았던 거대한 바다뱀 등등-이 지금도 내 기억 속 사진처럼 여전히 생생하게 남아 있다.

# 고(故) 김형남(金瀅楠) 숭실대 총장을 기리다

9월이 시작되면서 각 대학의 수시 전형 모집이 시작됐다. 그러다 보니 여기저기서 대학들의 신입생 모집을 위한 광고가 눈에 띈다. 나의 최종학력에 모교로 기재된 '숭실대'라고 다를 바 없다. 그 광고들을 보면서 문득 한때 회사 대표와 직원으로 인연을 맺었던 숭실대학교의 초대 총장인 김형남 박사가 떠올랐다.

나는 학부는 숭실인이 아니었지만 김형남 박사와의 인연으로 숭실인이 된 사람이다. 그러니 오늘 그를 기리는 것은 어쩌면 극히 자연스러운 일일 것이다.

## 불탄 방직공장 재건한 전설적 인물 / 일신방직 대표로 인연을 맺다

숭실대학교는 역사적으로 보면 19세기 말 선교사 배위량(裵

緯良, W. M. Baird)에 의해 평양에서 설립된 숭실학당에 그 뿌리를 둔 우리나라 최초의 대학이다. 그러나 지금의 숭실대의 출발은 아무래도 1971년 대전대학과의 통합으로 탄생한 숭전대학교(崇田大學校)가 아닐까. 숭전대학교는 1971년 12월 종합대학인 숭전대학교로 승격했고, 이듬해 2월 초대 총장에 김형남(金瀅楠) 박사가 취임했다.

1972년 1월 20일 자 《중앙일보》는 '숭전대 초대 초장, 김형남 박사 취임'이란 제하의 기사에서 전 숭전대학장 김형남 박사가 총장으로 취임하면서 종합대학교로 첫발을 내디뎠다고 보도하고 있다.

김형남 박사는 해방 이후 미군정에 의해 일제 강점기 '가네보(鐘紡: 鐘淵紡績)'라고 불렸던 종연방적의 관리책임자로 임명되면서 '섬유산업'과 연을 맺기 시작했다.

전라남도 광주에 근거지를 둔 종연방적은 해방 이후 적산 시설로 미군정에 귀속됐다가 전남방직공사로 이름이 바뀌었고, 미군정은 김형남 박사를 전남방직공사의 공장장으로 임명했다.

김형남 박사의 전남방직 재건기(記)는 우리나라 섬유산업사의 하나의 전설이라고도 할 수 있다. 당시 전남방직 공장이 폐허가 된 것은 한국전쟁 발발 직후 유엔기의 폭격에 의해서였다.

1950년 10월 7일 공장 간부들과 폐허가 된 공장으로 돌아온 그는 휘어져 못쓰게 된 부속들을 열처리해 다시 펴거나 깎아서 결합해 새로운 기계를 만들어 냈다. 정방기 재생작업이 시작된 지 10개월 만인 1951년 8월 추석, 식당으로 사용하던 건물에는 6,000추의 정방기가 설치됐다. 불에 탄 기계를 재생한 일은 인간의 집념이 이룩한 승리이자 기적 그 자체로 세계 최초였다.

우여곡절 끝에 6,000추의 정방기를 설치한 후 얼마 지나지 않아 정부로부터 불하 방침이 내려진다. 응찰경쟁자가 생기면서 자칫 해방 후 5년 동안 자신의 정열을 바친 공장을 잃어버릴 수 있는 처지에 놓이게 된다. 20억 원이던 불하 예정가는 하루 아침에 50억 원으로 올라갈 정도로 경쟁이 치열해 불하를 장담하기 어려웠다. 다행히 아슬아슬한 차이로 60억 5천만 원에 그에게 낙찰되면서 정부로부터 공장을 불하받고 대표로 취임한다. 김형남 사장이 취임한 후 그의 탁월한 경영능력으로 비약적으로 사세가 성장하였다.

하지만 전남방직을 불하받을 때 자금력 부족으로 불하금의 50% 정도를 신한제분에서 끌어오게 되었는데, 여기서 문제가 생겼다. 특히 1960년 4.19혁명 이후 노사분규가 심화되자, 김형남 사장과 신한제분(김용주)이 분할하게 되었다.

커다란 전남방직 공장건물을 둘로 갈라 양분하고, 방적기 등

시설을 균등하게 반분하였으며, 기존 사무실과 정문을 하나씩 추가로 만들어 각각 2개로 사무실과 정문을 만들었다. 이때 새로운 공장사무실과 새 정문을 갖는 쪽이 상호는 기존의 전남방직(주)라는 명칭을 사용하기로 하였으며, 기존 사무실 건물과 기존 정문을 차지하게 된 곳은 상호를 변경하기로 했다.

이에 김형남 사장쪽이 기존 사무실과 정문을 갖기로 하고, 회사명은 일신방직(주)으로 변경하게 되었다. 결국 전남방직(전방)은 김용주-김용성 씨 가계의 소유가 되었고, 일신방직은 전쟁 중에 불탄 생산시설을 복구한, 실질적인 창업자 김형남 박사의 몫이 된 것이다.

## 종교적 신념으로 교육 사업에 투신, 현재 숭실대의 초석 닦다

이렇게 철저하게 사업가였던 김형남 사장이 교육자로 변신하게 된 것은 그의 종교적 신념 때문이었다. 그는 독실한 기독교 신자였으며, 그 자신 평양의 숭실대를 졸업했다. 그는 일찍이 미국 유학 시절 과학과 응용 기술의 중요성을 깨닫고 우리나라의 부흥을 위해서는 이공계의 육성이 중요하다고 생각했다. 이에 기독교를 이념으로 하는 대전대학의 설립에 관여하고, 이후 대전대학과 숭실대학이 통합된 숭전대학의 학장이 되었으며, 마침내 종합대학으로 승격된 숭전대학교의 초대총장으로 취임하면서 현재 숭실대학교의 초석을 닦았다.

1964년 7월7일~7월11일까지 아세아 생산성본부 후원하에 일본 섬유관련 최고권위자를 초청하여 섬유기술관리 과정 교육을 주선해 주신 김형남 박사와 교육 담당자 및 수강자 일동과의 기념사진(일본 東京工業大 白樫侃 교수 및 東洋紡績(株)) 기술담당 중역  등 이 강사로 나옴)

1972년 종합대학 승격 후 김형남 총장은 숭실대학교에 섬유공학과를 설치하고 섬유공학 연구실을 만드는 데 큰 관심을 기울였다. 이 과정에서 일신방직에서 인연을 맺었던 나는 김 총장의 지시에 따라 회사의 전기과 주임과 함께 회사가 기증한 섬유시험기기 등을 서울캠퍼스(상도동)에 이전 설치하는 등 여러 일을 맡았다. 이미 섬유업계의 거목이었던 김형남 총장은 섬유공학과에 필요한 섬유실험 기구 등을 직접 구입했고, 기구의 설치를 나에게 지시했던 것이다. 기업인으로서의 김형남 박사를 모시고 있었던 나로서는 그의 이런 열정이 100% 이해되지는 않았지만 지시한 작업을 진정으로 '열과 성'을 다하여 충실하게 일하였다.

김형남 총장은 남달리 교육에 대한 집념이 강하셨다고 생각된다. 예를 들면 외국 연수 선발시험에 합격한 나 같은 사람에 대해서도 본인이 직접 신원보증을 해 주면서까지 해외연수를 보내주었다. 그런 한편으로 학교 재건에도 심혈을 쏟았다.

당시 김형남 총장은 섬유공학과뿐만 아니라 건축, 토목, 화학 등 이공계열 학과의 발전을 위해 혼신의 힘을 기울였고, 이런 그의 노력이 오늘날 첨단 과학기술에 특화된 대학으로서 숭실대의 초석이 되었다.

회사 대표와 직원으로 만났던 김형남 박사와의 이런 인연은 나를 숭실인으로 만드는 계기가 되었다. 주지하다시피 나는 학사와 석사 과정은 전남대학교에서 마쳤다. 그런 내가 박사과정을 숭실대에서 밟고 마침내 박사학위를 받게 된 것은 오롯이 김형남 박사와의 인연 덕분이었다. 그러니 그는 나를 숭실인(崇實人)이 되게 한 스승이라고 할 수 있다.

김형남 박사께서는 필자인 나(일신방직 과장대리시절)를 일본 선진 섬유기술 연수를 위해 파견한 다음 미국 출장에서 귀국길에 일본 Nagoya에 들려 일본최대 섬유기계 메이커 Howa co., 사장 野琦씨의 영접을 받던 모습

## 탄탄한 내일을 위해, 잊지 말아야 할 과거
## 숭실인이여! 김형남 총장을 소중히 기려주시오!

숭실대학교에는 김형남 박사의 초대 총장으로서의 공적을 기리는 건물과 동상이 세워져 있다. 그런데 정작 그를 아는 학생은 없는 것 같다. 안타까운 일이 아닐 수 없다.

몇 년 전 어느 날의 일이었다. 숭실대학교에서 행사가 있어 모처럼 모교를 갈 일이 있었다. 행사 시작보다 일찍 도착한 나는 할 일 없이 캠퍼스를 둘러보게 되었는데, 잘 보이지도 않는 낮은 곳에 서 있는 동상 하나가 눈에 들어왔다. 가까이 가 보니 김형남 박사의 동상이었다. '이렇게 외진 곳에 김 총장님의 동상을 두다니…' 그의 노고와 업적을 잘 알고 있는 나로서는 의외이고 씁쓸한 일이 아닐 수 없었다.

마침 근처를 지나는 재학생인 듯한 젊은이가 있어 불러 세워 "학생, 이분이 누군지 알아?" 하고 물었더니 학생은 이상한 사람이라는 듯 "몰라요" 하고 지나가 버렸다. '이럴 수가!' 속으로 외마디 탄식을 내뱉으며 다른 학생을 불러 다시 물었다. 이 분을 아느냐고. 그러나 그 역시 모른다며 휙 지나가 버리는 것이 아닌가!

초대 총장으로 학교의 기틀을 닦는데, 회사 경영도 하면서 시간을 쪼개 노력해 온 그의 노고를 아무도 기억해 주지 않는구나 하는 안타까움이 들었다.

최근 들어 숭실대학교는 평양의 숭실학당부터 시작되는 역사와 전통에 더하여 AI(인공지능) 등 4차산업혁명을 이끌 학문과 기술의 산실로 자리매김하고 있다. 이는 숭실대학교의 미래를 예측하고 공학과 첨단기술에 심혈을 기울였던 초대 총장 김형남 박사의 노력이 결실을 맺는 것 같아 다행스럽게 생각한다.

그렇다면 숭실인들은 대학의 미래와 원대한 꿈을 이루기 위해 헌신한 고 김형남 총장을 기억하는 것이 당연한 일일 것이다. 과거를 잊은 이에게 결코 미래는 있을 수 없가 때문이다.

박사학위를 숭실대에서 취득한 숭실인으로서, 후배 숭실인들에게 이렇게 호소한다.

"숭실인이여! 김형남 총장을 소중히 기려 주십시오!"
"Don't forget primer president of SSU."

「가교문학」, 2023. 6.

# 진정한 리더, 기업인 이종성 회장

시대가 사람을 만들고 사람이 시대를 만든다고 한다. 1980년대 대한민국 면방산업의 최전성기를 만들고 이끌었던 이종성 회장만큼 뚝심 있고 스케일이 큰 사람은 아마도 우리나라 섬유업계에서는 없을 것이다.

고 이종성 회장은 외강내유(外剛內柔)의 사람이었다. 겉으로는 엄하고 강해보여도 속은 따뜻했으며, 언제나 어려운 사람에 대한 측은지심을 지닌 분이었다. 구직이 어려웠던 시절, 소수정예보다는 적정한 수준의 사람을 좀 더 많이 고용함으로써 사회저변의 실업난을 줄이고 여러 사람들에게 혜택을 주는 것이 국가와 사회가 안정되는 길이라는 철학을 지니고 있었다. 이런 철학을 지녔기에 1973년 처음 천안공장에 무상교육의 산업체부설 청운중학교를 세웠다. 이후 충남방적 예산공장·대전공장, 대성모방 등 사업장 전반에 산업체중고교를 설립하여 배움에 목마른 현장종업원들의 갈증을 풀어주기도 하였다. 이런 점에서 나는 이종성 회장은 기업인이기에 앞서 국가사회의 훌륭한 지도자요 교육자라고 생각한다.

많은 사람이 그분과 인연을 맺었고 평가도 다양할 것이나 이 글에서는 나와의 인연을 중심으로 이종성 회장의 모습을 회고해 본다.

## 첫 인연

1973년 초여름으로 기억된다.

당시 이영섭 씨는 충남방적 전무였다. 그가 경방 과장 재직 시 일본인 섬유업계 중역진 및 교수들과 조선호텔에서 함께 세미나를 한 덕분에 나와는 이미 교류가 있었다. 당시 30대였던 나는 일신방직 광주공장 생산차장으로 재직하고 있었고, 일신방직 제품이 품질과 생산성 등에서 국내 최고의 수준으로 평가받아 대통령상을 획득하는 데 큰 역할을 해서 동종 업계에서는 어느 정도 실력을 인정받고 있었다. 잠시 노조와의 갈등과 직장의 인사 불만 등으로 마음의 괴로움을 겪고 있을 때에 이영섭 전무가 여러 차례에 걸쳐 내게 충남방적 천안공장에 한번 구경 오라는 제안을 해서, 공장을 방문하게 되었다 공장을 둘러보니 방적기 4만추가 있었다. 현장을 세밀히 살펴보면서 나는 제품의 수준과 품질을 한 단계 올려놓을 수 있다는 자신감이 생겼다. 그리고 이영섭 전무와 류주형 상무 그리고 이종성 사장을 만났는데, 이종성 사장이 같이 일했으면 좋겠다는 제안을 했고 나는 생각해보겠다고 답했다. 그 후 가끔 만남이 있었지만 당시 내가 일신방직에 재직 중이라 선뜻 결정을 못 내리다가 끈질긴 회유 끝에 1973년 9월 21일 충남방적(주) 기획부장으로 입사하게 되었다.

당시 충남방적은 이종성 사장이 인수한 지 얼마 되지 않아서인지 방적회사의 품질과 생산성 수준이 일반적인 방적공장 수준보다는 한 단계 뒤져 있는 듯 보였다. 특히 품질을 좌우하는 소면공정이 가장 낙후되어 있었기에, 소면공정부터 중점적으로 혁신을 시작하였다. 직원들의 사기진작을 위해 당시 노조위원장과 소면 직원 모두를 데리고 야유회를 갔는데, 비용절감에 남다른 분이었던 이종성 사장이 이때만큼은 선뜻 회식과 단합대회를 할 수 있도록 충분히 지원해 주었다. 덕분에 당시는 생산부장이었던 나와 직원들 사이에는 강한 유대감이 생기게 되었고, 모든 직원들이 대단한 협동심을 발휘함으로써 사기가 충천되었다. 또 이런 기류가 타 부서까지도 파급되어 공장은 일취월장 비약적으로 발전하기 시작하였다. 이로부터 이종성 회장과 지연·혈연·학연이 전혀 없던 내가 이 회장을 모시고, 임원을 10번이나 중임하면서 25년이라는 세월을 보내게 된 것이다. 업계의 매우 보기 드문 사례라 할 수 있다.

## 타고난 승부사이며 추진력의 달인

그는 보통사람이 생각할 수 없을 정도로 그릇이 컸고 타고난 승부사였다. 모험을 좋아해 상황에 따라 과감한 배팅도 마다하지 않았다.

당시 방적회사에서는 일반적으로 자동직기를 보통 50대, 많아야 100대 정도 구입하는 추세였다. 그런데 어느 날 자동직기가 한 대도 없는 상태에서 이종성 사장은 1,200대를 한꺼번에 일본 SAKAMOTO 사와 계약하고 600대는 천안에, 600대는 예산에 설치하여 사람들을 놀라게 했으며 일본 바이어들 사이에서도 통 큰 사람으로 소문이 났다. 그런데 직기가 미처 설치도 되기 전에 회사 무역부에서 수출을 위해 P/C 혼방직물 186T의 엄청난 양에 대한 L/C를 다 받아 놓은 것이었다. 이것을 제대로 이행하지 못하면 penalty(위약금)을 내야하지만, 이보다 회사에 돈이 안 돌아 결국 부도날 위기에 처하게 되는 정말 위험한 상황이었다. 더욱이 자금도 부족한 상태였었다.

직기 1200대를 가동할 인원이 전무한 상태에서 내게 소신껏 인원을 충원하여 가동시키라는 엄명이 내려와 책임이 엄청나게 무거웠다. 그래서 파격적인 대우를 제공하면서 다른 회사 직원들을 영입할 수밖에 없었다. 직기를 돌릴 수 있는 경력자를 풍한방직, 대농, 일신방직 등지에서 스카우트하였다. 이로 인해 내가 재직했던 일신방직(주) 뿐만 아니라 풍한방직, 대농 등은 타격이 특히 컸던 것으로 기억된다.

타사에서는 1, 2년에 걸쳐 다른 제품을 생산하고 나서 P/C 186T을 생산하는데 충남방적은 건설하면서부터 생산하기 시작했다. 모든 직원들이 열과 성을 다하여 기계를 깨끗이 청소하고 치밀하게 조립해야 했는데 그때 이종성 회장은 당시 나에게 모든 권한을 일체 위임하면서 자신의 열정을 모두 쏟아 부었다. 이렇게 그는 스케일이 크기도 하지만 필요한 곳에서는 솔선수범하는 섬세한 면모도 지니고 있었다. 결국 그 어려운 일을 무사히 수행하여 정해진 수출물량을 성공적으로 소화해낼 수 있었는데, 이는 여러 가지를 나에게 배려해준 이종성 회장이 아니었다면 아마도 어려웠을 것이다.

1974년에 면방업계에 극심한 불황이 닥쳤을 때 방림방적(주)에 화재가 나서 자기의 계약 물량을 충남방적에 임방을 의뢰하게 되었으며, 우리는 원료를 제공받고 실을 뽑아주는 1년분 임방을 맡게 되었다. 그 임방적료가 직접 생산한 제품 값과 같은 수준으로 아주 수익성이 좋았었다. 그런데 당시 충남방적 천안공장의 기술수준으로는 도저히 일본에 코마사를 수출하기 어려운 기술수준이었다. 전체 제품으로는 도저히 합격이 어려워 나는 고심 끝에 소면기계 2대분의 전 공정 Line을 철저히 정비해 가장 좋은 샘플의 제품을 만들어냈다. 이것을 일본 섬유시험검사소에 의뢰해 합격하였고 그 자료를 상대방에 제시한 후, 차츰 기계 전체를 정비하기 시작하여 전체적으로 생산할 수 있게 되어 74년의 어려운 불황을 넘길 수 있었다. 지금 생각해보면 정말 기적적인 일이었다.

같은 74년, 면방은 내수가 엄청나게 부족해 값이 폭등하였다. 내수는 국가에서 가격을 통제했고 수출가가 좋으니 모두 수출만 하려고 해 국가에서 일정한 내수분량을 각 기업마다 할당해 주었다. 그런데 화섬좌연사는 가격통제를 하지 않아 화섬좌연사를 뽑으면 이득이 많이 남았다. 당시 충남방적의 수준으로는 좌연사 생산이 어려웠지만, 기술적으로 충분히 가능하다는 판단을 내리고 류주형 상무에게 수주를 하라 권하였다. 많은 위험요소가 도사리고 있음에도 불구하고 나를 믿고 이종성 사장은 최종적인 결정을 내리고, 과감하게 배팅을 하여 결과적으로 회사에 큰 이익이 돌아가게 되었다. 이를 계기로 회사가 크게 발전할 수 있었다. 근래에도 가끔 류주형 당시 상무와 만나면 이런 이야기들을 하면서, 이종성 사장의 타고난 승부사적인 면모에 서로 감탄하곤 한다.

## 일본인들도 감탄한 고단수의 사업가

1975년 3월 온양에 가공공장과 방적공장을 건설할 계획이 세워져 온양 실옥동 근처에 부지를 마련하려고 하였으나, 땅값이 너무 비싸 결국 예산에 공장 부지를 마련했다. 당시 종합기획실장이었던 내게 이종성 회장은 6만추 규모의 공장 계획을 세워보라 하여 세심하게 작성해 제출했더니 "네가 계획 세웠으니까 네가 세우라"고 지시하셨다. 그런데 6만추 계획을 가지고 일본을 방문한 이종성 회장은 12만추를 계약하였다며 거기에 맞추어 새로 계획을 수정하라 하셨다.

12만추를 계약하게 된 사연은 이러하다. 일본의 "TOYODA"와 "HOWA" 회사 양쪽에게 6만추를 사겠다고 제안하니 두 회사가 엄청나게 가격경쟁을 벌여 처음 제시한 가격의 35~40%까지 다운되었다. 이종성 회장은 엄청난 출혈 경쟁을 시켜놓고 양쪽 다 잡아버린 것이다. 이것은 일본사람들 사이에서도 유명한 이야기로 남아 이종성 회장의 기계구입 요령이 일본 메이커들 사이에서 회자되곤 하였다.

이때 천안공장의 옛날 기계사양서는 조방기 로라가 3선(線) 드라프트 시스템으로 되어있는데 이미 4선의 것이 품질이 월등하다는 결론이 나있는 상태였다. 그런데 일본 메이커들은 가격이 엄청 깎인 상태에서, 옛날 사양대로 사장과 계약되었으며 선이 하나 더 들어가면 비용이 더 추가되므로 4선으로 해줄 수 없다고 하였다. 그 사이에 나를 중상 모략하는 각종 이야기를 하였고  나는 4선 아니면 안 된다고 우겨 일본 오퍼상들이 와 있는 사장실로 불려갔다. 이종성 사장은 일본인들 앞에서 내게 spec을 확인하지 않았다며 엄청난 호통을 치셨고 나도 4선이 아니면 양보 못한다고 끝까지 주장하여 일본인들이 보기에 대단히 민망한 모습이 연출되었다. 나는 나의 소신을 끝까지 굽히지 않고 나중에 그 사유를 조목조목 설명드렸던 바 이종성 사장은 모든 결정권을 당시 이사였던 내게 돌려 결국 4선으로 관철시켰다. 그런데 나중에 천안공장 기계 모두를 4선으로 개조하려니 20억이 들었다고 한다. 예산공장은 규모가 2배였으니 그때 4선으로 교체하지 않았다면 40억원의 비용이 소요되었을 것이다. 역시 이종성 회장은 보통의 수완가가 아니었다고 생각한다. 겉으로는 나에게 엄청난 질책을 하는 듯 하면서 회사의 실익이 있을 경우 모든 결정을 나에게 위임하는 일 등이었다.

## 용인술의 귀재 카리스마의 소유자

1980년 충남방적 계열회사인 상진교역 사장으로 재직할 때 연말결산 후 혹독한 세무사찰을 받아 큰 시련을 겪은 데다 부평에 있는 계열회사 삼덕무역 사장까지 겸직하라는 명을 받자 더 이상 버틸 수 없다는 생각이 들어 사표를 제출했다. 그러자 이종성 회장은 어차피 회사를 그만 둘 것이면 해외를 한 바퀴 돌고 와서 끝내라며 세계를 돌 수 있는 Round Ticket과 미화 3,000불을 건네주었다. 출국 후 대만에서 텔렉스를 보내려니 전혀 수신이 되지 않아 확인해본 결과 12.12 사태가 터진 것이었다. 이때 무작정 해외여행을 하면서 사우디아라비아의 제다에서 P/C 186 직물 3,500,000yds를 수주하게 되었고, 독일에서 많은 양의 제품을 주문받아 상진교역 직원들 1년 치 임금이 해결되기도 하였다. 단 한 번에 제일 많은 물량의 계약을 성공시킨 것이다. 결국 나는 사표를 철회하고 대성모방에 복귀하였다. 이처럼 이종성 회장은 떠나려는 사람에게 또 다른 방법으로 배려하여 따뜻한 정을 느끼게 하는 용인술의 귀재이기도 하였다.

충남방적 대전공장 건설 현장은 엄청나게 방대했다. 270,000평의 부지 위에 연건평 10만평을 건설하는 공사였으며 시멘트 1,000,000포를 사용하였다. 면방적 260,000추, 직기 3,300대와 염색가공시설 월간 1,000만 yps를 생산할 수 있는 공사를 동시에 진행하는데 금융관계상 기계장치 시설이 건설에 앞서 도착했다. 벽체공사도 완성이 안 되었을 뿐더러 Air-Con공사도 전혀 안 돼 있던 1979년 2월이었다. 이종성 회장이 실은 언제 나올 거냐고 불호령을 해 영하 5℃의 날씨, 손이 곱는 추위에서 조방기까지 겨우 통과한 조사 4개를 정방기에 걸어서 4추에서 순간적으로 실을 생산했다. 거의 불가능에 가까운 일이었다. 불과 몇 십 미터밖에 되지 않는 형식적인 실을 뽑은 것이었지만 설비업체, 건설업체 등에 공장 건설을 엄청나게 큰 소리로 독촉

할 수 있는 구실이 되어 착공된 지 일 년 만에 그 거대한 공장을 완공할 수 있었다.

이때 이 회장이 야단치는 모습을 본 사람들은 저런 분위기 속에서 어떻게 일하냐고 말하기도 하였다. 그러나 이종성 회장은 야단을 칠 때는 정이 천리 밖으로 떨어질 만큼 혹독하게 다그치지만 자신이 인정한 사람이라면 철저히 신뢰함으로써, 사람의 마음을 쥐고 흔드는 카리스마가 있었다.

## 혼신을 다하여 교육사업을 추진하는 모습

그분이 교육사업을 펼치게 된 계기는 고향을 사랑하는 마음이 강했고 또 하나는 자기 인생의 보람을 교육사업으로 남기고 싶어 했기 때문이라 생각한다. 현장 여종업원들이 부설학교에 다니면서 작업을 하면 업무에 지장이 생길 수 있다고 문제점을 이 회장께 말씀드리면, 무조건 인내하라고 대답하시곤 해 그분의 교육에 대한 열정이 각별하다는 것을 나는 이미 알고 있었다.

1982년에 혜전대학 개교 당시 나는 예산공장장으로 재직하고 있었다. 예산공장은 당시 우리나라에서 가장 좋은 품질의 실, 우리나라 최초로 100수 2합사를 생산하여 최고 수준의 기술로 메리야스 업계에 납품을 하고 있어 나는 공장을 떠날 겨를

이 없었다. 그런데 이 회장이 내게 기술사 자격증이 있으니 학교에 가서 강의를 하라고 지시하는 것이었다. 나는 시간도 소모되고 강의는 내 본업도 아니라 썩 내키지는 않았으나, 없는 시간을 쪼개어 섬유공학과와 경영학과 강의를 시작하였다. 그런데 내가 현장을 1시간만 비워도 찾던 이 회장이 학교에 강의하러 가면 하루 온종일을 비워도 전혀 문제 삼지 않았다. 나는 그분이 그 정도로 학교에 큰 애착을 가지고 있는지는 몰랐다. 덕분에 학생들을 소신껏 지도할 수 있었다. 총학생회장이라도 공부하지 않고 출석하지 않으면 학점을 주지 않았고 학생답지 않은 불량스런 복장이나 지나친 머리 염색은 가차 없이 지적하여 고치도록 했다. 마지못해 나가서 하는 강의였으니 학생들의 인기나 저항 같은 것이 두렵지 않았던 것이었다.

1990년 나는 충남방적을 떠나 2년 동안 태전방직 사장으로 재직하게 되었는데, 이때에도 겸임교수로 계속 강의를 하고 있었다. 회사를 떠났기 때문에 혜전대학에서는 겸임교수에서 제외시켜야 한다고 했지만, 이종성 회장은 비록 회사를 떠났으나 학교 교수직은 그대로 유지시키라고 했다.

그 뒤 충남방적의 대형화재가 났다. 내가 책임자가 되어 혼신의 힘을 다하여 건설한 방적시설 300000추(우리나라 최대 면방공장)가 전소한 것이다. 소식을 접하자마자 방에 들어가지도 않고 그길로 택시를 타고 단숨에 대전으로 달려갔다. 정말 황당하고 처참한 모습이었다. 너무나 아깝고 착잡한 마음에 밤늦게 되돌아올 때의 심정은 어떻게 말로 표현할 수가 없었다.

얼마 후 이종성 회장으로부터 "김해곤은 화재 현장에는 오면서 나에게는 위문도 오지 않는다더냐?"라는 이야기를 듣고는 찾아가게 되었다. 나를 보시자마자 "너와 함께 무척 고생하면서 만든 것이 다 탔으니 내 생애 마지막으로 한번만 다시 재건축하자"라고 말씀하셨고, 나는 "이종성 회장님의 말씀을 거역하지는 못할 것 같습니다"라고 답변하였다. 그 즉시 인터폰으로 사장에게 "김해곤이 다시 온단다"라고 말씀하시는 모습을 보면서 결국 복귀를 결정하게 되었다.

실리와 의리의 갈등 속에서 오랜 세월 함께하고 나를 믿어준 이 회장에 대한 의리가 기반이 되어 나는 (주)태전방직 대표이사 사장의 지위를 포기하고 충남방적(주)부사장으로 다시 돌아온 것이다. 참 이해가 되지 않는 대목이다. 이후 대전공장 재건에 혼신의 힘을 쏟았던 것도 그런 인간적인 정, 의리 때문이었을 것이다. 그 후 충남방적에서 퇴사하고 청운대학교 교수가 되었다. 내 뜻으로 시작한 일은 아니었지만 학생들을 가르쳤던 일은 내 생애에 상당히 보람 있는 일이었고, 전남대학교 섬유시스팀공학과에서 정규강의를 하였던 것도 여기서 비롯된 인연 덕분이라고 생각된다.

## 꿈길에서 만나는 그리운 이

나는 충남방적에 재직하고 있으면서  섬유업계에서는 유일하게 1987년 대한민국 과학기술상을 수상하였고 충남방적(주) 기술연구소장을 오랫동안 하면서 박사학위도 받을 수 있었다고 생각한다. 우리나라 면방역사 중 오너를 제외하고 중역을 10번 재중임하여 가장 오랫동안 임원을 한 사람이 되기도 하였다. 그래서 더욱 충남방적에 대한 애착이 크고 이종성 회장과의 관계가 깊다.

이종성 회장은 내 상사로서 전부였다. 30대 후반에 알게 되어 돌아가실 때까지 25년을 함께했다. 인생의 황금기를 그분과 보낸 것이다. 자신의 몸을 돌보지 않고 일에 몰두했기에 병을 얻고 너무 일찍 별세한 것이 무척 안타깝다. 많은 사연이 얽힌 그분과의 생활이 있었기에 나는 장례식에서 추도사를 읽으면서도 제대로 읽을 수 없을 정도로 하염없이 눈물을 흘렸다.

투병 중 찾아뵐 때면 둘이서 손깍지를 끼고 산책하며 회사문제에 대해 허심탄회한 의견을 교환하기도 하였다. 실행하기엔 너무 늦었고 또 이미 기력이 딸린다는 말씀이 아직도 나의 뇌리에 남아 있다.

나는 그의 강함 속에 숨겨진 다정함과, 차가움 속에 지니고 있던 뜨거움을 지금도 느낀다. 그래서 그분을 오랫동안 잊지 못하고 그리워한다. 요즈음도 꿈속에서 예전 모습 그대로의 이종성 회장을 만나곤 한다.

이종성 회장의 국회의원 당선 축하연

# 일신방직(주) 김창호 회장과의 인연

내가 섬유인으로서 첫발을 디딘 곳이 전남방직이다.

그곳에서 김형남 회장과 인연을 맺게 되었다. 김형남 회장은 해방 이후 미군정에 의해 일제 강점기 '가네보(鐘紡: 鐘淵紡績)'라고 불렸던 종연방적의 관리책임자로 임명되면서 '섬유산업'에 투신한 분이다.

전라남도 광주에 위치한 종연방적은 해방 후 적산 시설로 미군정에 귀속됐다가 전남방직공사로 바뀌었다. 미군정은 김형남 박사를 전남방직공사의 공장장으로 임명했다.

한국전쟁 중인 1951년 김형남 사장은 전남방직공사를 불하받았다. 김형남 사장은 탁월한 경영능력을 발휘하여 회사를 비약적으로 성장시켰다. 하지만 전남방직을 불하받을 때 자금이 부족하여 불하금의 50% 정도를 신한제분에서 끌어오게 되었는데, 여기서 갈등이 생겼다. 그러다가 1960년 4.19혁명 이후 노사분규가 더욱 심화되자, 김형남 사장과 신한제분(김용주)은 각각 회사를 둘로 나누어 분리하게 되었다.

규모가 무척 큰 전남방직 공장건물을 둘로 나누고, 방적기 등 시설을 균등히게 반분히였으며, 기존 시무실과 정문을 하나씩 추가로 만들어 각각 2개로 사무실과 정문을 만들었다

분리 기준은 새로운 공장사무실과 새 정문을 갖는 쪽이 기존 사명(社名) 전남방직(주)라는 명칭을 사용하기로 하고, 공장의 1/2과 기존 사무실 건물과 기존 정문을 차지하게 된 곳은 사명을 변경하기로 했다.

제비뽑기로 나누었는지 확실하지는 않지만, 아무튼 김형남 사장쪽이 기존 사무실과 정문을 갖기로 하고, 새로운 사명을 일신방직(주)으로 하였다. 기존 전남방직(전방)은 신한제분 소유주 김용주-김용성 씨가 사용하게 되었다. 결국 일신방직은 전쟁 중에 불탄 생산시설을 복구한, 실질적인 창업자 김형남 회장의 회사가 된 것이다.

김형남 회장과 그의 장남 김창호 전무와의 인연은 1960년 내가 일신방직의 전신인 전남방직에 입사하면서 시작되었다.

1959년 대학을 졸업한 나는 국립공업연구소 연구원 선발시험에 합격하여 공직생활을 시작하였다. 그러던 중 연구원 생활을 한 지 얼마 지나지 않아서 전남방직에서 최초로 공채를 실시

한다는 소식을 들었다. 당시는 한국전쟁 직후로 공장이 별로 없는데다가 방직공장은 대기업에 속해 있어서 근무 조건도 좋은 편이었다. 따라서 그 당시 방직공장에 취직하는 일은 모든 사람들의 부러움을 살만한 일이었다. 그때 광주에서 규모가 가장 큰 공장 역시 전남방직이었는데, 전남방직의 공채 소식을 듣고 지원한 결과 공채 1기로 합격하면서 면방직과 인연을 맺기 시작하였다. 국립공업연구소 연구원에서 전남방직으로 옮기고 보니 월급이 만2천5백 환으로, 1만 환을 받았던 연구원 월급의 배 이상이었다. 이는 그 당시 섬유산업이 얼마나 호황을 누리고 있었는지, 그리고 방직회사가 왜 모두의 동경의 대상이 되었는가를 알 수 있게 하는 대목이다. 1961년 전남방직(주)는 전방(주)와 일신방직(주)로 양분되었으며 나는 일신방직(주)를 택하게 되었다. 이때 일신방직은 김형남 회장, 김창호 전무 체제였다. 김창호 전무는 오너의 아들이지만 공부를 위해 다른 경쟁회사인 동일방직에 입사하여 평사원으로 시작하여 중간 간부가 될 때까지 충실히 근무한 뒤 이곳으로 옮겨 왔다. 그 사이 그는 전무가 되었고, 나는 생산부 차장으로 근무하였다.

일신방직(주)에서 처음에는 직포분야의 '직기보전작업'을 맡았고, 이어 '방적과 소면공정의 보전원'이 되었다. 소면보전원은 청소하기 위해 규정된 주기표에 따라 카드기를 분해하는 업무를 담당했는데, 그 작업 중 가장 힘들었던 일은 한 대의 카드기에 있는 212개의 Flat 볼트(106개×양쪽의 Flat 볼트)를 모두 일일이 손으로 풀고 조이는 일이었다. 육체적인 고단함에도 불구하고 보전작업이 자신의 발전 기회가 될 수 있을 것이라는 믿음으로 묵묵히 근무했다. 그렇게 5년 동안 공장 내의 각 보전부서를 돌면서, 소면공정을 비롯하여 다른 각 공정의 보전작업(기계 Maintenance)을 담당했다.

일신방직에서 13년간 현장 근무 경험은 면방적 기계에 대한 지식은 물론이거니와 현장 일선 직원들의 처지를 헤아릴 수 있는 기술사와 기술경영인으로서의 기본 조건을 갖추게 하는 계기가 되었다. 물론 이를 통해 이후 각종 연구 및 기술개발에 활용될 현장 감각을 익힐 수 있었다.

1973년, 섬유업계와 인연을 맺게 해준 일신방직을 떠나 충남방적(주)의 기획부장 겸 생산부장으로 옮겨가게 되었다. 나로서는 섬유인생에서 새로운 도전이자 제2의 도약의 기회를 맞은 셈이다.

하지만 일신방직을 그만두는 것이 쉽지는 않았다. 며칠 숙고한 끝에 나는 사직서를 제출하였다. 일신방직에서 밤낮없이 혼신의 힘을 다해 열심히 일을 했지만, 생산부장으로 승진이 좌절되었다. 직원들은 내가 당연히 승진할 것으로 예상했었다. 하지만 결과는 전혀 달랐다. S대를 나온 외부 낙하산 인사가 그 자리를 차지한 것이다. 참으로 실망감과 좌절감이 컸다. 결국 부장 승진 문제가 이직의 계기가 되었기 때문이다.

어느 날 김창호 전무가 점심이라도 하자며 나를 불렀다. 전무실에서 김창호 전무가 말하기를 "김차장은 실력도 있고, 어디든지 갈 수 있겠지만, 13년 동안이나 우리와 함께했으니까 회사를 경영해나가는 데 같이 있었으면 좋겠다." 라며 나를 붙들고자 했다. 하지만 이미 헤어질 결심을 하고 있었던 나는 그의 사직 만류를 뒤로 하고 충남방적으로 옮겨 갔다.

그날 전무실에서 나와 김창호 전무가 부둥켜 안고 펑펑 울었다. 어떤 이유에서 울었는지도 모르면서 두 사람 모두 손수건이 흠뻑 젖도록 눈물을 흘렸다. 그리고 우리는 말없이 헤어졌다. 그렇게 나의 일신방직 생활은 끝이 났다.

지금 생각해도 왜 그때 왜 그리 많은 눈물을 흘렸을까? 아마도 아쉬움과 서운함, 그리움 등의 복합적인 감정이 작용한 게 아닐까 한다. 나는 지금도 무엇보다 어려움을 함께했던 동고동락에서 오는 말로 동질감 같은 것이 작용했다고 본다.

그런데 일신방직, 아니 김창호 전무와의 인연은 끝나지 않았다. 충남방적으로 이직한 후에도 김창호 전무와 나의 인연은 끊어지지 않고 연면(連綿)히 이어졌던 것이다.

내가 충남방적 천안공장에 근무한지 3개월쯤 되었을 때 일신방직의 사장을 통해 내가 무난히 정착하여 잘 근무하고 있는지,

일신방직으로 복귀할 의사를 타진하기도 했다. 전문 경영인 대표이사가 전하는 말은 "지금 회사에 정착이 잘 안 되고 있다면 일신방직으로 되돌아왔으면 좋겠다. 하지만 나는 이미 떠나온 사람이라 거절했다.

내가 미국에 출장 갔을 때 그와 다시 만났던 일이 인상적으로 기억에 남는다. 나는 충남방적 상무이사로 업무차 미국 출장길에 올랐다. 그런데 김창호 전무는 대표이사로 몇 년 간 일하다가 회사를 동생에게 맡기고 신병치료차 미국지사를 맡아 미국에 가 있었다. 그의 안부가 궁금하여 출장 중에 인사차 전화를 했다. "건강관리는 잘 하시냐", "잘 계시라"는 안부 인사였다.

그런데 김창호 전무 아니, 회장은 내가 묵는 호텔이 어니냐고 묻더니 나를 픽업하러 호텔로 직접 차를 몰고 왔다. 미국 사정과 지리에 익숙하지 못한 나를 배려한 것이었다. 몇 시간동안 운전하고 와서 나를 식당으로 데려가기 위해 차를 몰고 가면서 김창호 회장은 초콜릿을 먹는 게 아닌가. 깜짝 놀란 나는 회장께 물었다. 아니 당뇨에 초콜릿은 안좋은 건데, 그걸 왜 드십니까? 그랬더니 김창호 회장 왈, "당뇨인데 저혈당 쇼크가 오려고 하기 때문에 먹는다"고 말했다. 신병치료차 미국으로 가서 있는데, 나를 잊지 않고 먼 길까지 손수 운전하고 와서 식사를 같이 하려고 했던 김창호 회장이다.

마음속에 정이 많이 남는 분이다. 기업의 어떤 오너가 자기

회사를 그만두고 떠난 직원에게 이렇게 대해줄 수 있을까.

사실 이러한 생각과 배려는 그의 선친 김형남 회장에서 비롯되었다고 본다. 김형남 회장은 늘 입버릇처럼 “사람은 하체가 튼튼해야 상체가 건강하다” 말씀하셨다. 이 말은 회사를 경영하는 데 하체에 해당하는 하청업체나 납품업체가 잘 되어야 큰 회사도 견실하게 된다는 뜻이다. 그래서 늘 하청업체를 돕기 위해 애쓰셨으며, 업체의 어려움을 파악하는 데 소홀하지 않으셨다.

언젠가 원면 가격이 급상승했는데, 원면 가격 상승분에 비례하여 제품 가격을 올려 받으면 의류 제조업체에 크게 부담이 될 수 있으니, 우리가 힘들더라도 원면 가격을 몇 차례로 나누어 올려 받도록 하라고 지시하였다. 그야말로 충격 완화 방법을 사용하라는 말씀이었다. 요즘 말로 하면 연착륙의 개념이라 할 수 있다.

당시 김창호 전무는 하청 업체의 어려움을 파악하고, 그들을 구체적이고도 제도적으로 지원할 수 있는 방안을 마련하기 위해 주기적으로 하청업체를 방문하여 점검하되, 우수 업체에는 인센티브를 주고, 어려운 업체에는 지원 대책을 마련해주는 일을 지속적으로 해왔다. 회사를 떠나 다른 경쟁업체로 이직한 나에게 이런 따뜻한 감정을 보여주었던 것도 김창호 회장의 따뜻한 마음에서 비롯되었다고 생각한다.

손수건이 흠뻑 젖도록 맞잡고 울고, 머나먼 이국땅 모든 것이 낯설던 나에게 혹시라도 두려움이나 외로움을 느끼지 않도록 배려한 그분의 마음이 내 기억 속에 크게 자리하고 있다. “덕망 있고, 후덕한 사람으로서 회사를 잘 운영하던 기업인, 평생 잊을 수 없는 사람”으로 평생토록 내 기억에 남아 있다. 이처럼 종업원을 가족처럼 사랑하는 기업주가 과연 얼마나 될까? 하는 생각을 해본다.

방직업과 섬유업의 하락에도 불구하고 선친 김형남 회장이 가졌던 기업가 정신은 장남 김창호 회장을 거쳐 동생 김영호 회장에게, 김영호 회장은 기업을 더욱 발전시킨 후 형 김창호 회장의 아들 김정수 회장에게 이어져 지속적인 성장과 발전을 거듭하고 있다.

지난해 10월 김창호 회장의 부음 소식을 들었다. 코로나19 팬데믹 상황이라 조문도 가지 못하고 그저 애도의 마음만 보낼 수밖에 없었다.

오랜 벗의 죽음에 내 마음이 아프다. 그러면서 그와 함께했던 일들이 문득문득 생각난다. 특히 두 사람이 부둥켜 안고 손수건을 적실 정도로 눈물을 쏟았던 격동의 그 시절이 떠오른다.

나의 오랜 벗이며 훌륭한 상사였던 김창호 회장님, 부디 편히 쉬시오.

「국제섬유신문」, 2023. 5. 15.

# <난타>와 이광호 박사

1997년 초연 이래 대한민국을 넘어 세계적인 비언어극(Non-Verbal Performance) 공연으로 인정받고 있는 <난타>의 공동 기획자이자 전 충남방적(주) 전무이사 이광호 박사를 기억한다.

## 이광호 박사의 '휘문고'에 대한 자부심과 사랑

1990년대 초반 경이었다. 중구 태평로 62-4번지 청화빌딩, 즉 전 충남방적(주)의 본사 사옥 옥상에는 늘 두툼한 매트리스가 깔려 있었고, 그곳에 모인 사람들은 갖가지 소리가 나는 무언가를 쿵쿵 두드려 댔다. 그들 중에 대중에게 잘 알려진 배우 송승환도 있었다. 알고 보니 그곳은 송승환 씨가 난타 배우들을 지도하는 초기 훈련 장소였다.

충남방적(주) 옥상에서의 난타 훈련이라니, 조금 생뚱맞은 조합이라는 생각이 들 수 있다. 하지만 여기엔 '휘문고'라는 연결고리가 있다. 송승환 씨와 이광호 박사는 휘문고등학교 동문이다. 지금도 그럴지 모르겠지만 당시 이광호 박사는 휘문고등학교에 상당한 애착을 갖고 있었다. 이광호 박사가 휘문고등학교에 얼마나 큰 애착을 갖고 있었는지는 내가 겪은 일화로도 익히 알 수 있다.

이광호 박사와 나는 충남방적(주) 임원으로 함께 근무하면서 일본 출장을 함께 가는 일이 많았다. 일본에 가서 하루 일과를 마친 어느 저녁이었다. 우리는 맥주를 한잔하러 선술집에 들어갔는데, 그곳에서 우연히 한국인을 만나게 되었다. 바로 옆자리라 말을 섞어 보니 그는 이광호 박사와 대학 동문, 즉 한양대 섬유과를 나온 사람이었다. 반가워하겠다 싶어 옆에 앉은 이광호 박사의 옆구리를 찔러 "이분 당신 대학 같은 과 출신이라는데…" 했으나 의외로 그는 별 관심이 없어 보였다.

그런데 조금 더 이야기를 나누다 보니, 그 한국인은 고등학교도 이 박사와 동문이었다. 휘문고 동문이었던 것이다. 휘문고 동문이라는 말이 떨어지기 무섭게 이 박사는 벌떡 일어나, "아이고, 형님!" 하면서 처음 본 그 남자의 손을 덥석 잡았다. 이튿날 들은 이야기이지만 그 후 둘은 함께 2차, 3차, 자리를 옮겨가면서 즐기다가 그 동문의 집에까지 가게 되었다고 한다. 같은 호텔에 머물던 나는 자정이 넘어 새벽 2시가 되도록 돌아오지 않은 이광호 박사를 걱정하며 혼자서 별의별 걱정, 즉 재벌의 아들인 이광호 박사가 혹시 납치된 건 아닌가 등등 별의별 상상을 다 하면서 거의 뜬눈으로 밤을 지새웠다. 그 사람의 이름도 성도 모르며 단지 휘문고 졸업생이란 말밖에 들은 바가 없었기 때문이다.

이 일은 나로 하여금 이광호 박사의 휘문고에 대한 자부심과 사랑이 어느 정도인지를 느끼게 했다.

## 유행가를 빌려 나의 퇴사를 만류한 충방가(家) 사람

이광호 박사는 재벌가의 셋째이면서도 엄청난 노력가였다. 해외 유학을 반대한 부친 고(故) 이종성 회장의 뜻을 따르느라 열심히 공장의 종합관리업무를 담당하면서도 그 많은 접대와 술자리를 피하고 밤잠을 줄여 가며 끈질긴 노력 끝에 석·박사 학위까지 취득한 의지의 사나이였다.

이광호 박사는 나를 끝까지 충남방적(주)에 잡아 두고 싶어 한 사람이었다.

내가 처음 충남방적(주)을 떠난 것은 1990년 늦가을이었다. 내 젊음을 다 바쳤고, 온갖 시련을 겪어 가며 헌신적으로 일을 했던 곳을 기어코 떠나야 했던 것은 1988년 당시 노태우 대통령의 6.29선언으로 비롯된 대한민국의 역사의 거대한 물살 때문이었다. 6.29선언 이후 우리나라 산업계는 강경투쟁 노선을 견지하는 노사분쟁으로 몸살을 앓았고, 그로 말미암아 고임금화 추세가 이어졌다. 충남방적(주)이라고 다를 바는 없었다. 더구나 방적은 노동집약적 산업 아닌가. 잇따른 파업으로 회사가 어려움에 빠지자 당시 전무이사 겸 기술본부장이었던 나는 이 난관을 뚫고 나가기 위해서는 시설 합리화(자동화)와 경영개선이 불가피하다고 판단, 최고 경영진에 고언(苦言)을 했다. 그러나 내 고언은 받아들여지지 않았고, 결국 나는 회사를 떠날 결심을 할 수밖에 없었다.

사표를 제출한 나를 "밥이나 함께 먹자"며 불러낸 사람이 당시 충남방적(주) 상무였던 이광호 박사였다. 그는 몇 날 며칠 나를 불러 저녁을 먹고 술자리를 마련했다. 그리고 그 술자리에서 종업원을 시켜 '가지 마오 가지마예'란 가사가 되풀이되는 유행가를 수도 없이 부르게 했다. 나의 퇴사를 막아 보겠다는 진정어린 만류의 의사였다. 그는 내가 태전방적(주)의 초대 창립 대표이사로 있을 당시 남원의 태전방적(주) 회사까지 찾아와 밤을 새우다시피하면서 술잔을 기울이며 나를 회유하기도 했다.

그뿐만 아니라 1992년 10월 충남방적(주)에 대형 화재가 발생해 단일 면방공장으로서는 세계 최대 규모였던 30만 추의 공장이 잿더미가 됐을 때, 이의 복구를 위해 나를 다시 충남방적

(주)으로 불러들인 것 또한 이광호 박사였다. 물론 표면적으로는 내 손으로 건설한 공장의 소실에 가슴 아파하는 나를 불러 정과 의리에 호소한 고(故) 이종성 회장의 제안으로 재입사한 것으로 되어 있다. 그러나 당시 나를 부사장으로 영입하는 데 막후에서 결정적인 역할을 한 것이 이 박사였던 것을 나는 안다. 그리고 그와 나는 온갖 어려움을 딛고 최신 공법인 연속 자동 포장 가습 시스템으로 7만 추의 면정방기를 복구함으로써 마침내 공장 재건에 성공했다. 충남방적(주)이 법정관리에 들어가게 된 후에도 이 박사와 나는 이를 재건하려는 노력까지도 함께했다.

이광호 박사의 나에 대한 배려와 애정은 이종성 회장의 장례식에서도 유감없이 나타났다. 청운(靑雲) 이종성(李鍾聲) 회장이 세상을 떠난 것은 내가 다시 충남방적(주)에 몸담고 있을 때였다. 고 이종성 회장은 충남방적(주)을 창업자일 뿐만 아니라 후학 양성에 뜻을 두고 여러 학교를 설립한 분이기도 하다. 1973년 국내 최초로 기업체부설학교인 청운고교를 설립, 전액 무상으로 생산직 근로자들에게 배움의 기회를 주었고, 이후 예산 예덕실업고등학교, 대전 충일여중고, 오산 수영여고 등 산업체 학교를 설립했다. 그런가 하면 1983년에는 혜전전문대학교(현 혜전대학교)를 설립하고, 이어 1994년 충남 홍성에 충남산업대학교(현 청운대학교)를 설립했다. 그런 이 회장이 타계한 것은 1995년 12월이었다.

내가 처음 이 회장을 만난 것이 1973년이었으니 그와 나의 인연도 20년을 훌쩍 넘는다. 이 회장과 함께 국내 최대 규모의 대전공장을 건설하기도 했고, 그의 지시로 세계를 일주하며 해외시장 개척도 했으니 그와 나 사이에 쌓인 세월의 무게는 굳이 말할 필요조차 없다. 그런 이종성 회장의 장례식에서 나는 추도사를 읽었다. 이 또한 이광호 박사의 작품이다.

이종성 회장의 추도사를 읽으며, 나는 어머님의 하관 때 하염없이 울었던 경우를 빼고는 처음으로 눈물을 많이 흘렸다. 20년 이상 이종성 회장과 함께해 온 애환이 가슴을 벅차오르게 한 것이다. 결국 나는 추도사를 제대로 읽지 못할 정도로 울고 말았다.

다시 이광호 박사의 이야기를 해보자. 이렇게 자신의 부친 장례식을 치르면서도 나를 배려한 이광호 박사는 돌아보면 상당한 경영의 귀재가 아니었나 싶다. 지금은 공중분해된 충남방적(주)이지만 이종성 회장 일가가 충남방적(주)을 운영할 당시 이광호 박사는 가끔 아버지 이종성 회장과 형인 대표이사 이** 사장과의 의견충돌이 있었다.

나와 각별한 사이였던 이광호 박사는 자신과 아버지, 자신과 형이 회사 경영방안을 놓고 논쟁을 벌였다는 이야기를 종종 했다. 그 와중에 맨 정신으로는 아버지와 형에게 대들지 못해서 술의 힘을 빌려 대들다가 이종성 회장이 애지중지하던 많은 도자기골동품을 내동이쳐 깨버린 일도 있다며 허허롭게 웃기도 했다. 또한 형인 대표이사와 의견충돌로 끝내는 주먹다툼을 하기도 했다고 한다.

이종성 회장이 건강이 악화되어 직접 공장 순시를 못하고 본인이 설립한 온양관광호텔에서 치료 겸 휴양을 하면서 공장의 현황 파악과 지시를 하려고 가끔 나를 불러 호텔 정원을 산책하면서 이야기를 할 때가 더러 있었다, 이때 이 회장이 "김 부사장, 어떻게 하면 우리 충남방적(주)가 되살아날 수 있을까"라고 물었던 적이 있었다. 나는 이회장에게 거대한 충남방적(주)의 최고경영권을 각 공장(천안, 예산, 대전, 오산)별로 분할상속하는 것이 좋겠다고 대답했다. 그러나 이 회장은 법인분할은 어렵다며 내 의견을 받아들이지 않았다.

만약에 그때 이종성 회장이 회사를 분할해 아들들에게 맡겼다면 어떻게 되었을까. 이광호 박사가 그 일부 하나라도 직접 운영하였더라면 아무리 어려운 오늘날의 섬유경기이지만 무에서 유를 창조한 <난타>처럼, 또는 오늘날까지 건실하게 운영되고 있는 일신방직(주)처럼 건재하지 않았을까 라는 생각이 드는 건 왜일까.

## PMC프로덕션 공동설립, <난타>를 성공시키다

이광호 박사와 배우 송승환 씨가 합이 맞아 충남방적(주) 옥상에서 <난타> 연습을 시작한 때가 화재로 폐허가 된 공장을 재건하기 위해 충남방적(주)에 재입사해 고군분투하던 바로 그 시기였다. 쿵쾅거리는 소리에 이게 무슨 소린가 싶어 사옥 옥상에 올라갔던 나는 두꺼운 매트리스를 깔아 놓고 온갖 물건들을 두들겨 대는 한 무리의 사람들을 보고 얼마나 놀랐던가. 그들이 오늘날 세계적인 문화상품인 <난타>의 산파역이었다는 것은 세월이 좀 흐른 뒤에야 알았다.

1965년 아역 성우로 데뷔한 송승환과 재벌가 셋째 아들인 이광호가 처음 만난 곳은 휘문고등학교였다. 동기동창이었던 두 사람은 고교 졸업 후 한 사람은 연예계 활동을 이어 가면서 스타가 됐고, 다른 한 사람은 충남방적(주)의 임원이 되었다. 서로 다른 길을 걸으면서도, 휘문고에서 시작된 인연은 끊어지지 않고 동업으로까지 이어졌다.

비언어극에 꽂혀 아무도 알아주지 않는 타악에 몰두하고 있던 친구 송승환의 열정을 이광호 박사가 알아주었던 것이다. 송승환이 준비하는 비언어극이 결국 세계를 제패할 상품이란 것을 알아본 이광호 박사가 친구의 손을 잡은 것이다.

그 결과가 1996년 12월, PMC프로덕션의 공동설립이었다. PMC[Performance(공연), Music(음악), Cinema(영화)]프로덕션은 지분 50대 50으로 시작해, 기획과 프로듀싱은 송승환 씨가, 경영과 회계는 이광호 박사가 맡아서 운영해 나갔다. 대외적으로는 배우 송승환이 난타의 대표로 많이 알려졌지만, 보이지 않는 곳에서 공연 준비에 필요한 비용 마련을 위해 자비를 동원하면서까지 난타를 지원한 실질적인 대표는 이광호 박사였다.

초연 이후 뜨거운 화제를 모은 <난타>가 안정적인 위치에 오른 것은 2000년 7월 정동에 난타 전용극장을 설립하면서부터라고 생각한다. 이로써 좀 더 안정적인 공연 수급이 가능해졌기 때문이 아니었을까?

나는 난타 전용극장 개관식이 있던 날을 잊을 수 없다. 나는 그때까지 돼지머리를 앞에 두고 절을 해본 적이 없었다. 그러나 난타 전용극장 개관식에 초대를 받은 나는 그날 돼지 입에 축하금을 물리고 고개 숙여 절을 했다. 난타의 공동대표인 송승환 씨와 이광호 박사가 절을 하기에 얼떨결에 하게 된 것도 있지만, 어찌 보면 <난타>가 앞으로 잘되기를 바라는 마음에서 비롯된 행동이 아니었을까 싶다.

세월이 흘러 <난타>는 세계를 누비는 유명한 공연이 되었다.

한국 공연 사상 최다 관객을 동원한 작품이 되었으며, 2004년에는 아시아 공연물 최초로 뉴욕 브로드웨이에 전용극장을 개관해 1년 6개월간의 공연을 성황리에 마무리했다. 20주년을 맞은 2017년에는 제주도에 전용극장과 함께 '호텔 난타'를 설립해 운영하고 있으며, 2019년까지 순회공연을 다닌 국가 및 도시 수가 58개국 318개에 달한다. <난타>는 지난 20여 년간 공연을 통해 우리나라의 명성과 위상을 해외에 널리 알리는 데 크게 공헌해 왔다. <난타>가 세운 기록들을 통해 이광호 박사를 비롯한 난타의 모든 구성원들이 그동안 얼마나 열심히 달려왔는지를 미루어 짐작할 수 있다.

충남방적이 역사 속으로 사라진 후에도 이광호 박사와 나는 종종 연락을 하며 지냈다. 그냥 단순한 회사 동료라기보다는 인간적으로 가까웠던 사이였기 때문이다. 난타와 관련해 중요한 행사가 있을 때는 꼭 우리 부부를 초청해 함께한 것도 그래서일 것이다. 한 가지 진한 아쉬움이 있다면 2021년 12월 29일 재주 난타호텔에서 치러진 이광호 박사의 아들 결혼식에 참석하지 못한 일이다. 당시는 코로나19가 극성을 부리고 있던 때라 불가피하게 축하 화환과 축의금에 마음을 담아 보냈지만, 아직도 직접 가서 축하해 주지 못한 것이 못내 마음에 걸린다.

사람들은 <난타>를 이야기할 때 배우 송승환을 떠올린다. 그러나 나는 예전에도 그랬고 지금도 보이지 않는 곳에서 <난타>의 실질적이고 든든한 지원자 역할을 하고 있는 PMC프로덕션의 회장, 충남방적(주) 시절 나의 좋은 파트너이자 친우였던 이광호 박사가 떠오른다.

# "後生可畏",
# 글로벌세아그룹 김웅기 회장

생존해서 활동하는 인물에 대한 글을 쓴다는 것은 심히 어려운 일이다. 특히 나와 가까운 선후배나 지인의 경우에는 더욱 난감하다. 그럼에도 불구하고 후배 김웅기 회장에 관한 일을 기록하게 된 것은 그의 초인적인 활동과 인물됨에 기인한다. 아울러 그의 활동에 관해서는 내가 적격일 것 같다는 생각에서 펜을 들었다. 여기에 더하여 후배들의 집필 권유도 내가 용기를 내는 데 힘을 보탰다.

김웅기 회장 아버지의 고향은 충북 보은이다. 나와 함께 공부한 곳은 전남대학교 공과대학 섬유공학과이다. 그를 본격적으로 알게 된 것은 내가 충남방적(주) 상무이사였을 때였다. 그 무렵 김웅기 후배가 충남방적 계열사에 경력사원으로 입사하여 Knit 수출을 담당하게 되었다. 그 후 수출담당 과장으로 승진했다. 그 당시를 되놀아보면 그는 회사의 임원(중역)이 되는 꿈을 가지고 있었다고 기억한다. 이 꿈이 있었기 때문에 열정과 패기로 무장한 채 오로지 업무에 충실하고 회사의 이익에 최선을 다했다. 그런데 담당 대표이사 Y씨는 오히려 김웅기 과장을 괴롭혔다. 그가 건실한 하청업체를 추천하여, 이 회사가 하청업체로 선정되는 경우에는 원자재 구입 자금을 결제해 주지 않거나, 어렵사리 오더를 수주해도 자금 결제를 해주지 않는 등 여러 가지 면에서 이루 말할 수 없는 괴롭힘을 가했다. 그는 할 수 없이 회사를 그만두는 결심을 하게 되었다고 술회했다.

그런데 전화위복이라 할까. 그는 부득불 C그룹을 퇴사하고, 단돈 500만원 자본금으로 사업을 시작했다. 말이 사업이지 밥도 제대로 먹지 못하고, 잠도 제대로 못 자면서 거의 밤샘 작업을 수 없이 해내며 엄청난 모진 고생을 겪으며 사업에 몰두하여 왔다.

진인사대천명, 그가 최선을 다하자 하늘이 도왔다. 창업 자금 500만원으로 시작한 사업이 2023년 기준으로 해외 사업장이 50여개, 매출액 6조원을 달성하였다. 단연코 그는 우리나라 섬유업계 최고라 할 수 있다.

이렇게 성장 발전한 글로벌세아그룹은 2025년 매출액 10조원을 목표로 하고 있다.

김웅기 회장을 한 마디로 표현하면 엄청난 노력가이면서 무척 강인한 사람이다. 또한 대단한 승부사이다. 그는 기업 경영에 관한한 승부욕이 강한 고독한 승부사이다. 어찌 보면 기업발전을 위해서는 사적인 생각마저 버린 사람이다.

수년 전 나와 함께 광주에 있는 전남대학교를 방문하기 위해 승용차를 타고 가면서 대화를 나눈 적이 있었다. 여러 가지 이야기 중에 자신의 친척을 회사에 입사시켰는데, 번번이 공장의 책임자와 트러블이 자주 생겼다. 사정을 알아보니 친척이 잘못한 것으로 판단되어 즉시 해고시켜 버렸다고 한다.

기업 경영에 결코 사적인 면을 용납하지 않겠다는 확고한 신념을 알 수 있게 하는 일화다. 웬만한 그룹의 경우 총수의 사돈이나 팔촌만 되어도 상당한 위세를 부리는 사례와는 너무나 대조적이다. 사사로움에 치우치지 않는 그의 경영 철학과 결단력이 부럽다. 그의 경영철학을 후배들에게 권하고 싶을 따름이다.

반면 그는 필요한 곳에 엄청난 봉사와 기부도 서슴지 않고 지원한다.

예를 들면, 15년 전인 2009년에는 지금처럼 세아그룹이 크게 성장하기 전인데도 모교인 전남대 섬유공학과에 장학기금을 두 차례에 걸쳐(3억+2억) 5억원을 선뜻 내놓았다. 이때부터 장학혜택을 받는 사람이 138명에 이른다. 이뿐만이 아니라 지진으로 인한 피해와 빈곤으로 무척 고통받고 어려운 생활을 하고 있는 세계최빈국 “아이티” 국가에 학교를 건설하고, 교육을 시키고 있으며, 그들에게 교육은 물론 의료봉사까지 후원해 주고 있다. 아이티에 의과대학의 봉사활동 프로그램에서 의사와 간호사들의 항공 교통비 및 숙식비를 포함한 전체비용을 부담하고, 대학에서는 맨파워 지원만 받아 어려운 아이티 사람들에게 진료와 치료를 지원해주고 있다. 참으로 그의 강인한 사업의지와 고상한 인간미를 함께 느낄 수 있었다.

나는 베트남 섬유산업동향보고를 위해서 EINS VINA(세아상역의 베트남 현지 공장)를 2009년 2월 25일부터 5일간 둘러 봤다. 전체 4천5백 명이 근무하고 있는 대규모 공장이다. 이 시기 다른 회사들은 불황으로 공장을 1/2정도만 가동하고 있었는데, EINS VINA는 풀가동하며 전혀 불황을 모르고 있었다. 뿐만 아니라 당시 사람 구하기가 상당히 힘든 환경이었음에도 EINS VINA는 근무 지원자들로 문전성시를 이룰 정도였다.

4천5백여 명이 근무하는 이곳의 생산제품을 최종 검사하는 부서에서 상당 시간을 내가 지켜보았다. 검사 담당자는 모든 제품에 대해서 철저하게 검사를 하고 있었다. 내가 일부러 검사관에게 말을 걸었다. 그렇게 검사를 너무 심하게 하면 앞 공정의 작업자나 책임자로부터 미움이나 트러블이 생기지 않겠느냐고 물었던 것이다. 돌아온 대답은 이렇다.

“앞[前] 공정의 생산과정은 그 들의 책임이고, 나는 철저한 검사를 함으로써 우리 회사(세아상역 EINS VINA)의 제품에 대한 신뢰를 높이고 품질을 인정받기 위해서이다. 따라서 나는 우리 회사에 필요한 업무를 정당히 수행 할 뿐이다."

이 답변을 들은 나는 잠시 생각에 잠겼다. 괴한으로부터 총상을 당한 과테말라 법인장에 대한 세심한 배려와 무척이나 가슴 아파하던 모습, 그리고 품질 검사 담당자의 회사에 대한 투철한 책임의식을 보면서 김웅기 회장과 같은 훌륭한 장수 밑에 훌륭한 병사가 있다는 사실을 확인할 수 있었다. 공과 사를 분별할 줄 알고, 우리나라와 외국, 부국과 가난한 나라를 차별하지 않고 맡은 바 업무에 책임과 권한을 부여하고, 그에 따른 보상을 철저하게 해주는 김웅기 회장, 그의 진면목을 발견하게 해준 귀한 경험이었다.

한편 김웅기 회장은 서울사무소 직원이 너무나 늦게까지 잔업을 하는 일이 빈번하기 때문에 직원의 건강을 염려하여 밤 9시가 되면 사무실에 모든 전등을 강제로 꺼버린다고 한다. 이런 사풍이 몸에 배어서인지 사원들 사이에서는 삼성과 같은 기업보다 결코 대우가 떨어지지 않는다는 자부심이 있다고 한다.

최근에 간행한 자서전 『세상은 나의 보물섬이다』에서 그는 이렇게 말한다.

많은 사람들이 창업을 하거나 직장생활을 한다. 성공의 비결을 묻는 사람에게 나는 "무엇을 하든 선두주자가 되라"고 말한다. 선두주자는 개척자이고, 개척자는 물길을 바꿀 수 있다. 또 기업은 필연적으로 1등만 살아남는다. 그러니 무슨 일을 하든 혼신의 힘을 다해 부동의 1등이 되어야 한다.

2024.1.31. 글로벌세아그룹 사옥 로비에서 김웅기 회장 초청 기념 촬영(왼쪽부터 박양수 리더스포럼운영위원장, 김영국 전 세네갈 대사, 이능묵 서울동창회 상임부회장, 김해곤 리더스포럼 회장, 김웅기 글로벌세아그룹 회장, 김성전 서울동차외 고문, 이연익 서울동창회 고문, 이용섭 전 광주광역시 시장, 주승호 한국기술사회 명예회장, 김형균 전 광주지방국세청장

그 시작은 바로 꿈꾸는 것이다. 희망의 꿈을 꾸지 않으면 미래는 없다. 희망의 꿈을 안고 용기 있게 도전하라. 도전은 꿈과 희망을 성취하는 사다리다. 그러니 도전을 두려워하면 안 된다.

당신 안의 모험가를 깨우고, 끝까지 밀어붙이는 용기로 이 세상의 가장 먼 곳까지 가보기 바란다. 그곳에는 분명 당신만 알아볼 수 있는 보물이 기다리고 있을 것이다.

**계열 인디에프 주가 급등 후 시장 반응 진정 국면**

**클린턴 재단 지원, 아이티 공장 건설 각별한 유대**

세아상역은 지난 2012년 10월 22일(현지 시간) 아이티 카라콜 지역에 있는 산업단지에서 미셸 마르텔리 아이티 대통령, 힐러리 클린턴 미국 국무장관, 빌 클린턴 전 미 대통령 등이 참석한 가운데 준공식을 가졌다. 이날 행사에는 할리우드 배우 숀 펜과 벤 스틸러, 디자이너 도나 카란 등 유명인도 참여해 화제가 됐다. 사진 중 좌측부터 세아상역 당시 김태형 사장, 세아상역 김웅기 회장, 힐러리클린턴 미국무장관, 빌클린턴 전 미국대통령 순.

김웅기 회장, 그는 재벌의 2세나 3세도 아니고 특별한 정치적 흐름에 편승하지도 아니하면서 이러한 도전 정신으로 단돈 500만원으로 창업한지 30여년 만에 6조원의 매출을 달성하는 대기업으로 성장시켰다. 그러니 그의 인품과 노력, 경영 방침에 존경과 사랑의 정을 듬뿍 담아 보내지 않을 수가 있을까. 무엇보다 꿈의 실현을 위한 도전정신, 개척정신을 배우고 싶다.

그는 너무나도 훌륭한 애국자다. 선친께서 국가공무원인 인연도 있겠지만, 그는 철저한 자기 관리로 성공했기 때문에 엄청나게 발전한 오늘날까지 세무관계나 기타 문제로 사회의 말썽이나 잡음이 한 건도 없다. 심지어 미국의 법인을 인수하여도 한국으로 국적을 옮기는 정도이다.

이런 그이지만 회사가 어느 정도 규모를 갖추었을 때 으레 첨부되는 국내외 대학의 석사 또는 명예박사 등의 학위가 없다. 그는 섬유공학과 학사 학위이외에는 아무 것도 없다. 뿐만 아니라 모교 전남대학교 명예박사 학위 추천을 여러 차례 했으나 일체 거절한 바 있다. 실제 그의 학력에는 전남대학교 공과대학 섬유공학과 졸업 기록이 전부이다.

그렇지만 그의 실력은 세계적으로 정평이 나 있다. 예를 들어 아이티에서 글로벌세아 기업에 행사가 있을 경우 클린턴 전 미대통령도 참석한다. 클린턴 대통령 부부와는 아이티 국가의 공동프로젝트를 할 정도로 절친한 줄 알지만, 클린턴뿐만 아니라 내가 알고 있는 곳만도 중남미의 다른 국가 대통령과도 교분이 두터워 그의 사업장 행사에는 이들 대통령들도 많이 참석하고 있으며, 최근만하더라도 엘살바도르 신임 대통령 취임식에도 초청받아 참석하는 등 중남미 지역의 대외활동이 최고인 것 같다. 그렇기 때문에 모든 그의 사업장 행사에는 중국, 사이판, 베트남, 인도네시아, 과테말라, 멕시코, 코스타리카, 엘살바도르 등 각국의 유명인들이 참석할 정도이다.

뿐만 아니라 미래에 대한 전략이라고 할까? 전쟁 중인 우크라이나나 지진으로 국토가 황폐화된 트루퀴에(터키)국 등에 구호물품 모포 등을 몇 만장씩 보내고 있다.

여러 가지 면에서 그의 업적도 화려하고 많지만 특히 섬유업계에서는 김웅기 회장을 '패션거목'이라고 부른다. 무역의 날 대통령 표창, 석탑산업훈장, 제23회 섬유의 날 금탑산업훈장, 무역의 날 10억불 수출의 탑, WFDP '제1회 세계패션대상', 대한민국 100대 CEO, EY한영 '제15회 최우수 기업가상', '제10회 매경럭스맨 올해의 기업인상', 2024년 한국능률협회 '제54회 한국의 경영자상'을 수상했다.

한편 2011년에는 WTO 주최 스위스 제네바 '무역을 통한 원조' 회의에 참석해 한국기업 최초로 사례발표를 진행하기도 했다. 2014년 아이티에 세아학교를 열었고, 2017년에는 세아중·고등학교도 개교했다. 10년의 노력 끝에 2023년 9월 고등학교 첫 졸업생이 배출되었다.

2014년 니카라과 명예영사로 임명되었으며, 2015년 그룹지주회사 글로벌세아를 출범시켰고 세아재단을 설립했다. 세아상역은 'GWP 한국의 일하기 좋은 기업' 특별상과 본상을 수상했고, '국가지속가능 경영우수기업 외교부장관상', '국제협력부문 사회공헌기업 대상'을 수상했다.

東亞日報 2012년 2월 16일 목요일

빌 클린턴 前 美대통령 e메일 인터뷰

◆ 세아상역 언론 보도 모음

■ 클린턴이 극찬한 세아상역은

세계 최대 니트의류 제조-수출업체
저개발국에 공장 세워 고용-복지 힘써

< 동아일보 1면,3면 - 2012.2.16일자 >

2007년 패션기업 '나산'을 인수했고, 2018년 세아STX엔테크를 출범시켰다. 2020년 태림그룹, 2022년 쌍용건설, 발맥스기술을 인수하고 S2A갤러리를 개관했다. 한국 미술품 중 역대 최고가인 화가 김환기의 작품 '우주'를 낙찰 받아 세계 200대 컬렉터에 선정되기도 했다. S2A갤러리에서 '우주'를 일반에 무료로 공개하기도 했다.

글로벌세아는 2023년 대기업 집단에 포함되었으며, 2025년 그룹 전체 매출액 10조 원을 바라보고 있다.[1)]

전남대학교 서울동창회 사무실에서 김웅기 회장과 함께

---

1) 글로벌세아 김웅기 회장의 경영활동에 관한 요약 내용은 전남대 서울동창회보 기사(2024. 2. 5.)에서 인용함.

또한 영어를 능숙하게 구사하고, 미국에서 영화를 제작하기도 했다. 최근에는 전남대 서울동창회와 리더스포럼 활성화를 위한 발전기금으로 5,000만 원을 쾌척하였으며, 동창회 사무실 리모델링과 컴퓨터 등 집기를 교체해주었다.

다방면에서 그 진폭을 가늠할 수 없을 정도로 종횡무진 활약하고 있는 그가 자랑스럽고 오래도록 건강하게 활동하기를 바란다. 나이를 잊고 세계 곳곳을 누비고 있는 후배가 무척 자랑스럽다.

"後生可畏(후생가외)"
내가 그에게 할 수 있는 가장 적확한 표현이다.

# 용봉리더스포럼 초청 강연과 장하준 교수

지난 4월 4일 서울 프레스센터 20층에서 장하준 교수 특별 강연이 있었다. 장하준 영국 런던대학 경제학 교수가 전남대학교 서울동창회 "용봉리더스포럼" 초청 강연에 흔쾌히 응낙하여 강연이 성사된 것이다. 장하준 교수는 나의 오랜 학우(學友) 장재식 전 장관의 큰 아들로, 나와는 인연이 깊다. 그래서 그가 귀국한다는 소식을 접한 내가 수개월 전부터 이메일로 연락을 주고받으면서 강연을 성사시켰다.

강연은 성황리에 마쳤다.

2시간 30분 이상 진행된 강연 내내 장하준 교수는 자상하고 친절하고도 성실하게 답변해주었다.

또한 질의 응답시간에도, 기념사진 찍을 때에도, 참석자 모두에게 자신의 저서에 사인을 해줄 때에도, 전혀 내색하지 않고 미소로 그들을 대해주었다. 나는 그의 언행을 지켜보면서 진정 그가 세계적인 석학이자 베스트셀러 작가인지 알 수 있을 것 같았다.

강연자로 온 장하준 교수와 만난 지가 엊그제인 것 같은데, 벌써 50여년 전이라니. 나는 어느덧 백발이 성성한 노인이 되었다. 그가 지금 세계적인 경제학자가 되어 우리가 초청한 포럼 강연자로 나와 한국과 세계의 경제를 논하다니, 그와, 그의 부친과의 인연이 감사하고, 그리고 감개가 무량하다.

장하준 교수하고 인연은 그 부친 장재식 전 장관과의 인연에서 비롯된다. 장재식과는 광주 서중학교와 광주고등학교 동기동창이다. 동기동창인데 광주 서중 다닐 때 장재식 장관이 공부를 꽤 잘했다.

그는 공부를 뛰어나게 잘하였다. 그런 그와 나는 서중학교 입학을 해서 같이 다니면서 교분을 갖게 되었다. 그런데 입학 직전 학교에 화재가 발생하는 바람에 입학이 두 달 정도 연기되었다. 나는 그 기간 동안 고향 영암으로 내려갈 형편이 안되어 아버지가 맡긴 하숙을 하는 선생님의 집에서 있게 되었다. 하숙집에는 서중과 농업학교 학생 등 여러 명의 학생들이 있었는데, 그 중 서중 선배가 세 사람이 있었다. 그 선배들이 후배인 나를 붙들고 영어와 수학을 집중적으로 가르쳐 주었다. 매일 과외 공부를 시켜준 것이다. 하숙집이라는 같은 공간에 있으니까 선배로서 나를 교육시킨 것이다.

그때 수학은 초등학교 수학과는 전혀 다른 새로운 수학이니까 신기하고 새로워서 열심히 배웠다. 영어는 초등학교 다닐 때 배워본 적이 없는 과목인데 선배들이 내게 영어를 가르쳐 주니 열심히 할 수밖에 없었다.

그렇게 두 달 동안 영어를 선배 선생님들이 계속 가르쳐 주니까, 당연히 중학교 들어간 다음에는 영어를 잘하는 학생이 되어 있었다. 그래서 우리 반, 1학년 C반이었는데, C반에서는 내가 영어를 제일 잘하는 편이 되어 있었다.

그런데 장재식 군은 이곳 광주에서 학교를 나왔고, 집도 가까운 광주다. 그러니 학교가 문을 닫고 있는 그동안에도 그는 광주에 쭉 있었다. 그러다가 우연히 만나 말을 거는데, "야, 이 촌놈아, 너는 촌놈인데 어떻게 그렇게 영어를 잘하냐?"

그래서 둘이 옥신각신도 하기도 했지만, 공부를 좀 제대로 하는 사람끼리는 서로 어울리고 통한다고나 할까. 그렇게 우리는 친한 교우관계를 가지게 되었다.

그와 나는 서중과 광주고를 졸업하였다. 그는 서울법대 입학하였고, 대학 재학 중에 고시에 합격하고, 그 후 국세청 차장이 되었다. 그 시기에 나는 충남방적 예산 공장장으로 근무하고 있었다.

예산 공장은 예산 읍내와 거리가 떨어진 곳, 온양온천 가는 중간에 있기 때문에 온천 가다가 들렀던 것이다. 당시만 해도 방직공장은 규모가 크고 근무 인력도 많아서 공장 견학의 대상이었다.

그가 가족을 데리고 나한테 한번 놀러 온다고 하더니, 실제로 어린 장하준과 장하석 형제하고, 딸까지 해서 삼 남매를 데리고 왔다,

이때 함께 온 장하준 형제는 공장 이곳저곳을 신기한 듯 구경하였다. 내가 예산공장 여러 시설을 안내해 주는데, 그때 장하준이 내게 질문했던 내용이 지금도 생각이 난다. 무려 50년이나 흘렀지만 기억에 남는 인상적인 질문이었다. 초등학교 1-2학년 정도인 장하준이 나한테 물었다.

"이 원료(원면)를 어디서 가지고 와요?

"미국에서 모두 수입하지~"

그가 또 물었다.

"왜 미국에서 수입해요? 우리나라에서 생산된 것을 쓰면 좋지 않아요? 그걸 왜 미국에서 수입해야만 하나요?"

그 당시 원면은 우리나라에 생산이 안 되니까 미국에서 전량 수입할 수밖에 없었다. 그런데 초등학생에 불과한 어린아이가 이런 문제에 대해 질문을 한다는 것이 참으로 대단한 아이구나 라고 생각했다.

어린이의 질문은 여기서 그치지 않았다. 공장을 한참 둘러본

후에 또 내게 물었다.

"선생님, 여기 근무하는 사람이 몇 명이나 돼요?"

"전체 근무자가 약 1,500명 정도란다."

"그럼, 이 많은 사람들을 누가 관리해요?"

나는 아이의 질문에 당혹스러웠지만 이렇게 대답해 주었다.

"이곳 공장에는 직급별 관리자들이 있고, 그 사람들이 담당하고 있지."

"그러면 직급별 이 사람들의 월급은 얼마씩 주나요?"

"일하는 사람들(-방직공장의 특성상 여성 노동자들이 대다수임) 있는데, 여자 일하는 사람들과 남자 일하는 사람은 월급을 얼마나 주나요?"

"그러면 관리직원 월급은 얼마예요?"

여자 직원과 남자 직원, 그리고 관리직원의 월급을 물었다. 내가 그 당시 기준으로 얼마라고 대답을 해주었다. 그러자 장하준은 여자 종업원들은 왜 그렇게 적게 주느냐? 저렇게 열심히 일하는데, 저렇게 힘들게 일하고 있는데 왜 적게 주느냐? 라고 되물었다.

내가 그때 어떤 답변을 했는지 상세하게 기억은 나지 않지만, 관리직 사원과 여자 근로자의 월급 차이를 설명한 것 같다.

나는 초등학생, 고학년 초등학생이 아닌 1, 2학년에 불과한 어린아이가 그런 질문을 한다는 것이 기특하고도 놀라웠다. 지금도 그때의 모습이 내 기억 속에 크게 각인되어 있다. 될 성부른 나무는 떡잎부터 알아본다고나 할까. 그때의 기억이 지금도 생생하다.

지난 4월 4일 포럼 강연에서 장하준 교수가 했던 말 중에서 인상적인 발언을 옮기면서 이 글을 마친다.

장하준 교수는 오래 전부터 미국의 본질을 좀 꿰뚫어 보고 있다고 할 수 있다. 그는 이렇게 말했다.

2023년 용봉리더스포럼 강연을 마친 장하준 교수와 함께

미국에만 전적으로 의존해도 안 된다. 미국은 자국 이기주의지 결코 남의 이익을 지키기 위해서 움직이는 나라가 아니다. 과거 미소냉전 시대와 지금은 확연히 다르다. 상호교류가 없거나 작았던 그때와는 확인하게 다르다. 지금은 미국과 중국이 상호 너무 많이 연관되어 있다. 미소냉전시대에는 어느 한 편에 서는 것이 가능했다. 하지만 미국과 중국 상호 교류가 뗄 수 없을 정도에 이른 지금 어느 한 편에 경도되는 일은 어리석은 일이다. 이런 점에서 한미일동맹은 간단치 않다. 또한 일본은 우리나라와 입장이 다르다. 일본은 해외무역의존도가 매우 낮고 폐쇄적 시장이며 자국시장 규모가 충분히 크다.

일본과 우리는 다르다. 일본이 하는 식으로 하는 것은 바보짓이다. 일본은 중국 없이도 살 수 있지만 우리나라는 못 산다. '미국과 중국 사이에서 따라서 우리는 줄타기를 해야 한다.'

세계사의 흐름 속에서 우리가 취할 자세를 알려준 장하준 교수에게 감사의 말을 전한다.

# 광주서중 교정에서 태어난 광주고등학교

## -광주고등학교의 설립과 광주일고의 탄생을 되돌아보다-

작년 연말 재경광주서중일고 총동문회지 <무등산 아침에>에 '광주일고의 본령은 광주서중이다'란 제목의 칼럼을 기고한 적이 있다. 동문회지에 실린 칼럼을 보고 몇몇 후배들이 "선배님, 광주고등학교가 어떻게 서중에서 탄생했고, 광주일고의 설립 배경은 무언지 한 번 정리 좀 하시죠"란 요청을 해왔다. 그런 요청을 받고 보니 '광주서중-광주고-광주일고의 관계를 정통하게 아는 연배의 동문들이 이젠 얼마 남지 않았으니 나라도 정리를 해야 하는 거 아닌가' 하는 사명감마저 생겼다.

이 세 학교-광주서중, 광주고, 광주일고- 사이의 얽히고설킨 역사를 이해하기 위해서는 당시, 즉 해방과 한국전쟁이라는 격동기에 우리나라 학제가 어떻게 급변했는가를 알아야 한다.

### 광주서중을 모태로 설립된 광주고교

우리나라에 근대적 학교 제도가 도입된 것은 구한말이었다. 갑오경장을 거치면서 한성사범학교 등 각종학교가 설립되었으나 수업연한에는 통일된 규정이 없었다. 일제는 1911년 '조선교육령'을 공포, 보통학교 3~4년, 고등보통학교 4년, 실업학교 2~3년, 전문학교 3~4년의 학제를 만들어 시민교육을 시작했다.

독립국가로서 본격적 근대교육을 시작한 것은 해방 후였다. 미군정하에서 발족한 교육심의회는 6-3-3-4제와 6-6-4제의 병용학제를 채택, 1946년부터 시행했다. 이때 중등교육을 3-3 또는 6년으로 통합한 것은 농촌에서 초급중학과 고급중학을 통합하기 위한 배려였다.

1948년 정부 수립과 함께 1949년 교육법이 제정되고 학제는 6-4-3-4와 6-4-2-4제로 됐다가 1950년에 6-4-3-4제로 변경됐으나 시행해 보지도 못한 채 1951년 교육법 개정으로 수정되어 6-3-3-4제의 기간학제가 수립됐다.

우리, 아니 서중일고 통합 28기들은 거의 매년 학제가 바뀌던 그 시기에 중고등학교를 다닌 셈이다. 처음 광주서중에 입학했던 1947년은 중학교의 수업연한이 6년제로 바뀌었다가 이듬해인 1950년 다시 학제가 바뀌어 중학교 3학년 수료 후 초급제대학(2년제) 진학을 위해 4학년으로 진급하거나 고급대학을 가기 위한 고등학교로 진학하는 6-4-3-4제 또는 6-4-2,3-4제로 바뀌었다. 그러면서 전국 각 도와 서울에 11개의 공립고등학교가 각 중학교에 병설 학교로 설립되었다.

이때 설립된 학교가 강원도의 춘천고등학교, 경기도의 제물포고등학교, 충청도의 대전고등학교, 경상도의 경북고등학교, 부산의 부산고등학교, 전라북도의 전주고등학교, 서울의 용산고등학교, 서울고등학교, 경기고등학교, 경복고등학교였다. 당시 전라남도 광주에 설립된 공립고등학교가 광주고등학교다.

모든 고등학교의 모태가 중학교였음은 굳이 말할 필요도 없다. 즉, 춘천고등학교는 춘천중학교를, 제물포고등학교는 인천중학교를 모태로 해 각 중학교의 교사를 함께 썼다. 전라남도 광주고등학교는 광주서중을 모태로 해서 설립됐으며, 당연히 광주서중의 교사를 함께 썼다. 당시 광주고등학교는 광주서중의 신관을 교사로 썼는데, 광주서중 신관은 화재가 난 이후 우리 학생들이 벽돌을 하나하나 직접 날라서 지은 건물이었다.

## 광주서중 교정에서 광주고교 1학년생 수업 시작

우리 동기가 고등학교를 들어간 해는 1950년이었다. 바로 전해의 학제가 유지되었다면 당연히 중학교 4학년이 되어야 했을 우리 친구들은 그해 새로 생긴 광주고등학교의 첫 신입생으로 들어갔다. 그때 광주고교 첫 신입생은 모두 120명이었다. 그중 90명은 광주서중의 동무들이었고, 나머지 30명은 제주도를 포함한 전라남도 각지의 중학교에서 선발된 가장 우수한 학생들이었다.

고등학교에 진학해 공부에 막 맛을 들이려 하던 찰나에 한국전쟁이 터지고 7월부터는 수업을 받을 수 없었다. 그리고 서울 수복 후 한 달이 지난 10월에서야 다시 학교로 돌아올 수 있었다. 이때 중학교 3년제, 고등학교 3년제로 중고교 분리학제가 확정 시행하게 되었다.

1951년 수복과 동시에 중학교, 고등학교 분리가 심화되고, 전문학교 제도가 무산되었다. 이때 중고 분리 과정에서 대전은 대전중학교를 내보내고 그 자리에 대전고등학교를 남게 했으며, 전북은 전주북중을 내보내고 전주고등학교를 남게 하였다. 그리하여 인천, 경북, 경남, 강원 모두 유수의 중학교가 나가고 고등학교로 변했는데 서울의 경기, 경복, 서울, 용산 등의 학교는 문교부의 지시를 묵살하고 중고를 분리하지 않았다. 그런데 광주의 서중만은 서중의 역사와 전통을 살려야 한다는 졸업선배들의 강력한 요구와 일제 강점기 한이 맺힌 일본학교였던 광주동중을 아예 없애고 그 자리에 광주고등학교를 가게 해서 서중 출신이 그곳 고등학교로 진학하게 하도록 하였다.

그리하여 광주고등학교 2회는 당시 서중에서 광주고등학교에 합격한 최초 합격자 90명, 전남 전역에서 합격한 30명, 서중 4학년, 그리고 동중 4학년이 합쳐져서 한 학년이 되었다.

이듬해 1951년 2학년으로 진급한 우리는 갑자기 수많은 동급생을 맞게 되었다. 또 한 번의 학제 변경으로 중학교가 3년제로 바뀌었고, 이전대로였다면 중학교 5학년, 6학년이 되어야 할 학생들이 고등학교 2학년, 3학년으로 들어오게 된 것이다. 중학교 4학년 수료 후 진학하는 것으로 상정됐던 2년제 초급대학이 폐지되면서 중학교는 자연 3년제로 수업기한이 확정되고, 중학교 3년을 마치면 당연히 고등학교에 진학해야 했던 것이다.

이렇게 6-3-3-4제 학제가 확정되면서 지방에 있던 공립고등학교의 모태가 되었던 중학교들이 교사를 고등학교에 내주고 사라졌다. 다만 서울에 있는 4개 중학교는 중학교가 떠나지 않고 그 자리에 인가받은 고등학교를 그대로 운영하였다. 당시 서중선배들이 서울의 모델을 본받았더라면 광주서중과 광주고교가 함께 공존 발전하지 않았을까. 당초 중고교 분리 원칙을 내세웠던 문교부가 다음해에 서울 지역의 반대로 중고교 병설을 승인해 주고 말았기 때문이다.

## 광주고교, 옛 광주동중 자리로 독립(?)하다

이런 가운데 다만 한 곳, 광주서중-광주고만이 예외였다. 광주의 명문이었던 광주서중의 쟁쟁한 선배들이 들고 일어났던 것이다. 중고교 분리원칙 때문에 광주학생운동의 효시였던 광주고보의 정신을 이어받은 광주서중을 역사 속으로 사라지게 할 수 없다는 선배들의 항의와, 일제 교육의 본산이었던 광주동중을 없애고 그 자리에 광주고등학교를 이전하면 된다는 일견 합리적인 제안에 누구도 반론을 제기할 수 없었던 것으로 생각된다.

결국 광주동중의 문을 닫고 그 자리에 광주고등학교가 이전, 새로운 역사를 시작했다. 그리하여 공식적으로 광주고등학교가 개교를 했고(실질적으로는 개교 2년차이지만 학제 개편에 따라 광주서중에서의 역사는 리셋이 되어버리고 말았던 것이다), 광주서중 4학년으로 진급할 학생들과 광주동중 4학년으로 진급할 학생들을 중심으로 광주고교1학년(광주고교3회가됨)을 선발하여 전국 공립고등학교 중 유일하게 3개 학년이 모두 재학하는 고등학교가 되었다.

덕분에 우리 동기는 기존 120명의 동기생에 광주서중 5학년생(내가 고등학교 입학하던 해에 광주서중 4학년으로 진급했던 우리 동기들)과 문을 닫게 된 광주동중의 5학년생들을 동기생으로 맞아들여 광주고교2학년 9개 학급 609명이 되었다. 그리고 학제 개편 이전이었던 1950년 당시 광주서중과 광주동중에 5학년으로 진급했던 학생들을 광주서중 6학년, 광주동중 6학년으로 남아있게 되는데 그렇게 하기 보다는 광주고등학교 3학년으로 편입시키는 것이 합리적이라고 생각되면서 광주고교는 1,2,3,학년을 모두 갖추고 1952년 고등학교로는 전국의 다른 고등학교들보다 1년 빠르게 대한민국 최초로 469명의 광주고등학교 1회 졸업생을 배출했다.

자, 여기서 간략히 정리를 해 보자. 광주고등학교는 1950년 광주서중 교정 안에서 설립됐다. 이듬해인 1951년 학제 변경과 함께 광주서중을 떠나 옛 광주동중 터에 자리를 잡게 되는데, 이 해가 학교 역사에 공식적인 개교로 기록된다. 그리고 1952년 첫 졸업생을 배출했다. 이리하여 우리 동기들, 즉 1950년 신입생으로 광주고교에 들어온 120명을 포함한 609명은 1953년 광주고 2회 졸업생이 된 것이다.

그렇다면 광주일고는 어떻게 설립되었을까. 광주서중으로부터 독립(?)한 광주고등학교가 광주서중 출신을 우선 선발하기로 했던 설립 당시의 입시 전형을 없애고 전남 전역 중학생들을 대상으로 입시를 치르기 시작하면서, 광주서중출신들의 광주고 입학률이 저조해지기 시작했다. 게다가 서울지역 학교들의 압력에 따라 중고교 분리 원칙이 철회되고 중고교 병설이 다시 허용되면서 광주서중 동문 선배들을 중심으로 '광주 제일 명문' 광주서중의 전통을 계승하자는 운동이 벌어졌다. 그리하여 광주서중 병설 고등학교로서 광주제일고등학교가 1953년 설립되었던 것이다.

결국 광주고등학교도, 광주제일고등학교도 그 뿌리는 광주서중인 셈이다.

## 격변하는 역사, 중학교 졸업생을 앗아가다

그러다 보니 우리 동기들에게는 지울 수 없는 아쉬움이 남아 있다. 물론 누구의 잘못도 아니다. 격동의 시기에 학교를 다녀야 했던 비애라고나 할까.

내게는 중학교 졸업장이 없다. 이는 나와 함께 광주서중에서 수학하고 광주고등학교를 다닌 내 동기들도 마찬가지다. 중학교 3학년을 마치고 바로 광주고등학교로 진학했지만 당시 중학교 수업연한은 6년제였으므로 졸업을 한 것은 아니었다. 그러니 졸업장이 주어질 리 없었다. 그럼 수료장이라도 주어야 하는 거 아닌가. 이것도 없다. 누구의 잘못도 아니지만 학교 측이든, 그렇게 조변석개(朝變夕改)하는 정책을 운용한 정부든 책임을 져야 하는 게 아닌가 싶을 때가 있다.

특히 광주서중일고동문회에 나가면 우리 동기들의 위치는 너무 애매했다. 광주서중만의 별도의 동문회가 없기 때문이다. 광주서중-광주일고로 이어지는 학맥 덕분에 이름부터가 광주서중일고동창회다. 그래서 광주서중 몇 기라는 것이 없다 1952년 광주서중 3, 4, 5학년수료자들이 동시에 서중교정에서 수료나 졸업식이 없이 광주고교로 이동했기 때문이다. 그러다 보니 광주서중의 역사를 이어받은 광주일고 광주서중을 합친 광주서중일고 통합기수로 설정하게 된 것이다. 즉 당시의 서중교정에서 광주고교에 입학한 기수의 학생이 서중6년제를 졸업하면 28회 졸업생이 되고 광주일고 1회 입학생이 졸업하는 일고1회가 서중31회 졸업이 되어서 서중의 역사+일고의 통합이 잘 이루어지게 되었다고 할 수 있다.

이런 가운데 지금도 우리 동기들은 중학교의 졸업장이 아쉽다. 광주서중 교문을 당당하게 들어갔으나 예상치 못했던 학제의 급변으로 광주서중을 졸업하지 못하고 고등학교를 갈 수밖에 없었던 우리는, 그리하여 우리만의, 광주서중 동문이라는 이름을 내건 광주서중동창회를 갖지 못했다. 끈끈한 동기애와 '선배들의 입사장에 내걸린 휘호로는 "천재가 아니면 교문을 들어오지 말라"'던 자부심이 가슴 가득한 우리들만의 정과 애교심을 함께 나눌 수 있는 우리들만의 동문회, 어디에 내놔도 떳떳한 졸업장을 내건 우리들만의 모임을 갖고 싶은 것이다. 격동의 시기, 조변석개한 학제만 아니었다면 우리는 틀림없이 광주서중의 졸업장을 손에 쥐었을 것이기 때문이다. 광주서중 동문으로서 우리 동기들의 자부심은 그러하다. '광주 제일 명문' 광주서중의 당당한 졸업생으로의 자부심 말이다.

식민지 시절과 미군정, 한국전쟁, 전후의 혼란 속에서 중고등학교를 다녀야 했던 우리 세대의 비애는 이런 생각지 못한 곳에도 배어 있다.

# 유년기 내 인생의 길잡이, 잊지 못할 할아버지[農圃 金舜萬]의 무릎

"스물세 해 동안 나를 키운 건 팔 할(八割)이 바람이다."

미당 서정주 시인은 <자화상>이란 시에서 자신의 성장의 동력을 이렇게 노래했다. 시인의 시를 빌려 내 성장의 동력을 말하자면 "열세 해 동안 나를 키운 건 팔 할이 할아버지의 사랑이다." 이어서 시인은 "세상은 가도 가도 부끄럽기만 하드라"라고 노래했지만 나는 할아버지의 열세 해 무릎 사랑의 힘 덕분에 구십 평생 세상을 살아왔던 것 같다.

## 할아버지 무릎 위에서 배운 세상 이치

내 첫 기억은 할아버지의 무릎 위였다. 시골 마을의 의원이었던 할아버지는 환자를 돌보는 시간 외에는 늘 나를 사랑채로 불러 무릎 위에 앉혀 놓곤 이런저런 이야기를 해 주셨으며, 천자문(天字文)이며 붓글씨를 가르쳐 주시곤 했다.

다섯 살 무렵이었던 것 같다. 할아버지께선 아직 작은 아이였던 나를 당신의 무릎 위에 앉히시곤 '하늘 천(天), 따 지(地), 감을 현(玄), 누를 황(黃)'를 가르치시며 천지우주의 질서를 아이의 눈높이에서 설명해 주셨다. 아직 어렸던 터라 그 이치를 다 이해하진 못했으나 아직도 할아버지께서 무엇인가 이야기를 많이 해주신 기억은 어렴풋이 뇌리에 남아 있다.

할아버지의 가르치심은 그 이후로도 계속되어 내가 광주서중에 입학하게 되어 집을 떠날 때까지 이어졌다. 그때 할아버지의 가르치심은 천자문(天字文), 학어집(學語集), 명심보감(明心寶鑑), 소학(小學)으로 이어졌다. 소학 이후에 대학(大學)을 배울 무렵, 중학교에 입학하여 할아버지 슬하를 떠나게 되었는데, "大學之道, 在明明德, 在新民, 在止於至善(대학지도 재명명덕 재신민 재지어지선 : 대학의 도는 밝은 덕을 밝히는 데 있으며, 백성을 새롭게 하는 데 있으며 지극한 선에 머무는 데 있다)"이라는 대학의 첫 문장은 수십 년이 지난 지금도 생생하게 머릿속에 남아 있다. 할아버지로부터 배운 이런 한학은 어찌 보면 사람 사는 기본 도리를 알려주는 것들이었다.

할아버지께선 어린 손자에게 학문은 물론 사람이 어떻게 세상을 살아가야 하는가를 가르치시려 했던 것일까. 지금 돌아보니 그 서책들의 글자를 하나씩 하나씩 짚어가며 가르치시는 사이사이 할아버지께서는 충(忠), 효(孝), 신(信)이 사람 사는 도리의 기본임을 어지간히 되뇌이셨다. 덕분에 나는 알게 모르게 충·효·신이 몸에 배어, 사는 동안 내내 그 가르치심을 지키려 애써 왔다.

내 몸에 또렷하게 남아 있는 또 다른 할아버지의 가르치심은 나의 필체다. 특히 지금도 가끔 유려하다는 칭찬을 듣는 한문 필체는 명백히 할아버지 덕분이다. 어린 시절부터 옆에 앉히시고 먹을 갈게 하시고 한 일(一) 자부터 한 획 한 획 가르쳐주신 붓글씨가 곧 나의 필체로 남은 것이다.

일곱 살 무렵이었으니까 천자문을 막 떼었던 때가 아니었나 싶다. 요즘도 그렇지만 당시에는 입춘만 되면 집 대문과 집 칸칸마다 입춘문(立春文)을 써서 붙이곤 했다. 당시 우리 집은 안채와 할아버지의 거처이자 진료실을 쓰시던 사랑채, 머슴들이 살던 행랑채, 정자, 마굿간으로 이루어진 전형적인 양반 가옥이었다.

할아버지께선 입춘 전날 나를 불러 사랑에 앉히시곤 '입춘대길 건양다경(立春大吉 建陽多慶)'이란 입춘첩을 여러 장 쓰게 하시곤, 그것들을 사랑채는 물론 안채에도 붙여 놓으셨다. 일곱 살짜리가 붓글씨를 잘 쓰면 얼마나 잘 썼겠느냐만 할아버지께선 무릎동이 손주 녀석이 입춘첩을 썼다는 것이 못내 자랑스러우셨던 것 같다. 그런 할아버지의 자랑에 다른 분들은 다만 어이없어 하셨을지도 모를 일이다.

중학교에 입학하면서 집을 떠났고, 그때부터 붓글씨하곤 다소 거리가 생겼지만 열세 해 동안 할아버지 무릎 아래에서 배운 솜씨는 나름 내 서체로 자리를 잡았던지 그 후에도 한문 서체에 대해서는 나름대로 평가를 받았다. 언젠가는 지인이 상(喪)를 치르는데, 관보(관을 덮는 천)의 명호를 써 주었던 적도 있었으니 나름 못 쓰는 글씨는 아닌 듯싶다.

## 집안을 발칵 뒤집어놓았던 한밤중의 무단가출 사건

할아버지의 사랑은 훈육만은 아니었다. 당시 금정면 일대에서는 가장 잘 산다는 말을 들을 정도로 부유했을 뿐만 아니라 의원을 하시니 늘 돈이 풍족하셨던 할아버지께선 내게 넘칠 만큼 많은 용돈을 주시곤 했다. 일 환만 있어도 눈깔사탕이 한 아름이던 시절, 백 환짜리 동전도 간혹 주시곤 했으니….

초등학교(당시 소학교)에 입학하던 해, 무슨 명분이었는지, 아마도 입학 기념이었지 않을까 싶지만 백 환짜리 동전 몇 개를 용돈으로 주신 적이 있었다. 그 돈을 주머니에 넣고 다녔으면 차라리 좋았으련만, 나는 어린 마음에 잘 보관한다고 작은 깡통에 그 백 환짜리 동전들을 넣어 가지곤 호주머니에 넣고 다녔다.

그러던 어느 날, 아이들과 학교 운동장에서 신나게 뛰어 놀고 들어온 저녁이었다. 뛰어 노느라 돈이 들어있는 깡통의 존재를 까맣게 잊고 있던 나는 저녁을 먹고 나서야 호주머니에 깡통이 없는 것을 발견했다. 노는 데 정신이 팔려서 운동장에 떨어뜨린 것을 몰랐던 것 같았다. 순간, 가슴이 철렁했다. 어른들에게 이야기하면 분명 큰 경을 칠 일이었다. 캄캄한 밤인데도 어른들에게 경을 칠 일이 두렵고, 거금을 되찾아야겠다는 생각에 아무도 모르게 집을 빠져나가 학교로 내달렸다. 어두운 운동장을 몇 바퀴나 돌았지만 돈이든 깡통이 보이지 않았다.

그 사이 집안은 발칵 뒤집혀 있었다. 별일 없이 저녁을 먹은 여덟 살짜리 장손이 없어진 것이었다. 집안 곳곳은 물론 집 근처의 둠벙까지 식솔들 모두 횃불을 밝혀 들고 샅샅이 뒤지고 있었던 것이다. 눈물로 얼룩진 얼굴로 터덜터덜 대문으로 들어오는 나를 발견한 어머니는 “아이고 이놈아, 어딜 갔다 오냐, 이 밤중에!” 하며 목을 놓으셨고, 늘 엄하기만 하던 아버지께선 역정이 나신 모습이셨다. 할아버지께서도 사랑마루에 나와 서성이시다 내가 대문을 들어서는 모습을 보시곤 ‘크응~’ 헛기침을 하시며 방으로 들어가셨다.

물론 내가 왜 그 밤중에 아무도 모르게 무단가출을 했었는지는 그 후에도 누구에게도 말할 수 없었다. 아마 할아버지께서는 눈치를 채셨을지 모르겠지만…. 아무튼 훈육과 사랑을 동시에 주신, 때로는 엄하게 때로는 응석받이로 손주를 사랑하신 내 할아버지를 떠올리면 생각나는 웃지 못 할 기억의 한 장면이다.

## 끝까지 상투를 고집하던 올곧은 양반, 일제에 고문당하다

내 할아버지는 전라도로 유배되어 왔던 김일손(金馹孫)의 후손이셨으니, 당연히 양반이시다. 그런데도 정치와는 연을 대지 말라는 선조의 유훈을 지켜 한의학을 공부하시고 의원으로 평생을 사신 분이다. 풍채가 좋으셨고, 허허 너털웃음도 자주 웃으시지만 당신만의 뜻이 곧았던 올곧은 선비이시기도 했다.

내 어린 시절은 일제 말기이다. 그때쯤이면 이미 시골 양반들도 상투를 자르는 게 이상하지 않았던 시절이었는데, 내 할아버지께선 그때까지도 상투를 지키고 계셨다. 그러니 일정들에게는 눈엣가시가 아닐 수 없었다.

하루는 학교에 갔다 와서 사랑에 할아버지께 인사를 드리러 갔는데, 사랑방에서 아버지가 누워 계신 할아버지의 버선을 가위로 자르고 계셨다. 괴이쩍기 짝이 없는 광경이었다. 놀란 마음에 안채로 뛰어 들어간 나는 어머니께 "왜 아버지는 할아버지 버선을 가위로 자르는 거예요? 고이 벗겨 드리는 되지?"라고 불평과 투정을 하며 울먹였다.

어머니는 "조용히 해라, 소란 떨 일이 아니다" 하시며 안채로 뛰어드는 내 손을 잡고 얼른 안방으로 들어가셨다. 그리고는 울먹이는 나를 토닥이시며 조용히 자초지종을 설명해 주셨다.

그날 오전에 순사가 느닷없이 우리집에 들이닥쳤다는 것이었다. 그러더니 할아버지께 상투를 당장 자르라고 요구했다고 한다. 할아버지께서는 당연히 거절하셨는데, 거절하시는 할아버지의 등 뒤에서 순사 한 놈이 가위로 할아버지의 상투를 냉큼 잘랐던 것이다. 노하신 할아버지께선 "아니 이놈이!"를 일갈하시며 들고 계시던 대나무 장죽으로 녀석의 이마를 내리치셨고, 순사 녀석의 이마에 한줄기 피가 흘렀다는 것. 결국 그 자리에서 할아버지는 순사의 손에 의해 주재소로 끌려가셨고, 가죽 채찍으로 발을 맞는 고문을 당하셨다.

내가 본 장면은 주재소에서 기진해 정신을 잃으신 할아버지를 업고 오신 아버지께서 고문으로 발이 부어 벗겨지지 않는 버선을 벗겨 드리는 참이었던 것이다. 나는 할아버지가 겪으셨을 고초에 기가 막히기도 했고, 아버지를 오해했던 죄스러움에 엉

엉 울었던 기억이 난다.

창씨개명(創氏改名) 때도 할아버지는 한 차례 일제의 관헌들과 옥신각신하셨다. 1939년 말부터 본격적으로 강요되던 창씨개명을 끝까지 안 하시던 할아버지께서는 내가 학교에 들어가야 할 때가 되어서야 어쩔 수 없이 창씨개명을 하셨는데, 일본식 성으로는 할 수 없으셨던지 호적에 '이치가네(一金)'라고 써넣으셨다고 한다.

당시 김 씨들은 대부분 가네우미(金海), 가네오카(金岡), 가네다(金田), 가네모토(金本), 가네자와(金澤) 등의 일본식 성으로 창씨를 했는데, '이치가네(一金)'라니! 일본 관리들이 분기탱천해서 찾아와서 '이건 성이 아니다. 다른 걸로 바꾸라'고 종주먹을 대었다. 그러자 할아버지께선 마지못해 일금(一金) 위에 선 두 개를 그어 '미츠가네(三金)'라고 호적을 고치셨단다. 자신들의 요구를 들어주었으니 일본 관리들도 할 말이 없었던 모양으로 그냥 지나가긴 했지만 당시 '미츠가네(三金)'이란 성을 호적에 올려놓은 집안은 우리 집안(할아버지 형제분 둘의 집안)뿐이었다고 한다.

할아버지는 그만큼 우리 민족정신과 집안의 전통에 긍지를 갖고 계셨던 분으로 생각되기도 한다.

## 주역에도 능통, <전설의 고향> 같은 에피소드 남기시기도

이렇듯 올곧은 분이셨고, 약방문에 능하셨던 의원이시기도 한 할아버지께는 금정면뿐만 아니라 가깝고 먼 고을에서 진료를 받거나 약 처방을 받기 위해 찾아오는 사람들이 많았다. 환자가 많으니 약방에도 조수가 여럿 있었는데, 그중 가장 경력이 많은 조수가 수시로 약방에 드나드는 나와 잘 놀아주었다. 그에게 나는 바둑도 배웠는데, 하루는 바둑을 두다 말고 "해곤아 느이 할아버지는 참 괴짜시다!" 그러는 것이었다. '아니 하늘 같은 우리 할아버지를 괴짜라고 하다니?' 괘씸하기도 해서 "왜 우리 할아버지께서 괴짜에욧? 말도 안되는 말을 하시네" 하고 대들었다. 그랬더니 이 아재가 "그럼 내가 그 연유를 얘기해 주마" 하며, 믿거나 말거나 옛날이야기 같은 이야기를 한 자락 펼쳐 들려주었다.

하루는 고개 두어 개 너머에 있는 마을 신북면에 사는 중년 사내가 약방을 찾았다고 한다. 사내는 시름시름 앓는 아내의 약을 지으러 왔는데, 병자의 증상에 대한 설명 및 당사자의 관상을 한참 보고 듣고 계시던 할아버지께서 갑자기 사내와 그 아내의 사주를 물어보시더란다. 사주를 들으신 할아버지께서는 잠깐 괘를 짚으시더니 갑자기 "약은 필요 없고,얼른 가서 부인 초상을 치를 준비나 하시게나" 하시더라는 거다. 그 말을 들은 사내는 "이게 무슨 경우요? 약 지으러 온 사람한테 초상 치르는 준비를 하라니! 당신이 무슨 의원이냐?"며 한참을 노발대발하더니 그래도 제발 약을 좀 지어달라고 사정을 하더란다. 그제서야 할아버지께서 처방을 불러주시는데, 조수 아재가 처방문을 받아 적다 보니 그냥 단순한 소화제더란다.

그리고 한 보름쯤 지나서, 그 사내가 다시 약방을 찾아와서는 "의원님께서 지어 주신 약을 먹고 집사람이 좀 나아졌습니다. 그러니 약을 좀 더 지어 주십시오" 하더라는 것이다. 그랬더니 할아버지께서는 한참 사내를 물끄러니 바라보시더니 "혹시 소실을 들였는가?" 하고 물으셨다. 그러자 남자는 한참을 망설이다 "사실은 지난번 여기를 다녀가던 중에 고개 넘어 산속에서 거렁뱅이 여인네를 만났는데, 아내가 아파서 오래 참았던 제가 그만 그 여자를 범하고 말았습니다. 그런데 후에 보니 그 여자가 병이 나 죽었더라구요"라고 털어놓았다. 이 말을 들은 할아버지께서는 "음, 그렇게 된 사연이군. 돌아가시는 길에 그 여인네를 찾아서 양지바른 곳에 묻어 주시게나" 하시더니 약 처방을 불러주셨다고 한다. 그런데 그 약 처방은 전엣 것과는 완연히 다른 처방이었다.

사내가 돌아간 후 조수 아재가 할아버지께 "의원님, 왜 전날

엔 약을 안 지어 주시고, 이번에는 약을 지어 주셨습니까?" 하고 물었더란다. 할아버지께서는 "내가 전날 남자의 사주를 보니 상처(喪妻)할 수(數)가 있어 약을 써도 소용이 없을 것 같았네. 그런데 남자가 돌아가는 길에 자신의 상처할 운을 다른 여인네에게 풀어 남자의 부인이 살 수 있었던 거지" 하시더라는 거다.

이야기를 마친 조수 아재는 내 머리를 쓰다듬으며, "봐라, 해곤아. 네 할아버지가 괴짜시니, 아니니? 의원이 약방문만 내는 게 아니라 사주 관상까지 보셔서 사람의 인생을 가늠하시니 어찌 괴짜가 아니시겠니?" 했다.

지금 생각하면 믿거나 말거나일 수도 있겠지만 주역(周易)에도 능통하셨던 할아버지셨으니 능히 있을 만한 일 아니었을까. 그리고 열 살도 안 된 아이에겐 할아버지를 신격화하기에 모자람이 없는 이야기이기도 하다.

## 성인이 된 후에 곳곳에서 만난 할아버지의 그늘

할아버지는 근동에서 유명한 명의(名醫)셨다. 지금도 내겐 할아버지의 처방책이 남아 있는데, 내 어머니 말씀으로는 요통에 대해서는 특히 비방을 갖고 계셨다고 한다. 전국으로 돌아다니며 금석문(金石文)을 연구하시던 아버지의, 넘어진 비석에 치여 다친 허리도 그 비방으로 고치셨다고 한다. 할아버지께서는 예순다섯의 연세에 소천하셨다. 해방 후 얼마 안 되어서의 일이다. 내 어머니는 한때 할아버지의 그 비방약으로 가용을 대시기도 하셨다고 한다.

성인이 된 뒤에도 나는 할아버지의 환자들을 심심치 않게 만났나. 대표적인 예가 레미콘회사로 유명한 유진기업의 창업 회장 유재필 씨다. 같은 영암 출신이라 친분이 있었던 그는 나를 만날 때마다 "내 어린 시절, 자네 할아버님의 약으로 살았네" 하며 고맙다는 인사를 하곤 했다. 그런가 하면 수십 년 전 미국 출장길에서 만난 동창 의학박사 배두연 씨의 부인도, 자신이 영암읍(내 고향이 금정면과는 꽤 거리가 떨어져 있다)인데, 어린 시절 어머니의 손을 잡고 할아버지의 약방에 약을 지으러 다녔다고 어찌나 반가워해 주든지…. 그리고 신북면 출신 00은행 유모 지점장도 여러 차례 나의 할아버지께 약을 지어다 드셨다는 이야기를 들려주셨다.

이렇듯 나는 살면서 뜻밖의 곳에서 할아버지의 약으로 건강을 되찾았다는 사람을 간혹 만났다. 그리고 고맙다는 인사를 받고 그 인연으로 어려운 일도 잘 풀 수 있었다. 그때마다 어린 시절, 내 인생의 길잡이가 되어주신 할아버지의 그늘이 얼마나 크셨는지 다시금 느끼곤 했다.

어느덧 구순(九旬)이 된 나는 지금도 할아버지가 그립다. 할아버지와의 기억은 비록 열세 살 무렵까지가 전부이지만, 이렇게 하나하나 되새기다 보니 당신께서 얼마나 큰 어른이셨는지 새삼스럽다. 유년 시절, 내 성품의 기초를 닦아 주셨던 할아버지, 나도 내 손자들에게 그런 어른으로 기억되길 바라면서 여생을 살고 싶다.

# 사모곡(思母曲)
## -어머니를 그리워 함-

오늘 아침도 쌀알이라고 찾아볼 수 없는 꽁보리밥이었다. 아직 어린 동생들은 계속 할머니의 밥그릇을 힐끗거렸다. 우리는 비록 꽁보리밥이지만 할머니의 진지만은 늘 하얀 쌀밥이다. 어머니께서 솥 한쪽에 할머니만 따로 쌀을 얹어 밥을 지으시기 때문이다.

어느 날 점심 무렵에 스님 한 분이 대문 앞에서 시주를 구하는 염불을 하셨다. '우리 먹을 것도 없는데…', 생각하며 스님께 그냥 가시라고 하려고 대문으로 향하는데, 어머니께서 주발에 반 넘어 쌀을 담아내게 건네셨다.

"스님께 드리고 와라".
"아니 어머니, 우리 먹을 쌀도 없는데…"
"어허, 토 딜지 말고 갖다 드리고 오래도…"

짐짓 엄하신 어머니의 말씀에 쭈뼛거리며 대문간에 계신 스님께 쌀을 시주하고 돌아서는데, 손금이나 한번 보자시며 스님께서 나를 멈춰 세우셨다.

"곳간을 다 털리지만 만년에는 가득 차겠구나" 하신다.

속으로 '뭐래?' 하면서도 잘된다는 말에 싫다는 생각은 들지 않았다. 그래도 쌀 한 톨 섞이지 않은 꽁보리밥을 먹는 처지에 쌀을 반 주발도 넘게 시주를 하시는 어머니가 이해가 되지 않았다. 더구나 어머니는 절에 다니시는 것도 아니다.

벌써 70년도 훌쩍 넘은 일이지만 기억에 생생한 어머니의 일화다. 아버지가 돌아가시고 가세가 급격하게 기울었던 시기다. 어머니는 불교 신자가 아니셨다. 당신 평생 어린 시절 엄한 유학 집안이었던 친정에서 몸에 익히신 가풍대로 조상을 잘 섬기고, 삼종지도(三從之道)를 철저하게 지키며 사시는 분이셨다. 그런 분께서 자식들에게도 먹이지 못하는 쌀을 시주하신 속뜻은 이제 와 헤아려보면 자식들이 잘되게 해달라는 염원이었을 것이다. 시주를 받은 스님은 그 뜻을 익히 헤아려 내 손금을 보아주셨던 것이었으나 그 후 어디에서도 손금이나 점을 본 적이 없다.

올해로 어머니께서 96세를 일기로 세상을 떠나신 지 15년이 되었다. 15년 전 겨울 어머니의 유택이 될 구덩이 앞에서 하관을 막으며 하염없이 울었던 나도 어느새 90을 바라보는 나이지만, 아직도 '어머니'라는 말에 가슴이 먹먹해 온다. 물론 세상 모든 자식들이 마찬가지일지도 모른다. 하지만 나이 마흔에 홀로 되시어 3남 4녀를 키우시면서도 당당함을 잃지 않으시고 칠남매 모두 세상에 이롭게 키우신 내 어머니를 뉘에 비교할 수 있으랴.

내 어머니 나삼례(羅三禮) 여사는 나주 나씨 엄한 양반 집의 1남 4녀 중 셋째 딸로 태어나셨다. 셋째 딸은 선도 안 보고 데려간다는 말처럼 어머니도 미인이시고 키도 크셨다. 어머니가 영암의 한방 의원 집에 시집을 오신 것은 당신 나이 스무 살 때였다. 조선 연산군 조 무오사화 때 목숨을 잃은 신진사림 김일손(金馹孫)의 후손이지만, 정치에 관여하지 말라는 김일손의 유훈을 대대로 지켜온 할아버지께서는 한의원을 하시면서도 이재에 밝으신 분으로 양곡 배급 대행 등을 하시는 실용파이셨다. 가풍의 차이로 갓 시집와서는 적응이 힘들기도 하셨지만, 어머니께서는 시집살이를 잘 견뎌내셨던 것 같다. 하긴 시집가기 전에는 아버지를, 시집가서는 남편을, 남편이 죽은 뒤에는 아들을 좇는 것이 여자의 도리라고 배우신 양반가의 따님이셨으니 어련 하셨겠는가?

어머니는 시집오던 이듬해에 낳으신 나를 비롯해 슬하에 3남

4녀를 두셨다. 의원 집 외며느리로 부족함 없이(비록 남편은 한량인데다 시어머니와 넷이나 되던 시누이들의 시집살이를 하긴 했지만) 살아오시던 어머니의 삶에 시련이 닥친 것은 당신 나이 마흔이 되던 해다. 1950년 한국전쟁을 전후로 집안의 기둥이었던 시아버지와 남편이 잇달아 세상을 떠난 것이다. 가업이었던 의원을 이을 만한 자식도 없었고(그때는 나는 고등학생이었다), 전쟁 통에 양곡 대행소도 없어진 마당이었다. 규방의 아낙으로 바깥일이라곤 장에도 한번 안 다녀본 양반댁 아씨였던 어머니께는 청천벽력이 아닐 수 없었다. 그러나 마냥 울고 앉아 있을 수만도 없었다. 아직 학업 중인 아이들이 일곱이나 되었고, 봉양해야 할 시어머니도 있었다. 어머니가 하실 수 있는 일이라곤 그나마 남아 있던 농토를 가꾸는 일뿐이었다.

보릿고개가 있던 시절이라. 다음 추수까지 소요 되는 자식들의 학자금이며 생활비를 어떻게든 마련해야 했다. 어머니는 일단 다음 추수를 기약하며 빚이라도 내야 했고, 일꾼을 들여 농사를 지었다. 세상 물정 모르던 여인네로서는 만만한 일이 아니었을 것이다. 추수해도 나라에 받쳐야 하는 세금이며 갚아야 할 빚을 제하면 다음 추수까지 가용(家用)이 빠듯했다. 그럼에도 어머니는 시아버지와 남편의 3년 상을 빈틈없이 정성껏 치렀다.

놀랄 만한 일은 추수를 끝낸 어느 비 오는 날의 광경이다.

추수한 볏가리를 논에 비가림 없이 쌓아놓았는데, 갑자기 큰비가 내리기 시작했다. 그랬더니 어느새 동네 사람들이 도롱이를 입고 각자의 집에서 비를 가릴 것들을 들고나와 우리 볏 더미의 비 가림을 만들어주는 것이 아닌가. 당장 내 입에 풀칠하기도 바쁜 시절이었다. 놀란 눈으로 서 있는 내게 동네 사람 하나가 다가와 어깨를 두드리며 "다 자네 어머니 덕이네." 하는 것이었다.

이야기인즉, 할아버지 생존해 계시던 시절로 거슬러 올라간다. 양곡 대행업을 겸업하던 의원댁 외며느리였던 어머니께서는 해마다 설과 추석 명절이면 쌀 한 됫박 남짓을 동네 집집마다 나누셨다는 것이다. 보리도 귀한 시절, 명절에 어머님이 나누신 쌀은 조상을 위한 차례상에 메가 되기도 했고, 배를 곯고 있던 아이들의 귀한 밥이 되기도 했다. 동네 사람들은 그때의 고마움을 혼자되셔서 어렵게 농사를 짓고 계시던 어머니께 되돌려드린 것이었다. 새삼 내 어머니가 얼마나 넉넉하신 분인가를 깨달았던 순간이었다.

어머니께서는 자식들에게 곰살 맞은 애정을 보여주신 분은 아니셨다. 남편의 바람기마저 모른 척하시던 대범함(물론 남몰래 얼마나 속을 태우셨겠는가 만은 겉으로는 대범하게 모르쇠 하셨다)은 자식들에게 베푸는 사랑에도 나타났다. 자잘자잘 잔

소리를 하지는 않으셨지만 인간으로서의 도리를 교육하시는 데는 엄하기 그지없으셨다. 나는 열대여섯 살부터 외지생활을 했던 터라 어머니의 꾸중을 그리 많이 듣고 자란 편은 아니다. 그러나 마흔 중반에 어머님으로부터 호된 꾸중–그것도 딱 말 한마디로–들은 적이 있다.

충남방적에 근무할 때였다. 발령에 따라 지방 근무를 해야 하던 시기라 아내와 아이들은 서울에 정착하고, 아이들의 학업 때문에 함께 이사 다닐 수 없었다. 나는 대전에 혼자 집을 얻어 살고 있었다. 어머니께서 혼자 사는 아들이 염려스러우셨던지 농한기를 빌려 "밥이나 해주마" 하시며, 대전 내 집에 몇 달 함께 머물고 계셨다. 어머니께서는 늘 퇴근하는 나를 기다려 저녁을 함께 하시곤 했다.

그러던 어느 날 직원들과의 회식이 있었는데, 그만 어머니께 저녁을 먹고 들어간다는 연락을 드리지 못했다. 아홉 시쯤, 회식을 마치고 집에 돌아갔다. 문을 열고 그만 아차 했다. 식탁에 저녁이 차려진 채 어머님께서 앉아 계셨던 것이다. 늦게 들어간다 혹은 저녁을 먹고 들어간다는 연락을 받지 못했던 당신께서 아들이 들어오면 함께 드시려고 저녁을 안 드시고 하염없이 기다리신 것이다. 아니면 연락도 없이 늦은 아들을 경계하시려 일부터 저녁을 안 드시고 기다린 것일지도 모른다. 늦게 들어오는 나를 보고 그 때서야 상을 치우시던 어머니께서는 딱 한 마디를 하셨다.

"많이 배운 사람은 이러는 건가?"

순간 가슴이 턱 막혔다. 어머니께서는 자식을 기다리며 많은 배운 자식이 늙은 에미를 무시하나, 내가 자식을 함께 사는 사람을 배려하지 않는 사람으로 키웠다 등등 오만 가지 생각을 하신 것이다. 여러 마디의 훈화보다 따끔한 한마디였다. 그 후로 나는 어머니께도, 식구에게도 나의 행선지와 귀가 시간에 대한 연락을 잊지 않았다.

어머니 나삼례 여사

어머니께서는 말년까지 끝끝내 자식들과 함께 사시길 거부하셨다. '고향의 땅을 가꾸셔야 하신다'는 게 첫 번째 이유였고, '내 육신 움직거릴 수 있는데 왜 자식들에게 신세를 지고 눈치를 봐야 하냐'는 게 두 번째 이유이셨다. 사실 어머니는 건강 체질이셨다. 아마 외가 쪽 내림인 듯한데 내 이모들께서도 백수를 누리시고 계셨다. 이 건강 DNA는 우리 형제들에게도 그대로 유전이 돼 나도 동생들도 칠십이 넘은 막내까지 아픈 데 없이 건강하다. 어머니께서 물려주신 귀한 자산 중 하나다.

그런 어머니께서 돌아가시기 이태 전 치매에 걸리셨다. 처음에는 내 집으로 모셨지만 치매 노인을 돌볼 여건이 되지 않았다. 지금처럼 재가 요양보호사가 오는 것도 아니고 아내도 어느새 칠십에 가까운 나이였다. 할 수 없이 요양시설로 모시고 주말마다 찾아뵈었다. 하루하루 어머니는 노쇠해지셨고 기억도 흐릿해지셔서 마침내는 아들도 알아보지 못하셨다. 그럼에도 면회를 갈 때마다 어머님이 하신 말씀이 있다.

"내 아들이 공학박사여!"

어머니 평생에 내가 공학박사였던 것이 자랑거리고 소원이셨던 모양이다. 그나마 이런 것으로라도 효도를 할 수 있어서 다행 아닌가. 어머님께서 돌아가신 날은 음력 12월 25일, 섣달그

믐을 며칠 앞둔 엄동설한이었다. 향년 96세, 마흔의 젊은 나이에 혼자되셔서 자식 일곱을 키워내신 내 어머니는 몹시 추운 날 소천 하셨다. 50년을 넘게 외롭게 고군분투하신 삶이 너무 안타까워 어머님을 보내드리기 힘겨웠다. 하관하려는 순간, 눈물이 터졌다. 30여 분을 하관하려는 관을 붙잡고 울었다. 당신 평생이 안타까웠고, 이제 보내드리면 다시는 못 뵙겠구나 하는 마음에 눈물이 멈추지 않았다. 이제 몇 년 있으면 나도 어머님 나이가 된다. 부모 앞에서는 언제나 어린애라고, 망백(望百)의 나이에도 나는 어머니가 너무 그립다. 살아생전 어머니를 다시 뵐 수 있다면, 못다 한 효도라는 것을 한번 해볼 수도 있으리라!

"늘 당당하고 의자가 굳으시던 나삼례 여사님, 당신의 맏아들이 당신을 그리워합니다, 어머니!"

# 소중한 나의 아내와 한모금의 물

몇 해 전 아내 이수경과 함께 여름 휴가차 양평의 한 콘도를 다녀온 적이 있다. 콘도 주변은 등산로가 잘 되어 있어 산책하기에 안성맞춤이었다. 하지만 산책로에서 멧돼지를 본 적이 있는 나로서는 혼자서 등산하기는 좀 으스스한 곳이었다.

하루는 점심을 먹고 아내와 함께 앞산으로 산책을 나갔다. 처음에는 '미로광장'이라는 곳을 지나 30여 개 이상의 여러 가지 아름다운 조각상이 있는 '지압로'를 따라 슬슬 거닐었는데, 너무 평평한 길만 왔다 갔다 하는 일이 다소 무미건조하게 느껴졌다. 그러던 차에 옆쪽에 약간 가파른 언덕길이 보였다. 산의 정상으로 짐작되는 '이끼원'이라는 표시판이 있기에 그곳을 향하여 올라갔다. 조금만 올라가면 정상이겠지 하고 올라간 것인데, 한 고비를 오르면 또 한 고비가 나오고 이를 몇 번이나 반복하게 되었다.

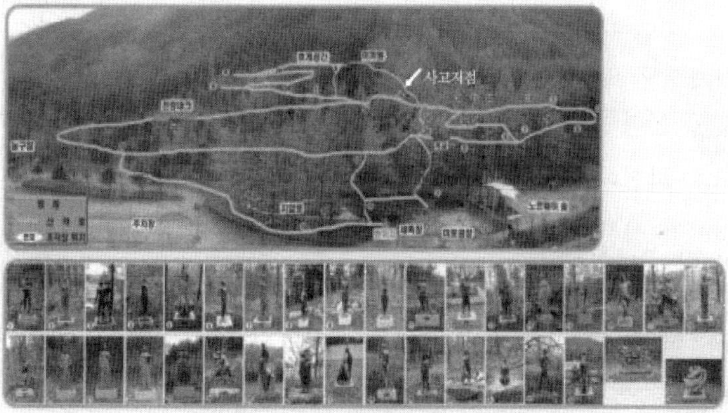


등산로 안내 지도

가볍게 산책이나 하려고 나선 길이 너무나 힘들고 가파른 등산길이 되고만 것이다. 중간에 되돌아 내려갈까 하다가도 지금까지 고생해서 올라온 것이 아깝게 느껴져 온힘을 다해 올라간 끝에 '이끼원'이라는 정상에 다다랐다.

그러나 등산화도 신지 않은 데다 목마를 때 마실 물 한 병도 준비하지 않은 채 산을 올랐으니, 나도 그렇고 아내 역시 이미 기진맥진한 상태였다.

상할 겨를도 없이 하산해야 했다. 더욱이 아내는 교통사고 후유증으로 상당히 고생하고 있었다. 그런데도 정상까지 함께 따라와 주었던 것이다. 나보다 더욱 지쳐 있는 아내를 보면서 참으로 미안한 마음이 들었다.

하산을 재촉해야 하는데 올라왔던 길보다는 '목교'쪽이 더 가깝다는 길 안내 표시판이 있었다. 석양이 되어서인지 등산객들도 전혀 보이지 않았다. 우리는 안내 표지판에 따라 '목교'쪽으로 하산하기 시작했는데, 아까 올라왔던 길과는 달리 상당히 경사가 심한 길이었다. 조금 더 내려가니 대충 짐작으로도 거의 70도 정도 되는 아주 심한 급경사가 나타났다. 급경사를 따라 매달아 놓은 밧줄을 잡고 내려가도록 되어 있었다. 마치 암벽 등반을 하는 것 같은 풍경이었다.

그래도 명색이 가장인지라 내가 마음을 다잡고 약 4~5미터 정도 앞에서 내려가고, 아내는 내 뒤에서 바짝 긴장하고 내려오고 있었다. 그런데 몇 발짝 걸었을까, 아내가 그만 급경사 비탈길에서 미끄러져 아래로 미끄러져 떨어진 것이다. "아이고머니!" 하는 비명과 함께 몇 바퀴를 굴러 내려오는 아내를 내가 순간적으로 막아냈다. 자칫하면 저 밑 골짜기로 굴러 떨어질 뻔한 아찔한 순간이었다. 나는 있는 힘을 다해 오로지 아내를 붙잡아야 하겠다는 생각만으로 나무뿌리에 발을 힘껏 의지한 채 굴러 떨어지고 있는 아내를 몸으로 막아냈다. 내가 버티지 못했다면 우리는 저 아찔한 골짜기로 떨어져 불귀의 객이 되었을 것이다. 상상할 수 없는 큰 사고가 났을 것이 분명했다.

나무뿌리에 발로 버티고 앉아서 아내를 안고 보니 온몸이 찰

과상을 입어 피를 흘리고 있었으며, 숨이 끊어질 듯한 목소리로 "물~ 물~ 물~"을 애타게 찾고 있었다. 하지만 우리들 손에는 물이 한 방울도 없었다.

나는 "사람 살려!" 하며 큰소리로 외쳤지만 메아리 소리만 들릴 뿐, 다름 사람의 인기척은 전혀 없었다. 아내의 몸에서는 땀이 물 흐르듯 하고, 이곳저곳에서 피는 계속 흐르고 있는데다가 목은 말라서 물을 애타게 찾고 있었다. 그 순간 탈진이 되지 않을까 안절부절 못하며 어찌할 줄 몰랐다. 걱정이 머리끝까지 자극하는 순간이었다. 아무런 경황도 없었다. 이때 휴대폰 생각이 나서 콘도에 긴급 전화를 해서 사람 살려달라고 호소하였다.

그러나 금방 온다는 사람이 보이지도 않아서 나는 너무나도 조급해졌다. 계속해서 전화를 해대니까 구조대가 이미 출발했다는 것이었다. 이윽고 119 구조대와 함께 콘도의 담당자가 도착하였다. 구조대원이 전해준 물부터 한 모금 마시고 나자 아내는 조금씩 정신을 차리기 시작하였다.

아내는 양평지구 소방서 119 구조대원 등에 업혀 내려온 뒤 긴급 구조차 안에서 응급처치를 받은 후에 병원에 이송되어 치료를 받았다. 안정을 취하고 나니 그제서야 양평의 한화콘도 담당사 임병욱 대리와 양평소방서 119 구조대원들에게 무척이나 감사한 마음이 들었다. 생명의 은인이나 다름없었다. 꼭 보은해야겠다고 마음에 다짐하기도 하였다. 자칫(이와 같은) 큰 사고로 이어질 뻔한 순간을 겪고 나서 나는 많은 생각과 깨달음을 얻게 되었다.

이 일을 겪기 약 5년 전 교통사고를 당하여 몸이 허약한 아내를 배려하지 못하고 무모한 등산을 감행한 나의 어리석음을 깊이 반성하였다. 또 그런 약한 몸으로 아무런 불평 없이 끝까지 나를 따라 와준 아내에게 참으로 미안한 마음과 고마운 생각이 들었다.

가끔 무모한 등산을 하다가 조난을 당하여 구조되었다는 사건을 신문이나 방송을 통해 접할 때마다, 나는 '왜 준비도 없이 저랬을까', '그 나이에 너무 무모한 짓 아니었을까' 하는 생각을 하곤 했다. 그러나 나 자신이 그 무모하고 준비성 없는 짓을 한 당사자임을 생각하니 참으로 부끄러웠다. 또한 사람은 어느 한 순간의 판단 여하에 따라 생과 사의 갈림길에 놓일 수도 있다는 것을 깨달았다. 무엇보다 때에 따라서는 '한 모금의 물'이 생사의 기로에서 큰 도움이 될 수 있다는 것도 알게 되었다.

그리고 다른 사람의 경험에 바탕한 세심한 준비가 항상 얼마나 중요한지를 새삼 터득하는 기회가 되었다. 무엇보다 지금까

지도 60년 이상 내 곁을 지켜주고 있는 아내의 소중함을 깊이 깨닫게 해준 값진 경험이었다.

아내와의 결혼식 사진, 주례 최상채 박사(당시 전남대 총장)
(1962. 5. 6.)

# 사투리가 바꾼 인생 역전

"어이, 김 회장! 자네 이제야 전라도 사람 같네그려."

요즘 중·고·대학 동창회에 나가면 가끔 듣는 말이다. 중·고등학교는 물론 대학까지 광주에서 나왔고, 광주에서 직장생활을 13년이나 했다. 그런데 새삼 이제야 '전라도 사람' 같다니!

인생이 담긴 내 '짬뽕' 사투리 이유인즉슨 이렇다. 1999년 청운대학교에서 정년을 맞이하고 2003년 갑을방적을 끝으로 기업인의 생활을 정리하고 나니 모임의 중심은 아무래도 학교 동창이 되었다. 요즘도 그렇지만 그때만 해도 동창 모임에 나가면 친우들의 사투리가 귀에 거슬리지 않게 들어왔다. 하지만, 내가 사투리를 별로 안 쓴다고 생각했었는데, 친우들의 말을 듣자니 내 말투는 전라도, 경상도, 충청도 것도 아니었다고 한다. 그렇다고 딱히 표준어도 아니었고 말하자면 전라도, 경상도, 충청도 사투리의 '짬뽕' 정도랄까.

내 말투에는 내가 살아온 인생 여정이 담겨 있다. 대학 졸업 직후 약 1년 서울에서 공직생활을 하다말고 다시 광주로 내려가 13년 동안 직장생활을 했으니 뼛속까지 전라도 사람이다. 하지만 광주의 일신방직에서 퇴직한 후에는 충청도, 경상도에서 줄곧 생활했다. 가장 오래 몸담았던 직장인 충남방적(주)과 청운대학교가 충청도에 있였으며, 마지막 직장에서 은퇴한 갑을방적(주)은 경상도이다. 그러다 보니 자연스럽게 모든 지역의 말들이 비빔밥처럼 섞여 나만의 지역 언어가 만들어진 셈이다. 따지고 보면 사투리는 내 인생을 송두리째 바꾸어 놓은 가장 큰 계기가 되었다.

벌써 60년도 더 오래전의 일이다. 대학을 졸업하고 막 사회에 발을 내디딘 사회 초년생 때이니 전쟁이 끝난 지 얼마 되지 않아 1960년대 초는 너 나 할 것 없이 어려웠던 시절이다. 대학을 졸업했다고 일자리가 '어서 옵쇼' 하고 기다리고 있는 것도 아니고, 어디 어디 장(長)이니 하는 소위 '빽'이 필요했던 시절이라 마땅히 취업할 데가 없었다. 희망이라면 매년 신임 연구원을 뽑는 국립공업연구소(현 국가기술표준원)뿐이었다. 모집 인원은 달랑 두 명으로 그야말로 죽기 살기로 시험공부를 해야 했다. 하숙방의 벽이며 천장이며 모두 시험 관련된 메모를 빼곡하게 붙여 놓았고, 새벽같이 일어나 도시락 두 개를 들고 등교를 하여 통금 직전까지 공부에 매진했다. 결과는 합격~!. 하늘의 별 따기 같았던 국립공업연구소의 연구원이 된 것이다.

상경을 해 하숙 생활을 시작했다. 당시 하숙비는 1만 환이었다. 식사제공이니 딱히 비싸다고 할 수도 없는 금액이었다. 문제는 월급이었다. 첫 달 월급을 받았는데, 월급이 1만 환이니 하숙비를 내고 나면 교통비조차 남지 않았다. 고향 집에 손을 벌릴 상황도 아니었다. 더군다나 고향에서는 "어려운 공무원 시험에 떡 붙었다"더라며 경사스러운 분위기가 아니었던가. 당시 국립공업연구소 연구원이라면 4급이었음에도 월급이 고작 1만 환이었으니 국가 재정이 얼마나 빈약했었는지는 짐작하고도 남음이 있다. 아무튼, 나로서는 당장 오갈 교통비조차 마련할 수 없는 암담한 현실이 눈 앞에 펼쳐진 것이다.

그때 하늘에서 동아줄이 내려왔다. 서울의 먼 친척 고모께서 초등학생(당시는 국민학생이라 함)의 과외를 주선해 준 것이다. 직장 퇴근 후 해야 하는 일이라 몸은 피곤했지만 한 달에 무려 5천환이라는 과외비는 당장 한 푼이 아쉬웠던 내게는 하늘의 동아줄 같았다. 무려 월급의 절반이 아닌가. 기꺼운 마음으로 열심히 학생을 가르쳤다. 그런데 이 동아줄이 두 달 만에 뚝 하고 끊어져 버렸다. 학생 아이가 내게 과외를 받고 싶지 않다고 했다는 것이다. 도대체 웬일인지 알아보니

"그 선생님, 사투리를 써서 촌스러워 싫다"라고 아이가 말했다는 것이다.

당시 전리도에서 갓 상경한 터였으니 나의 사투리는 꽤 정도가 심했을 것이지만, 그래도 내게는 커다란 충격이 되어 눈앞이 캄캄해졌다. 당장 교통비조차 마련할 수 없게 된 것이다.

하지만 하늘이 무너져도 솟아날 구멍은 있는 법. 하루는 직장 선배가 조용히 나를 불러 신문에 나온 광고를 보여주었다. 전남방직(주)(1961년 8월 일신방직으로 변경)의 제1회 공개채용 공고였다.

"자네 정도라면 충분히 합격할 걸세. 한 번 응시해 봐" 라며 어깨를 두드려 주었다.

선배의 권유에 시험이라도 한번 보자는 심정으로 전남(일신)방직의 공채 시험에 응시하기로 했다. 그리고는 그 선배의 양해를 얻어 매일같이 태창방적에 다니던 중·고교 정 모 선배에게 가서 족집게 과외를 받으며 현장실기 공부를 했다. 경쟁률도 어마어마했다, 모집정원이 3명이었는데, 응시생은 무려 130명이었으니! 그러나 이번에도 합격의 여신은 나를 선택했고 그것도 수석합격이다. 어쩌면 태창방적의 정 선배의 지도 내용이 고스란히 출제되었으니 족집게 과외 덕분이었다고 생각된다.

회사에서 제시한 조건은 상상 이상이었다. 월급이 무려 7만 2,500환, 사택 제공, 식사제공, 유니폼 제공. 연구소에 비하면 무려 10배 이상의 급여 인상이 되는 셈이었다. 망설일 이유가 없었다. 아니 망설일 수도 없었다. 당장 생활이 되지 않는데, '공무원'이란 타이틀에 얽매일 수가 없었다. 연구소에 사표를 던지고 전남방직(주)으로 이직했다. 국립공업연구소에 입사한 지 불과 1년도 채 되지 못했던 시점이다.

공무원에서 섬유인으로 인생 전환은 이렇게 이뤄졌다.

만약에 내게 과외를 받던 그 학생이 '사투리'를 싫어하지 않았다면 어떻게 되었을까. 돌아보건대, 나는 계속 국립공업연구소에 남았을 것이다. 나랏일을 하는 것을 '벼슬'하는 것으로 알았던 당시의 정서상, 생활이 어렵지 않았다면 굳이 공무원 신분을 벗어던지지 않았을 테니까. 그런데 '사투리를 쓰는 선생이 못내 싫었던' 그 어린 학생 덕분에 나는 공무원 신분을 벗어던지고 평생 '섬유인'의 인생길을 걷게 된 것이다. 이만하면 사투리가 내 인생을 송두리째 바꾸었다고 할 수 있다.

요즘에야 사투리가 지방의 특색으로, 문화적 다양성으로 받아들여지고 있지만 1960년대는 물론 1980년대까지만 해도 사투리에 대한 인식은 좋지 못했다. 특히나 전라도 사투리에 대해서는 지역 편견까지 더해져 안 좋은 인식이 상당히 높은 수준이었다. 특히 나는 사투리 때문에 직장까지 바꿀 수밖에 없었던 충격 때문에 사투리를 쓰지 않고, 표준어로 말하려고 무진 애를 썼다. 그래서 전라도 사투리는 많이 고쳤는데 충청도에서 25년을 사는 동안 내 말투에 충청도 사투리가 자양분처럼 몸 안에 스며들었다.

충청도 사투리와 관련해서 떠오르는 일화가 있다. 충남방적(주)의 전무이사 시절 산업훈장을 받고 미국 출장에 오른 적이 있다. 그때 잠깐 틈을 내 하와이에 들러 하루짜리 관광버스를 타고 마우이섬 등을 관광했다. 관광버스에는 한국 사람이라곤 나와 또 다른 한 사람, 단 둘뿐이었다, 둘을 제외한 전부가 외국 사람이어서 영어로만 관광 안내를 하는데 나는 알아듣기 힘들어서 거의 무슨 말을 하는지 알아듣지 못하는 내용이 많아 그 분 도움을 많이 받았다. 자연히 둘이서 여러 가지 이야기를 나누고 점심을 함께 먹게 되었는데,

“혹시 충청도 분 아니세요?” 하는 것이었다.

자신은 충청도 예산이 고향인 미국 공인회계사인데 말씨가 영 충청도라고 같은 고향 사람 만났다며 어찌나 기뻐하던지! 알고 보니 그는 내가 예산공장장으로 근무하던 시절 함께 일했던 신 모 과장의 삼촌이었다. 그는 내가 전라도 사람이라고 밝힐

때까지 정말로 충청도 사람인 줄 알았다며, “어떻게 전라도 사람이 전라도 사투리를 하나도 안 쓸 수 있죠? 사투리만 보면 영락없이 충청도 사람이에요” 하며 감탄까지 했다.

그렇게 말을 튼 그와 나는 관광을 마치는 저녁까지 고향 친우처럼 정답게 이야기를 나누며 관광안내원의 영어 설명을 잘 알아듣지 못한 내게 큰 도움이 되는 관광을 즐겼다.

길다면 긴 인생 항로, 누구에게나 우여곡절이 없을 수는 없을 터. 나 역시 마찬가지다. 이제 와 내 인생을 돌아보면 참 많은 굽이굽이 참 많은 우여곡절이 있었던 인생이다. 흐르는 물처럼 굽이굽이 돌면서 막히면 돌아가고, 깊으면 잠겨도 보고, 낭떠러지에서는 거침없이 떨어져 보기도 한 게 나의 인생이다. 다만 그저 다툼 없이 살라는 계명을 따르며 살고 싶었을 뿐이고, 그 인생의 역정에서 ‘사투리’라는 것이 굽이마다 큰 전환의 계기가 되었음을 다시금 되새겨본다. 공직으로 시작한 내가 섬유인으로서 온 평생을 살게 된 계기가 바로 사투리 때문이었고, 그 길에서 비록 ‘짬뽕’ 사투리이지만 내 인생을 담은 언어를 얻게 되었으니 어찌 사투리의 역할을 작다 할 수 있을까.

섬유인으로 나의 인생은 나름 성공적이라고 할 수 있다. 그러니 마땅히 내 인생길에 후회와 여한은 없다. 그런데도 가끔 60여 년 전, 내가 인내와 인내를 거듭하여 공직을 버리지 않고,

계속 그 길을 걸었다면 나는 어떤 인생 항로를 항해했을까 하는 생각을 해 보기도 한다. 대학과 기업에서 퇴직한 지 이십 년이 되어 가고, 고향 친우들을 만나는 기회가 점점 많아지면서 이제 연어의 귀환처럼 나의 말투에 전라도 색이 점차 돌아오는 듯하다. 그래서 동창 모임에서 만나는 친우들이 '이제 옛적의 동무'를 보는 것 같다고 하는 모양이다. 그 친우들에게도 알게 모르게 사투리에 얽힌 애환이 있겠지만 나처럼 인생을 송두리째 바꾸는 계기가 되지는 않았으리라 생각해 본다.

그러하다 보니 사투리에 대해 남다른 관심과 흥미를 갖고 자료 등을 접하게 되었다. 현재 우리가 알고 있는 역사의 본질을 되찾을 수 있는 마고성 문명 이전을 설명할 수 있는 어원에 있어서 "동이족의 사투리는 범어(梵語)의 연원과 유사하다"라는 것이다. 최근 고대사, 상고사에 관한 많은 자료가 언어학적, 고고학적 유물을 통해서 세계 곳곳에서 밝혀지고 있다. 영국은 1800년경 100년 동안 산스크리트어 사전 편찬을 하는 과정에서 조선 팔도 사투리가 범어이며, 산스크리트어 사전은 조선말 사전이라고 밝혔다. 영국인이 옛 조선(중국 포함)의 각 지방 방언을 모아 사전을 편찬했다. 불경을 영문으로 번역함에도 우리 토속사투리가 많이 포함되어 있음을 확인하게 된 계기가 되기도 했다. 일반적으로 옛날에 쓰던 말, 케케묵은 말, 생기를 잃어버린 말, 천덕꾸러기 같은 사투리이다. 특히 정조 때 유희천이 집필한 신증유합(新增類合) 3, 000자의 음가는 조선 왕자들을 가르치는 교본으로써 토속 전라도 사투리가 그대로 표기되어 있다. 한 예로 전형적 사투리인 “머시기, 거시기, 오메” 등이 그대로 표현되고 있다. 이러한 우리말 사투리는 최고의 동서언어의 뿌리라는 것을 밝혀진 것이다.

영국이 만든 산스크리트어 대사전에서 밝혔듯이 우리의 토속 사투리는 지금도 살아 쓰이고 있다. 우리말의 어원을 해석하기 위해서는 산스크리트어(범어=싯담어)를 이해하여야 하고 잃어버린 4글자를 복원할 때 진정으로 세계적인 언어로서 그 지위를 유지할 것이다. 시간이 걸리더라도 사투리에서 4글자를 다시 찾고 문화 대 융성을 이룰 수 있도록 해야 할 것이요, 세계문화유산의 진정한 주인공이 될 것이다.

「가교문학」, 2022. 6.

# 영암 대봉감 축제와 감 농사 활로 방안

지난 11월 2일과 3일에 걸쳐 전라남도 영암군 금정면 '대봉감 축제'가 있었다. 필자를 비롯하여 영암 금정면 출신 46명을 태운 버스가 서울을 떠나 목적지인 금정초등학교로 향하였다. 도착할 때까지 약 4시간 소요되었으나 장기 자랑과 자기소개 등으로 즐거운 시간을 보내었다. 긴 여정이었지만, 고향에 간다는 기대감에 흠뻑 젖어 모두들 피곤한 기색이 없어 보였다. 저녁 6시경에 우리는 대봉감 축제가 열리는 금정에 도착하였다.

영암의 금정면은 활성산, 국사봉 등으로 둘러싸인 분지를 이루는 곳이다. 이 고장은 지형적으로 감나무를 기르기에 최적의 장소다. 전체 면적의 74%가 표고(標高) 100미터 이하이고, 동고서저(東高西低)의 지형을 이루고 있어서 감나무가 자라기에 좋다. 또한 일교차가 크고 물 빠짐이 좋은 천혜의 토질이어서, 면 전체가 감나무 밭을 이루나시피하고 있다.

영암 금정 대봉감

특히 타 지역의 감은 홍시가 되면 쪼글쪼글해지는데, 금정의 대봉감은 홍시가 되면 오히려 팽팽해지는 경향이 있다. 분지 지형이 낮과 밤의 일교차를 크게 하여 감의 당도가 높고, 비타민 성분도 풍부하여 타 지역의 감보다 품질이 월등한 감이 생산되는 것이다. 그래서인지 서울의 대형 마트에서도 으레 영암 금정의 대봉감이 상좌에 있으며 타지역 감보다 값도 비싸다. 금정면의 400여 농가에서는 재배 면적 620헥타르의 감나무 밭에서 대봉감을 연간 6,634톤 생산하고 있다. 대봉감의 생산량과 판매량을 분석한 한 자료는 금정면이 감 재배를 통하여 연간 100~150억 원의 매출을 올린 것으로 본다. 영암 금정으로서는 농가 소득의 중요한 부분을 차지하는, 고장의 자랑스러운 특산품인 것이다.

'대봉감 축제'는 이처럼 품질이 우수한 대봉감을 전국적으로 알리기 위한 노력의 일환이다. 축제를 통하여 지역 특산품을 홍보하는 것은 물론 지역 농민들과 관이 협력을 통해 우수한 우리 감의 활로를 모색하는 뜻 깊은 일인 것이다. 축제는 추진 위원 전원과 금정 향우회 회원 및 면민과 내빈 등이 참석하여 내실 있게 진행되었다. 전야제도 훌륭하였지만, 3일간에 걸쳐 진행된 본 행사는 더욱 화려했다. 전야제에 참석한 모든 분들 외에 금정면민 천여 명이 더 모여 학교 운동장을 가득 메운 가운데 각종 놀이와 경기, 장기 자랑 및 노래자랑 등의 행사가 흥겹고 멋들어지게 진행되었다.

주최 측도 성의껏 준비하여 경품과 상품을 누구나 다 타갈 정도로 푸짐하게 장만해 놓았다. 대봉감으로 만든 여러 제품들도 홍보를 위하여 전시되어 있었다. 홍시, 곶감, 주스, 식초 등의 식음료뿐만 아니라 감에서 나오는 천연 색소로 염색한 옷감 등처럼 아주 다양한 제품들이 마련되어 도시의 어느 전시회 못지않게 대성황을 이루었다.

감은 본디 우리나라와 인연이 깊은 과실이다. 우리나라 각처에서 감이 생산되고 있으며, 상주 곶감 또한 영암 금정의 대봉감에 뒤지지 않을 정도로 유명하다. 감나무는 중국의 중남부가 원산지로 알려져 있고 동북아시아에만 있는 온대 과일나무다. 우리나라에는 청동기 시대에 들어온 것으로 추정되지만, 문헌상으로는 고려 중엽 이후에 나타나고 있다. 제사상을 차리는 격식, 즉 조율이시(棗栗梨柿)에서 오늘날처럼 감이 제사상 맨 앞줄에 선택되어 올라가기 시작한 것은 조선 시대에 접어들면서부터이다. 「세종실록」에 따르면, 오례(五禮)에는 종묘에 천신하는 10월의 과일로서 감이 들어갔다고 한다.

민간요법에서도 감은 민중들에게도 친숙한 과일이었다. 옛날부터 우리나라 사람들은 감이 설사를 멎게 하고 배탈에 효능이 있다고 생각해 왔는데, 오늘날 이는 과학적 근거가 있는 말임이 증명되고 있다. 감 속에 강한 수렴(收斂) 작용을 하는 '탄닌'(tannin)이 들어 있어 장의 점막을 수축시킴으로써 설사를 멈추게 하기 때문이라고 한다.

「동의보감」은 곶감은 몸의 허함을 보하고 위장을 튼튼하게 하며 체한 것을 없애 주고, 홍시는 심장과 폐를 부드럽게 하거나 식욕을 나게 하고 술독과 열독을 풀어 준다고 전한다. 그밖에도 감은 홍시로 만들어 당도를 높여 먹을 수도 있고, 곶감으로 만들면 다른 어떤 과일보다 오랫동안 저장할 수도 있다.

감은 열매만으로도 유용하지만, 감나무 자체도 귀중하게 쓰여 왔다. 조선 시대에 검은 줄무늬가 들어간 감나무는 먹감나무라고 하여 옷장, 문갑 등의 가구 재료로 널리 쓰였다. 한때 우리나라 감나무는 골프채의 헤드를 만들기 위해 거의 잘려 나갔다. 지금이야 티타늄이나 메탈로 만들지만 불과 20여 년 전만 하더라도 감나무로 만든 골프채의 헤드를 최고급품으로 쳤기 때문이다.

이와 같이 감은 우리나라의 역사 속에서 사람들에게 긴밀하게 여겨져 왔으며, 지금도 농민들은 감을 증산하는 데 박차를 가하고 있다. 그러나 감 생산의 전망이 그리 밝지만은 않다. 현재 전 세계 감 생산량의 75%를 중국이 점유하고 있다. 요즈음 한·중·일 자유 무역 협정(FTA)이 추진되는 상황에서 값싼 중국산 감이 무관세 하에 대량으로 밀려들어올지 모르는 일이다. 세계화와 자유 무역을 통하여 시장이 속속 개방되는 여건을 생각하면 농산물 경쟁에서 위협이 되는 것은 중국뿐만이 아니다.

따라서 생산자의 노력은 물론이거니와 농업협동조합을 비롯한 관계기관에서도 부단한 노력이 있어야 하겠다. 예를 들면 수확 작업에서부터 시작하여 편리한 작업 도구를 개발하여 인건비를 줄이는 방법이라든가, 저장 관리 및 유통 구조를 개선하여 생산 원가와 시장의 최종 판매가가 별로 차이 나지 않도록 하는 대책 등을 세워야 할 것이다. 생산자가 농협에 전량을 위탁 판매하지 않고 직접 판매하는 방법도 검토해 볼 만한 대안이다. 대봉감을 이용한 각종 가공 제품을 생산하는 일에도 연구와 노력을 더해야 할 것으로 생각된다. 생산이나 수확에 있어서 민관이 협동함으로써 체계적인 연결 고리를 다지는 것도 중요할 것이다. 대봉감처럼 우수한 품질의 농산물을 둘러싼 제반 구조를 개선하고 양적·질적 생산을 높여 간다면 시장 개방이라는 조건 속에서도 경쟁력을 높여 식량주권을 지켜나갈 수 있을 것이라고 기대한다.

# 나도 한마디

우리나라가 최근 경제대국 열 손가락 안에 들어감과 동시에 기생충, BTS 등 한국의 영화, 음악, 한글, 화장품 등 한류가 전 세계적으로 급속하게 퍼지고 있습니다. 작년 말 기준으로 한류 팬이 1억명이 되었다고 합니다. 온 세계가 소용돌이 치고 있는 코로나19 바이러스에 대한 한국의 대응을 전 세계 언론과 국가들이 극찬하고 있습니다.

이와 같은 국가발전의 기초가 되는 것은 모두가 과학기술이라고 말을 합니다. 이 과학기술분야에서 훌륭하게 젊은 시절을 보내면서 맡은 바 소임을 다 하신 분들에 바로 우리 시니어과학기술인들도 포함되는 것은 틀림이 없을 것입니다.

따라서 시니어과학기술인들의 노후 생활을 보면서 우수한 청소년들이 과학기술분야에 많이 진출할 수 있도록 동기를 부여해 주어야 할 것입니다. 이를 위하여 우리 한국시니어과학기술인협회(이하 KASSE)의 위상도 높아져야 한다고 생각하며, KASSE에 입회하면 즐겁고 보람 있는 협회의 장이 펼쳐져야 한다고 생각합니다.

매년 연회비를 내야 하는 것부터 부정적으로 생각하고 있었습니다.

이를 탈피하기 위하여 저는 오래전부터 생각해온 바가 있습니다. 우리 시니어과학기술인협회는 정년이 되도록 국가와 사회, 과학기술 등의 각 분야의 중요한 위치에서 활동하셨던 분들의 모임이기 때문에 이 협회는 정책적 뒷받침이 필요한 단체가 아닐까 생각해오고 있었습니다. 즉 경제적 뒷받침을 어느 정도 해주면서 각자가 지니고 있는 고경력 과학기술능력 또는 경영능력, 개발능력, 기술지도능력 등을 후진들에게 전수할 수 있는 기회의 장을 마련해주는 곳이 되어야 하지 않을까 생각해 보았습니다. 그래서 정부의 정책적 자금지원이 반드시 필요하다고 생각 합니다.

저는 이와 같은 문제를 해결하기 위한 계획으로 지난 2020년1월3일 국무총리 공관에서 시니어과학기술인등 23명을 초청 국무총리와 오찬을 함께하는 자리를 만들었으며 그 자리에 과학기술정보통신부의 정책담당 실무자를 한명 배석해줄 것을 총리에게 요청하여 성사됨으로써 과학기술정보통신부에서 KASSE

에 대한 정부 육성대상 비영리법인 신청서를 접수하게까지 진행은 되어있는 상태입니다.

우리 KASSE는 산업계와 협력체계구축이 필요합니다. 과학기술은 끊임없이 발전합니다. 따라서 산업계도 발전하고 KASSE도 발전해야 합니다. 발전하기 위해서는 변화와 혁신이 필요합니다. 현재의 생각을 바꿔야 하고 현재의 조직도 변화시켜야 한다고 생각합니다. 그 위에 새로운 지식을 접목해야 한다고 생각합니다.

우리 KASSE 회원이 우리나라 산업계의 경영과 기술면에서 지원할 수 있는 여지는 대단히 많습니다. 한 예로서 저는 평생 관계했던 우리섬유산업의 기술발전을 위해 지금도 연구원 여러분과 함께 연구과제를 수행하고 있습니다.

더구나 4차산업혁명시대를 맞아 시니어 엔지니어들이 해야 할 일이 더 늘어났습니다. 따라서 우리협회 조직에 산업분과 조직을 대폭 확대하고 산업계 시니어 출신들을 적극 활용하고 영입하여 전국에 걸쳐 운영중인 테크노파크, 산업클러스터, 중소기업진흥회 등과 협력체제를 구축해야 한다고 생각합니다.

또한, 시니어 과학기술 첨단 정보 분석 지원사업의 확보가 필요합니다. 우리협회의 많은 회원들께서 경험했던 “고경력과학

기술인 활용지원사업(Reseat Program)"은 회원들이 끊임없이 첨단과학기술동향을 분석하여 산학연을 지원하는 보람 있는 시니어과학기술인사업으로 평가받았습니다. 지금은 여러 기관에 분산시행하고 있습니다만, 우리협회만큼 Man Power가 잘 구성되어 있는 곳들은 아니라고 생각되기 때문에 관계당국과 면밀히 협의하고 우리의 취약점을 감안하여 상호 협업한다든지 등의 모든 수단방법을 강구하여 확보하는 것이 중요하다고 생각합니다.

이 사업이 우리협회 주관사업으로 추진된다면 회원확보에도 기여할 수 있을 뿐만 아니라 협회의 기술지원 실력을 크게 배양할 수 있어 협회발전에 기여할 수 있게 되리라 생각합니다.

그리고 한국시니어과학기술인협회 매거진 편집방향은 ①기업이 관심을 갖는 해외 과학기술동향이나 최신 기술 및 제 4차 산업에 대처하기 위한 첨단기술 등을 제공하고, ②응집된 고경력 과학기술인의 목소리를 나타내고 ③훌륭한 과학기술의 논문들을 발표하여 사회에 반영토록 하는 역할을 적극 하도록 추진하였으면 좋겠습니다.

함께 도약하고 성장해 나가는 한국시니어과학기술인협회의 무궁한 발전과 협력을 바라면서 저의 소견을 말씀드려봅니다. 코로나19 때문에 걱정되는 요즈음 건강 조심하시고, 댁내 가족 모두 평안하시기를 기원합니다.

안녕히 계십시오. 감사합니다.

2020년 3월

한국시니어과학기술인협회(KASSE) 감사 김해곤

# 달리는 구급차 1166호

지난 주말 모처럼 동창들의 모임에 나갔다. 서로 이야기를 나누던 중 마침 친구 하나가 졸린 듯 보여 이젠 그만 가자고 했더니 일어나지 못하는 것이 아닌가. 겨우 부추겨 세웠지만 오른쪽 다리와 팔에 마비가 온 것이었다.

그 식당에서는 자기들이 업어드리고 택시를 잡아 드릴 테니 빨리 병원에 모시고 가라고 성화를 부렸다. 골치 아프니까 모르는 손님은 빨리 보내자는 눈치였다. 이를 거절하고 우리는 119에 전화를 해서 긴급 구조를 요청했다.

1분도 안 되어 확인 전화가 온 후 곧바로 구급차와 구조원 2명이 들것을 갖고 와서 2층의 식당에서 환자를 병원의 응급실까지 안전하게 옮길 수 있게 했다. 그 민첩한 행동과 안전하게 환자를 응대하는 모습에 우리 모두는 감동하지 않을 수 없었다.

그래서 우리 모두의 의견으로 뜻을 모아 이들에게 감사의 마음을 전하려 했다. 그랬더니 이 119 구조대원들은 정색을 하며 우리들의 의무이니 고맙지만 사양하겠다고 하면서 도리어 환자의 치료에 최선을 다해 달라고 당부하며 떠나갔다. 나는 떠나는 구급차 1166호를 멀리 보이지 않을 때까지 흐뭇한 마음으로 바라보면서 몇 가지 장면을 떠올렸다.

하나는 며칠 전 야간작업 상황을 살펴보려고 밤중에 공장 작업장에 들어갔었던 일이 생각난다. 24시간 3교대로 풀(full) 가동되기 때문에 심야에도 많은 여성 근로자들이 일을 하고 있었다. 하나같이 자기 일에 열심히 뛰어 다니면서 묵묵히 일을 하는 이들에게 진심으로 고마운 생각이 들었다. 이들은 대부분 학생인 동시에 근로자들이다.

오늘날 우리들의 사회가 서구화 또는 선진화되어 가는 과정에서 다소의 문제가 있는 듯한 양상을 보이는 점도 없지는 않다. 후진성을 탈피하지 못하고 발생하는 사회적 혼란은 추방해야 하고 교육을 통하여 정화하여야 하겠지만, 전근대적 문화는 점점 바뀌어져서 현대 사회에 적응해 나가야 할 것으로 생각된다. 아직도 우리나라는 성장 발전되어가야 하기 때문이다.

불란서 파리(Paris)의 거리에서 보이는 공중 화장실은 넓게 잘 꾸며져 있으면서도 코인(coin)을 넣어야만 문이 열리고 닫히는데다가 오랫동안 문을 닫고 있을 수 없도록 코인을 넣은 후 15분이 지나면 자동으로 문이 열린다. 우리는 결코 그런 엉망진

창(?)인 사회도 아니고, 또 마피아의 공포와 갱들의 위험이 항상 주위에 있거나 히피족이 거리를 거닐고 흑인과의 인종 문제로 살인과 방화를 저지르는 그런 거리도 없다.

또 하나는 좀 더 생각을 넓혀 보았다. 지난 9월 유럽에 갔을 때 스위스에서 우리와 친분관계가 있는 부부가 함께 공항에 마중 나와 주었다. 저녁 식사가 끝날 때까지 이 부인은 나에게 어떻게 하면 유럽에서 아주 싸게 쇼핑할 수 있는지, 또 자기의 생활을 편리하게 할 수 있는지와 그리고 돈 안 들이고 여행할 수 있는가 하는 구두쇠 작전을 열심히 설명해 주었으며 정말 친절하게 대해 주었다.

이와 비슷한 몇몇 사람을 만나면서, 한 나라에서 공통 언어가 4가지나 되면서도 세계적으로 가장 정밀한 시계산업에서 어떻게 아직도 정상의 자리를 차지하고 있는 것인지, 또 세계에서 제일 국민소득이 높은 나라이면서도 왜 여전히 섬유류 수출을 (연간 3,500,000sfr) 하고 있고 방적 공장이 가동되고 있는지, 또 세계적으로 가장 안전하고 완벽한 은행 업무를 할 수 있는지, 나는 스위스라는 나라의 근본 저력이 어디서 오는지 궁금해졌다.

내 판단으로는 이들은 철저하게 자기 임무를 수행하며 완벽하게 구두쇠 작전을 하고 있고 또 상대방에게 친절하며 봉사 정신 또한 투철하다는 결론을 얻었다.

또한, 이탈리아에서 면 방적 공장이 잘 가동되고 있는 곳을 여러 곳 보았다. 물론 이들이 국제 경쟁력에 힘들게 대처하고 있는 것은 사실이나 비교적 잘 운영하고 있었으며 규모 있게 그리고 짜임새 있게 관리하고 있었다.

과연 이들의 어디에서 선진국형 면방공장의 진가를 찾을 수 있을까 하고 열심히 관찰하였지만 공장을 관리하고 가동하는 것을 보고 난 다음은 그렇게도 특별히 '이것이다'라고 하나로 단정지을만한 점은 없었다.

그리고 나서 내가 체험한 우리의 현실을 생각하게 되었다. 그래도 우리 사회의 각계각층에 1166호의 구조대원과 같은 봉사와 희생정신을 갖고 우리 사회를 밑받침하고 있는 사람이 절대적으로 많으며, 또 산업 사회 현장에서도 우리 공장의 근로자와 같은 훌륭한 사원들이 많이 있다.

아직도 우리에게는 희망이 있고 또 노력하면 세계 정상과 어깨를 겨룰 수 있다고 확신하기에 우리의 앞날은 밝게 빛날 수 있다. 이러한 신념으로 곧 다가올 새해를 맞이하면서 다시 한 번 기대해 본다.

「월간섬유」 No. 256, 1994. 12.

# 정이 깃든 충남방적 예산 공장을 떠나며

예산 공장의 발랄하고 활기찬 여러분의 모습을 그리며 따스한 격려 속에서 14개월을 지낸 지금 큰 사건 없이 근무할 수 있었음을 감사드립니다. 그럼에도 불구하고 두루 인사하지 못하고 이임을 하게 되어 안타까운 마음 금할 길이 없습니다.

여러분의 인내와 격려는 그동안 저에게 큰 힘의 근원이 되었으며 발전의 계기가 되었습니다.

위대한 발전에는 시련과 고통이 따르기 마련일 것입니다. 전진을 위한 의욕으로 안일을 타파하고자 노력하는 과정은 결과에 상관없이 값진 것입니다. 이곳에서 맺어진 정은 순수하고, 건실한 비판, 도전과 생동감 넘치는 근무욕은 무엇에 비할 수 없는 소중한 것이었음을 회상합니다.

무사안일의 맹목적 안정보다는 무한한 가능성을 바라보며

"오늘은 오직 영원히 존재할 모든 날의 하루에 불과하다. 그러나 앞날에 무엇이 일어날 것인가는 오늘 하는 일에 달려 있다" 라고 말한 헤밍웨이의 말을 깊이 새겨봅니다.

이제 여러분들이 성실과 겸허 속에 용기와 자신을 갖는 공동체를 만들어 오늘 하루를 창조하고 시련과 고통의 아픔을 딛고 일어서는 예산인의 기상을 세워주셨으면 합니다.

어떤 목적에 도전한다는 것은 곧 인간답게 산다는 것을 의미합니다. 부강한 민족은 도전의 정신이 강했습니다. 영국은 바다에, 스위스는 산에 도전했으며, 이스라엘은 사막에 도전을 했고, 미국은 서부에 도전했습니다.

용감한 도전의 정신이 그들에게 부강과 번영을 가져왔듯이 어떤 시련과 고난의 과정을 극복할 때 우리 회사의 발전도 가져올 수 있다고 믿고 있습니다. 우리는 사회라는 커다란 무대에서 각자 맡은바 책임과 의무를 다해야 할 것입니다. 밭을 갈 때의 농부의 역할처럼 소리 없는 공을 쌓아올릴 수 있는 성실한 직업인이 되기를 다시 한번 부탁합니다.

아무쪼록 여러분의 가정에 기쁨이 충만하고 건강이 넘치기를 바라며 내일을 위한 삶을 정비하여 주십시오.

정이 서려있는 창밖의 일터, 미운 정도 고운 정도 모두 아쉬움을 남기며 역사의 수레바퀴는 돌고 또 인생은 연륜을 더해갑니다. 완전하지 못하기 때문에 인간이라고 돌이켜 생각하고, 절대자가 아니기 때문에 절대자에게 의지하려는 신앙을 찾아 남은 정열을 쏟으며 살아가고자 합니다. 정든 예산공장을 떠나며 마음 속에 담고 있던 몇 마디 말씀을 늘어놓았습니다.

「종소리」, 1980.

# '덤' 인생, 생산현장서 제2의 기적 창조

하늘도 무심했다. 하루 24시간도 모자라 발을 동동 구르는 사람에게 병원신세란 웬 말인가?

12월초부터 복통을 느끼기 시작했다. 그러나 가장 바쁘고 업무가 복잡한 시기이기에 참고 견디며 중첩되는 업무를 해나가기로 마음먹었다.

구랍 중순 오전 간부회의 석상에서였다. 신년도 사업 계획 구상을 위해 간부들과 진지한 논의를 하고 있던 중 온몸이 불덩이같이 달아올랐다. 눈앞이 아찔했다. 처음에는 회의장 분위기를 고려해 이를 악물고 참았다. 그러나 병마 앞에서는 인간의 의지도 속수무책이었다. 하늘이 두 쪽으로 갈라지는 듯한 복부통증이 엄습해왔다. 처음으로 느껴보는 육신의 고통이었다. 하늘마저 샛노랗게 변했다. 견디다 못해 자신도 모르게 회의석상을 뛰쳐나오고 말았다.

정신을 차려보니 소독 냄새만 자욱한 병상이었다. 의사의 진단 결과 급성신장염에 방광 및 복막염으로 밝혀졌다. 개인병원의 시설로써는 시술이 불가능하다고 했다.

서울의 순천향병원으로 옮겨지면서 몇 차례 사경을 오락가락했다. 지구의 종말이 도래한 느낌이었다. 일을 천직으로 알고 쉼없이 앞만 보고 뛰어온 한 사나이의 집념을 하루아침에 이토록 무너뜨릴 수가 있는 것인가. 병원신세라고는 한 번도 져본 적이 없기에 생사를 건 대수술을 받아야 한다는 사실은 나에게 너무도 큰 충격이 아닐 수 없었다.

가족들과의 면회조차 금지당한 채 장장 5시간에 걸친 개복수술에 들어갔다. 수술실로 향하는 나의 마음은 마치 죽음을 향한 행진 같았다. 물론 의사들은 생존확률도 낮은 편은 아니라고 위로했지만 고통의 정도로 보나 주위 분위기를 보나 기사회생은 불가능하다고 여겨졌다.

모든 것을 체념했다. 임박한 죽음 앞에 서고 보니 50 평생 지난 세월의 일들이 주마등처럼 스쳐지나갔다. 그러나 아직도 마무리되지 않은 일들이 산더미 같은데 차마 이럴 수가 있는가, 극단의 고통 속에 하늘을 보며 원망도 해 보았지만 도리 없는 일이었다.

남겨둔 처자도 문제이지만 사나이 한 몸 되어 자신이 세운 목표도 미처 완수하지 못하고 떠나야 한다는 사실이 나의 가슴을 쥐어뜯었다. 밤낮없이 일에만 쫓기며 섬유산업 일변도로 한 평생을 보낸 몸이기에 다른 추억거리는 별로 없었다. 그러나 마지막 순간 나의 머릿속에는 대전 공장 건설 당시의 생생한 기억들이 떠오르면서 삭막한 마음을 잠시나마 흡족하게 해줬다.

1977년도의 일이다. 당시 동양 최대 규모의 맘모스 면방공장 건설 계획이 우리 회사에서 추진돼 착공되고 있었다. 나는 이 역사적인 공사의 건설본부 주재 이사로 기용돼 건설 관계 일에 깊숙이 참여하게 되었다. 주재 기술 이사로서 공장 건설과 함께 설치 가동에 따른 모든 기술 관계의 총책임을 나의 두 어깨에 짊어지고, 이 나라 면방 산업에 새로운 장을 펼친다는 각오로 모든 역량과 정열을 불태워 나갔다. 착공하는 날부터 1978년도 공사가 끝날 때까지, 새벽 6시부터 출근하여 공장 건설에 따른 제반 일의 추진에 동분서주 하다 보면 퇴근시간은 생각할 겨를도 없었다.

당시 사장님으로 계셨던 이종성 회장님께서도 거의 매일같이 꼭두새벽에 현장으로 나오시곤 하셨다. 그 때 공사의 여러 일로 매우 바쁘신 사장님께서 모든 일에 우선하여 큰 관심을 갖고 수시로 공사현장을 둘러보며, 잘못된 점을 지적하고 또한 격려해 주시는 것 하나만으로도 나는 모든 피로를 잊을 수 있었으며, 또 새로운 힘까지 솟구치게 해 매우 감격스러웠다. 이종성 회장님은 이와 같이 매사에 적극적이시며 대단한 열의로써 모든 일을 과단성 있게 추진하시는 분이셨다. 더구나 이 공장은 명실공히 동양에선 최대의 규모를 자랑하는 종합 면방적 공장이 아니던가. 또한 우리 회사가 새로운 중흥의 장을 펼치는 대역사(大役事)이기도 한 것이다.

섬유공학도로서 일생을 통해 약 5만 추 공장을 신설할 기회를 갖게 된다면 그것은 큰 경험이라 할 수 있다. 영광스럽게도 나에게는 면정방기 약 30만 추, 직기 약 3천대, 그리고 월간 1천만 야드를 생산할 수 있는 염색 가공 시설 등을 갖춘 세계 굴지의 공장 건설의 임무가 지워지고 보니 내 개인 또는 가정의 사소한 일에는 신경 쓸 여유조차 없었다. 흐뭇했다. 그리고 영광스러웠다. 보잘 것 없는 나에게 이토록 일생을 통해 긍지를 느끼고 자랑스러움을 간직할 수 있는 기회가 주어졌다는 사실이 또한 여간 다행스럽지가 않았다. 사실 당시만 해도 바쁜 사람에게는 병마마저 찾아들 겨를이 없다는 나름대로의 소신 속에 일에만 매달렸다.

그런 내가 병으로 몸져 눕게 되다니. 정녕 꿈이기만을 바랐다. 다만 바쁜 시간을 쪼개가며 오로지 섬유공학 일변도로 꾸준히 연구해 취득한 섬유공학 박사 학위가 그 동안의 나의 노력을 대변해 주는 듯싶었다. 그간의 나의 현장 경험과 기술사로서 쌓아온 기술을 발휘하려면 앞으로 60평생도 짧게만 여겨져 왔는데……. 그동안 주위에서 관심을 갖고 격려해주신 수많은 은인들에게도 고개를 들 낯이 없었다. 그러나 운명임에 어찌하랴. 이제 조용히 천명을 기다리며 모든 것을 정리해야만 했다.

드디어 수술이 시작됐다. 마취로 인해 온몸이 뻣뻣하게 굳어진 가운데 정신마저 몽롱해졌다. 집도 의사의 발길 소리가 순간순간 다가오는 고통과 더불어 어지럽게 들려올 뿐 더 이상 아무런 의식을 갖지 못했다. 인간 김해곤은 이렇게 해서 숱한 은인들에게 최소한의 보답도 하지 못한 채 인생의 종지부를 찍는 것이라고 단정했다.

그러나 하늘이 도왔다. 수술경과가 의외로 양호하다는 것이었다. 회복 속도도 남달리 빨랐다. 미진한 일들을 마무리 짓고 싶다는 강렬한 기도가 받아들여진 것이다.

사실 나는 이번 투병생활에서 또다시 엄청난 빚을 져 있었다. 그것은 금전적인 게 아니라 나를 그토록 진정으로 아껴주셨던 모든 분들에 대한 마음의 빚인 것이다. 우선은 50여 일간 병상에 있으면서 마음으로는 항상 우리 예산 공장에 가 있었지만 업무를 직접 수행치 못한 죄책감은 항상 나의 가슴을 조이게 했다. 또한 당시 김형덕 사장님(현 혜전전문대 학장님)과 이준호 사장님을 비롯한 회사의 모든 중역분들이 연말연시의 그 분주한 일정 속에서도 잊지 않고 병상을 찾아 용기를 주었으며 또 대전 및 천안 공장의 여러 임직원, 그리고 학교의 교수님들, 고교 교사님들, 멀리 떨어져 지내던 학교 동창들까지도 앞 다투어 나의 병상을 찾아 재기의 의욕을 북돋아주었다. 특히 영하 15도의 혹한과 눈보라 속을 무릅쓰고 예산 공장 남녀 사원들이 이틀이 멀다하고 병상을 찾아 위로해줘 그 고마움은 말로 다할 수가 없다.

수술 과정을 시작으로 회복 때까지의 여러 고비에서 죽음까지를 생각하고 있을 때 이분들의 격려와 위로는 내 자신에 있어 수십 년 가뭄 뒤의 단비와도 같았다. 이분들의 온정에 보답하기 위해서라도 하루 속히 회복돼야 한다는 신념 덕분에 온몸을 으깨는 듯한 진통까지도 충분히 이겨낼 만했고, 또 회복에 더디다는 일체의 진통제 주사까지도 거절하게끔 했다. 몇몇의 동창 현직 의사들은 고맙게도 침식을 같이해 주기도 했다. 그렇다. 나의 회복을 바라는 무수한 은인들과 이들의 고마운 봉사와 헌신이 하늘의 심경까지도 변화를 일으키게 한 것이다.

이윽고 나는 빠른 속도로 회복되기 시작했다. 이제 내 인생은 나 혼자만의 것이 아니라는 것을 새삼스럽게 느꼈다. 그리고 나선 엄청난 빚쟁이 인생이 되었음을 느낄 수 있었다. 자나 깨나 곁에서 병간호를 해준 나의 아내에겐 내 남은 인생으로선 갚을 수 없을 만큼 빚을 진 것이 사실이다. (내종에 끝내 몸져 누워 결국 침대를 바꾸었지만) 또 장남은 군에 있었기 때문에 한두 번만 겨우 올 수 있었지만, 둘째와 셋째 그리고 예쁜 딸은 갖은 심부름으로 매일같이 병원을 들락거렸다. 이들에게 남 못지않은 아버지 노릇을 해야겠다는 다짐을 하기도 했다. 우리 회사의 모든 임직원들에게도 정말 보리수 밑에서 해탈한 석가모니 같은 생각은 못 가질 망정, 마음을 다 비우고 성실한 봉사자로서의 착실한 일꾼이 되겠다는 마음만은 두고두고 다짐하였다.

「종소리」, 1985.

# '타버린 재 속의 혼이 되살아나길 바라며

## -동양 최대의 방적 공장 화재에 붙여-

코를 알싸하게 하는 겨울바람은 때때로 마음까지 얼어붙게 한다. 모임을 끝내고 집에 돌아오자마자 현관에서 딸아이가 놀라운 표정으로 물었다.

"아버지 혹시 소식 들으셨어요? 충남방적 대전 공장에서 대형 화재 사건이 일어났대요."

듣는 순간 머리가 아득해지면서 이 구석 저 구석 손때가 묻고 땀이 배었던 충남방적의 대전 방적 공장의 모습이 한꺼번에 뇌리를 스쳐 지나갔다.

"얼마나 탔는데? 다……?"
"3만 평이 탔대요!"
"전체 10만 평에서 3만 평이면 방적 공장이 다 탔겠군."

신발도 채 벗기 전이었다. 반쯤 벗었던 신발을 경황없이 다시 신으며 겨울의 추위 속으로 마음을 조이며 나갔다. 이런 심정을 보고 '억장이 무너지는 가슴'이라고 할까……. 내 비록 지금은 그곳을 떠났으나 충남방적은 18년이란 세월을 몸담아 일한 곳이고 특히 대전 공장은 내 손으로 직접 Lay out 설계하고 건설하였으며 공장 운영을 열심히 도운 곳이다. 이 엄청난 이야기를 듣고 차를 타고 가는 순간 그 동안의 긴 세월이 주마등처럼 머리 속을 스쳐간다.

돌이켜 보면 1978년 3월 당시 이종성 사장께서 급히 차에 타라고 하여 엉겁결에 온 것이 바로 현재의 충남방적 대전 공장 부지였다. 이 때 나는 충남방적의 예산공장장으로 재직해 있으면서 홍성 근교에 공장 부지를 열심히 물색하고 있었다.

충남방적 대전 공장 부지는 멀리 구봉산이 병풍처럼 감싸여 있고 서대전에 바로 인접해 있으며 대도시인 대전시의 주변 마을 이름도 대정리와 관저리였다. 당시 삼성그룹의 최상무로부터 정보를 입수하여 제보해 드렸던 곳이기도 한 이곳이 공장 입지로서는 최적지라고 나는 판단했다.

이로부터 얼마 후인 1978년 5월 21일 나는 현지 건설본부 주재이사의 명을 받고 기술과 공장 건설의 총책임을 맡아 업무를 시작했다.

공장부지 30여만 평 위에 건물 건평 10만 평을 동시에 착공했으니 그 규모는 놀랍고도 엄청난 정도였으며 공사하는 데 시멘트만도 100만 포가 투입되었던 것으로 기억된다.

방적 기계 260,000추와 직기 2,400대 그리고 직물 가공을 월간 1,200만 야드를 처리할 수 있는 시설 외에 니트 직물 염색 가공 시설과 Yarn Dying 시설을 동시에 갖추고 기타 이에 따른 부대시설을 동시에 건설하였기 때문에 공사장에는 매일 2,000여 명이 넘는 인원이 동원되었다. 더욱이 레미콘이 아직 보급되지 않았던 당시여서 시멘트 벌크 타워를 설치하기까지 하였다. 꼭두새벽에 나와 보기 시작해도 30만 평의 부지를 다 돌아보기란 어려웠고, 겨우 10만 평에 달하는 이곳저곳의 건축 현장을 시찰해 볼 수 있었다.

타버린 방적 공장만도 30 Meter Spun 16개 동이니 가로가 212 미터이고 세로가 480 미터나 된다. 단일 방적 Flour로써는 단연 세계적이며, 이집트의 미할라 공장이 27만 추로써 충남방적 대전 공장과 비슷했다. 나도 퍽 많은 공장을 돌아다녀 본 사람 중의 한 사람으로 자처하지만 아직까지 이와 같이 큰 방적 공장은 보지 못했다. 우리나라에서만이 볼 수 있는 대단위의 걸작품이었음이 분명했다.

이 거대한 방적 공장의 건설에는 또한 애환이 많았다. 한 마디로 내 생애 젊은 시절의 모든 것을 다 바쳐서 일해 온 공장의 건설이었으며, 경영진의 독촉과 꾸중과 질책을 수없이 들으면서 지어 놓은 공장이었기에 구석구석마다 정열과 땀이 밴 곳이기도 하다.

착공 후 1년 6개월 만에 준공되었지만 10여 년의 긴 역사 속에서 지어진 듯 하루도 빠짐없이 독촉과 어려움 속에서 건설했던 것으로 기억된다. 심지어 방적공장에서 제일 중요한 온습도를 무시한 채 즉 공기조화실이 전혀 건설도 되기 전에, 아주 추운 날씨가 계속되는 1979년 2월 9일, 영하의 날씨 속에 한쪽 구석의 드럼통에 모닥불을 피우면서 정방사 6추 정도의 시험방적을 해냈었다. 이 때 생각하기도 어려운 여러 가지 과정 속에서 정방기 몇 추에서 실이 불어 나오는 것을 체험했었다. 기상천외의 방법같이 생각되기도 한 일이었다.

공장이 완전히 정상 가동되고 다듬어진 후에 거대한 방적 공장으로 유명한 이곳에서 생산된 40수 면사는 까다로운 일본 시장에서 최고의 수준으로 인정받아 일본 회사의 제품보다 값을 더 받고 수출했다.

이렇게 얘기하다 보면 한이 없을 정도의 짙은 애환이 깃든 공장이기에 나에게는 퍽이나 애착이 가는 곳이며 그렇기 때문에 모든 것을 잊을 수 없다. 그런데 이제는 그 모습을 볼 수 없을 것이라 생각하니 너무나도 허무하고 서글픈 마음까지 든다.

이런저런 상념에 잠기면서 부리나케 달려가 보니 대전 공장은 이미 화마가 휩쓸고 간 후였고, 앙상하고 허무하게 처참한 모습만 남아 있었다. 오랜만에 만나 뵈어 반가운 분들이었지만 모두가 창백할 정도를 넘어 사색이 되어 있었다. 류주형 부회장, 이준호 사장을 비롯한 모든 임직원들과 악수를 나누었지만, 무거운 침묵의 순간만이 있을 뿐이었다. 이제 이미 모두가 지나간 일이 되어 버렸지만 생각을 가다듬고 머나먼 새로운 길을 갈 각오가 필요할 것 같다.

공장의 불 탄 흔적과 관계자들의 어려운 상황을 뒤로 남긴 채 서울로 향했다. 유리창에는 칠흑 같은 어둠 속에 간간히 비치는 불빛과 타다 남은 기계들의 앙상한 모습이 교차된다.

내가 젊은 피로 열심히 일하며 도와왔던 그 공장을, 그 당시의 나와 같은 젊은 혈기를 가진 새로운 일꾼이 등장하여 다시 한국 최대의 면방적 공장으로 일으켜 세워 주기를 기대한다. 타버린 재 속에 흩어져 버린 혼은 결국 다시 되살아나 예전과 같은 웅장하고 보다 훌륭하며 알찬 모습으로 우리 앞에 등장하길 진심으로 바라는 마음 간절하다.

「월간섬유」 No. 233, 1993. 1.

# 권두사(卷頭辭)에 대신(代身)하여

## - minerva를 출간하며 -

사람이 살아가는 데는 어떠한 希望과 慾求가 介在하여 있을 것이다. 卽 오늘보다 더 나은 來日이 있기 때문에 살아가는 것이다. 여기에 비로소 目的意識이 있을 것이요, 따라서 知的인 要素에서 오는 生活方法이 있을 것이니 自然히 人間으로서 人間價値性을 論하게 될 것이다. 이 人間價値를 판단하는 데 있어 個個人의 人格과 敎養이 이를 左右하게 된다고 생각한다. 여기서 사람은 敎養을 필요로 하게 된다.

그러나 이 敎養은 學識과 緊密한 關係에서 不可分의 位置에 있다 할 것이나 決코 學識이 많은 人間이라고 해서 반드시 敎養이 豊富한 사람이라고는 말할 수 없는 것이다. 비록 學識이 全無하다 할지라도 日常生活에서나 또는 宗敎生活에서 얻은 至純 至高한 敎養을 쌓은 사람도 많을 것이다.

眞實로 自己位置를 正確히 파악 認識하고 이웃을 사랑함으로써 보다 나은 삶의 先驅者가 될 것이다. 自己의 物件이 貴重한 줄 안다면 他人의 物件도 貴重한 줄 알아야 할 것이요, 自己의 物件이 所重하다면 亦是 他人의 物件도 所重한 줄 알아야 할 것이다. 여기에 共同生活 卽 社會生活의 굳건한 귀틀이 이룩될 것이요, 明朗한 社會가 이룩된다고 하겠다.

또한 하나의 社會에 있어서 그 社會가 잘 發展하려면 構成分子 個個人이 다같이 協同的 精神 아래에서 各自가 맡은 바에 充實함으로써 그 社會는 育成發展할 것이다.

여기에 하나의 튼튼한 밑받침이 되어야 할 것은 個個人의 生活安定과 人格的 대우이다. "無恒産이면 無恒心"이라는 말이 있듯이 사람은 먹고 입지 않고서는 살 수 없다. 그런데 이 먹고 입어야 한다는 것이 지닌 副作用的 요소의 發生이 社會惡을 가져오기 쉽게 한다. 卽 生活要素의 궁핍에서 自己位置를 망각하고 虛慾에 탐이 날 때, 또는 生活要素의 추구가 極難의 地境에 이르러 不可能한 狀態에 있을 때, 敎養이나 協同精神은 極히 멸시를 받게 되고 社會惡이 머리를 들고 오늘의 現實에 危機를 가져오게 한다.

* 무항산무항심- 일정(一定)한 생업(生業)이나 재산(財産)이 없으면 올바른 마음가짐도 없어짐.

自己良心의 튼튼한 素養이 없고 敎養이 빈약한 사람일수록 어떠한 충격이 있을 때 흔들리기 쉽게 될 것이니 여기서 知的 反抗과 前記 生活要素의 追求에서 오는 二律背反的 現象을 如何히 취급하느냐 하는 것이 問題라고 본다.

良心을 嘲笑하는 오늘의 現實을 바로 잡으려면……. 이는 어느 한 사람의 힘만으로도 이뤄지는 것이 아니며, 긴 담뱃대에 침만 멀리 뱉고 앉아 인격을 구가한다고 해서 찾아지는 것도 아닐 것이요, 뱃속에 새까맣고 냄새나는 모략중상만 가득 넣고 앉아서 卓上空論만 한다고 해서 良心이 되살아나는 것도 또한 아닌 것이다. 오직 모든 個體가 完全히 自己位置에 돌아가서 自己自身을 完成하고 自身에 眞實로 充實할 때 비로소 人格的인 過程에 到達할 수 있다고 본다.

여기 時間과 自體的 制約을 받으면서나마 사람은 생각할 줄 아는 動物이라는 점에서 자己 생각을 果敢히 표현하고 또 삶의 보람을 찾아 自己完成에 노력해 보자는 意圖에서 本紙를 내놓게 되었다. 이는 곧 現實과 自己位置를 結付시켜 生活哲學으로서의 自己意識과의 상호교류이며 상호간의 교양의 육성을 굳건히 기르는 데 그 目的이 있다.

「minerva」, 1960. 11.

# 3

# 섬유인, 그리고 기업가 정신

# (20년 만의 재회)
# 스리랑카 방적공장과의 특별한 인연

사람의 인연이란 참 알 수 없는 것이다. 전혀 연고가 없던 스리랑카에 20년을 건너뛰어 거듭 만나게 될 인연이 있을 줄이야! 지금 생각해도 신기하기만 하다. 나와 스리랑카와의 첫 인연은 40여년 전으로 거슬러 올라간다.

## 예정에 없던 스리랑카 방문

때는 바야흐로 대한민국의 역사가 바뀌려고 했던 1979년 말, 충남방적에서 면정방기 30여만 추 증설과 직기 3500대 증설, 월간 120 야드를 생산하는 가공시설 등을 설치, 가동하는 사업을 성공적으로 마무리하자 당시 충남방적의 이 회장이 내게 세계일주 티켓을 건네주며, 세계 시장의 추이와 개척 가능성을 타진해 보고 오라는 지시를 내렸다.

일종의 포상 성격으로 “견문을 넓히는 정도로 생각하라”는 회장의 말이 있었지만, 나는 그럴 수만은 없었다. 이번 기회에 해외시장의 현황을 파악하고 가능하면 시장 확보도 해야겠다는 생각을 하고 비행기를 탔다. 처음 도착한 대만에서 도착 보고를 위해 텔렉스를 치려했으나 텔렉스가 먹통이었다. 영문을 몰라 당황스러웠는데, 다음날 뉴스를 보니 한국에서 12·12사태가 일어났다는 게 아닌가.

그런 격동의 시기에 해외시장 개척의 중책을 맡은 것이다. 국내 정치 상황은 격동기였지만 해외에서 코리아의 섬유는 어쩌면 최고의 인기를 누리던 시절이었다.

아무튼, 대만을 거쳐 사우디아라비아에 도착했다. 마침 사우디아라비아의 (주)효성 지사장이 나의 후배여서, 이런저런 이야기를 나누다 보니 스리랑카에 한 번 가보라며 현지인인 스리랑카 지사장을 연결해 주었다. 스리랑카 방문은 예정에 없었던 일이지만 새로운 시장이 될 수도 있겠다는 생각에 흔쾌히 결정했다.

당시만 해도 스리랑카는 우리에겐 다소 낯선 나라였다. 우리나라와는 1973년 처음 외교관계가 수립되었으나 별다른 교류가 없었고, 1979년 스리랑카-한국친선협회 설립을 시작으로 조금씩 교류가 시작되었다. 스리랑카는 한국의 3분의 1 정도 크기의 섬나라로서 인도 남단 끝자락에 자리하고 있다. 인구는 약

2,000만 명이고, 국민 소득이 약 2,000달러밖에 되지 않는 빈곤 국가다. 기원전 483년에 인도에서 건너온 사람들이 '싱하리 왕조'를 창건한 것이 시초이며, 1815년부터 영국의 식민지이었다가 1948년에야 독립할 수 있었다. 스리랑카의 원래 국명은 실론(Ceylon)이었으며, 실론차와 묘안석(cat's eye)의 생산지로 유명하다. 일자리가 별로 없어서 국민은 차밭에서 하루 종일 일해도 2달러를 벌기 힘든 생활을 한다. 또한, 사회적으로 여성의 재산권을 법적으로 인정하지 않는 등 전근대적인 특성을 보이고 있다.

지방의 도로는 거의 비포장이고 전력 사정이 나빠서 전기는 매일같이 2~3시간 정전되는 것이 보통이다. 그래도 크게 불만 없이 살아가는 것을 보면 사람들의 심성이 느긋하고 순박한 듯하였다.

준비를 마치고 나는 곧장 스리랑카로 향했다.

## 스리랑카 최대 방적공장의 경영을 제안 받다

스리랑카 공항에 도착하니 후배가(효성 사우디 지사장이) 소개해 준 효성의 스리랑카 지사장이 마중을 나와 있었다. 그는 고급 승용차를 끌고 나와 나를 놀라게 했다. 그는 내게 스리랑카 최대 섬유공장 방문과 스리랑카의 섬유 및 무역담당 장관

(Textile & Trade Shipment Minister)과의 면담을 제안했다.

해외시장 조사 및 개척이 출장의 주목적이었으니 거절할 이유가 없었다. 그가 나를 안내한 곳은 스리랑카 최대 도시인 콜롬보에서 약 50km 떨어진 뚤리리야(Thulhiriya)라는 곳에 있는 섬유 가공회사(Thulhiriya Spinning & Weaving & Dyeing Company Ltd.)였다.

안내대로 이곳저곳을 둘러본 섬유공장은 한국에 비해 형편없었다. 규모는 크지만 운영이 제대로 되지 않아 가동률은 50% 이하이고, 생산량은 최대 생산 가능량의 30%에도 못 미쳤다. 기계설비, 품질 수준, 인력 관리도 어느 하나 제대로 되지 않고 있어 말문이 막힐 정도였다.

공장 현지답사를 마치고 스리랑카의 섬유 및 무역담당 장관과 면담이 이루어졌다. 크리스마스 즈음이었던 듯, 입구에서 저택까지의 가는 길목에 농장이 있고 소를 방목하고 있을 정도로 으리으리한 장관의 저택에 크리스마스 장식이 반짝이고 있었던 기억이 난다.

그 자리엔 스리랑카 상공회의소의 회장이자 최고 재력가인 알프레드 에드리싱해(Alfred Edrisinghe)와 다사그룹의 회장인 군다사(S. D. Gundasa), 바스트란그룹의 회장 마히팔라(B. A.

Mahipala)와 변호사 J. F. Rodrigo 등 스리랑카 경제계를 움직이는 인사들이 배석했다. 장관은 뚤리리야 공장을 본 소감을 내게 물었다. 나는 섬유공장의 가동 상태, 생산 능력, 품질 현황 등을 구체적으로 설명해 주면서 우리나라의 섬유 회사와 비교 분석해 주었다.

내 설명을 다 듣고 난 장관은 회사 전체를 나에게 줄 터이니 마음대로 운영하고 이익을 50대 50으로 분배하자고 제안하였다. 이에 나는 전 공정을 가동하고 있는 현재의 인원이 약 5,000명인데 만일 우리가 관리한다면, 그 인원은 3분의 1인 1,700명이면 충분한데 어떻게 하겠느냐고 물었다. 장관은 자기가 다 책임지고 남은 인원들을 데려가겠다고 대답하였다.

이보다 더 좋은 조건이 있을 수 없었다. 장관은 내 개인을 보고 제안하였지만, 충남방적의 임원 자격으로 스리랑카를 방문했던 나는 당연히 본사에 이 같은 내용을 보고했다. 내 보고를 받은 본사에서도 아주 좋은 조건이라 판단, 회사 차원에서 논의를 진행하게 되었다.

나는 스리랑카에서 일주일을 보낸 뒤, 유럽 및 미주시장을 둘러보고 이듬해에 귀국하였다. 귀국 후 보다 자세한 브리핑을 받은 회사에서는 조사팀을 꾸려 스리랑카에 파견하였고, 계획한 사업이 긍정적으로 추진되는 듯이 보였다. 그러나 박정희 대통령 서거, 12·12사태, 광주민주화운동 등 급변하는 정세 속에서 자금 조달에 어려움을 겪게 된 회사에서는 해외 사업을 일체 중단하는 뜻밖의 결정을 내렸다. 그 바람에 좋은 기회였던 스리랑카 사업을 참으로 아쉽게 포기하게 되었다.

## 뚤리리야 공장에 다시 오다니!

스리랑카 뚤리리야 공장과의 인연은 이렇게 끝나는 듯했다. 그런데 그로부터 20년 후, 나는 다시 뚤리리야 공장에 서 있었다. 갑을방적(주)의 해외기술 지도 총괄이라는 자격으로 말이다.

박 회장이 진두지휘하던 갑을방적은 적극적으로 해외투자에 나섰는데, 놀랍게도 충남방적에서 포기했던 뚤리리야 공장을 인수, '갑을랑카'라는 해외투자법인을 세운 것이다. 그러나 앞서도 말했듯이 뚤리리야 공장의 가동 및 운영 상태는 처참할 정도였고, 그런 상황은 갑을이 넘겨받을 당시에도 마찬가지였다. 그러자 갑을 본사에서는 내게 현지 공장의 기술 및 경영 지도를 맡겼다.

20년 만에 다시 스리랑카 땅을 밟았던 날, 감개가 무량할 수밖에 없었다. 어쩌면 내가 경영자가 될 수 있었던 공장에 기술 지도를 하러 오다니! 알아보니 당시 나의 뚤리리야 공장 방문과 장관 면담을 주선했던 효성의 현지 지사장도, 내게 공장의 경영을 맡기겠다던 장관도 모두 그 위치에 그대로(장관은 담당 부서만 바뀐 채) 있었다.

다시 찾은 뚤리리야 공장은 20년 전과 비교하여 별로 나아진 게 없었다. 한국에서 부서 책임자 몇 명이 와서 근무하며 관리하는 것만으로는 역부족이었다. 더운 기후의 영향으로 오랜 시간 일하기가 어려워 작업이 제대로 이루어지지 않는 것도 있었지만, 전체적으로 관리 자체가 되지 않았다.

예를 들어 공기조화실에서 냉각수로 보낼 찬물을 뽑아서 근무 중에 목욕하는 사람도 있었다. 그런 경우 실내 에어컨에 문제가 발생하고 작업이 어려울 수밖에 없었다. 참 한심스러웠다. 또한, 폴리에스터와 면의 색상이 다르므로 충분히 구별할 수 있는데도 야간작업 중에 이 둘을 섞어 버리기도 했다. 방적이나 제직 또는 염색 가공 공정에서 작업 순서는 참 중요한데도 이를 지키지 않고 편한 대로 하려고도 하였다.

문득 1960년대의 우리나라 현실이 떠올랐다. 당시 우리나라의 방적공장에서도 직기 1대를 가동하여 P/C 혼방 직물(천)을 만드는 일을 두 사람이 담당해도 쩔쩔맸을 뿐 아니라 생산해낸 샘플도 합격품이 되지 못하였다. 그러나 내가 1년간 일본 연수

후 돌아와서 기술지도 및 공정 개선을 통하여 1년 만에 혼자서 50대를 담당하게 해 일본 수준을 능가하게 된 일이 생각났다.

일단 현지의 사정을 파악해야 했다. 다행히도 일과가 끝나고 선선한 저녁이 되면 많은 근로자가 체리 등이 담긴 과일 바구니를 들고 놀러 왔다. 그들과 함께 이야기하다 보니 문제점이 보였다. 그들은 꾸중해도 관리자나 작업에 대한 불만을 전혀 품지 않는 순박한 사람들이었다. 다만 기후적인 여건으로 체력이 따르지 못한다는 것과 작업 내용을 충분히 이해하지 못하는 것이 문제였다. 따라서 이들이 숙련된 근로자들로 거듭나게 하기 위해서는 현장 교육을 철저히 하는 방법밖에 없음을 확인하게 되었다. 물론 몇천 명의 인원을 한순간에 숙련공으로 바꾼다는 것은 사실상 불가능하다. 급하지만 천천히, 이들을 지도하는 한편, 이러한 일들이 그들의 장래를 위하여 필요한 것임을 설득하면서 현장 교육을 했다. 이러한 노력의 결과 공장 가동률은 점차 정상화되었고, 현지법인 '갑을랑카' 역시 흑자를 내는 성과를 거두었다. 그들의 마음에 와 닿았는지 하루는 현지 공장장이 열대지방에서 구하기 힘든 석청을 구해 선물해 주기도 했다.

이십 년의 세월을 사이에 두고 다시 만나게 된 스리랑카의 뚤리리야 섬유공장. 처음 만났을 때는 곧 망해 버릴 것 같았고, 잡기만 하면 로또 당첨 저리 가라 할 복권 같았던 곳이었고, 다시 만났을 땐 내가 꼭 살려내야 할, 역시 나의 손길을 기다리는 곳이었다.

당시 기술지도를 하면서 '아, 이 공장은 어차피 내 손으로 일으켜야 하는 운명이었나 보다'고 생각했다. 그리고 그로부터 다시 20여 년이 지난 지금 생각해 봐도 뚤리리야 공장과 나는 참 운명적인 인연을 지닌 것 같다.

우스갯소리 같지만 1980년 첫 만남 때, 내게 1회전 분 원면을 살 자금만 있었더라도 그 아까운 공장을 다른 곳에 넘겨주는 일은 없었을 것이다. 그리고 나는 매일 저녁 과일 바구니를 들고 찾아와 격의 없이 이야기를 나누던 순박한 스리랑카 사람들과 정을 나누며 살고 있을지도 모른다. 그럼 나는 스리랑카 섬유계의 영웅이 되지 않았을까.

# 라오스 대통령 가족과 기업가 정신

나는 2005년경에 라오스 대통령 가족의 초청으로 라오스의 수도 비엔티안을 3일간 방문하게 되었다. 라오스는 실을 만드는 방적 기계와 직물을 제직하는 직기가 한 대도 없는 나라다. 그래서 라오스의 대표 기업인과 한국 기업인 김 모, 이 모 회장 등이 합작으로 공장을 설립하는 계약을 체결하는 자리에 그 타당성을 검토하기 위하여 내가 동행하게 된 것이다. 이 사업은 한국과의 수교 10주년(1995년~2005년)을 기념하기 위해 당시 노무현 대통령이 라오스를 방문하면서 증여한 자금을 바탕으로 추진하는 것이었다.

라오스는 바다가 전혀 없는 동남아시아의 내륙 국가로서, 인도차이나 반도의 중앙에 있으며 미얀마와 베트남, 캄보디아, 타이 등의 나라로 둘러싸여 있다. 인구는 약 6백 5십만 명이며 라오족이 68%로 과반수를 차지한다. 또한 국민의 67%가 불교 신자다. 1인당 국내 총생산(GDP)이 2천 4백 달러밖에 되지 않는 가난한 나라이고, 물자가 부족하고 생산 기술이 낙후되어 공산품을 생산하는 공장이 거의 없다. 아주 작은 봉제 공장이 몇 군데 있기는 하지만, 이 또한 태국 기업 소유의 임가공 공장들이다. 수도 비엔티안에는 인구 70만 명이 거주하고 있으나 이들을 위한 마땅한 일자리가 없어서 하루에 1달러 벌기가 힘들어 소일거리를 찾아 거리에 오가는 사람이 많다.

우리 일행은 비엔티안 시내의 호텔에 여장을 풀고 본격적으로 회담을 시작하였다. 합작 회사의 상대방은 당시 라오스 재무국장이기도 한 대통령의 큰딸 및 막내딸과 그녀의 남편인 대학교수였다. 회담은 아주 부드럽게 진행되었으며, 아무런 생산 자본이 없는 라오스는 우리 측의 요구 조건을 거의 수용하는 자세로 일관하였다.

1차 회담이 끝난 후 저녁 만찬은 당시 라오스 대사 부부의 초청으로 한국 대사관 관저에서 성대히 이루어졌다. 만찬에서 인상 깊었던 점은 대통령의 딸들이 아주 소탈하고 검소한 사람이었다는 점이다. 그녀들은 한국 음식을 잘 알고 무척 좋아하여 친근하게 느껴졌다.

이튿날은 부지 선정을 위하여 적당한 지역을 시찰하는 한편,

전력 관련 시설 및 시장 등을 둘러보기로 하였다. 호텔을 출발하면서 담당한 종업원에게 어제 우리들과 장시간 회담을 한 사람들을 아느냐고 물었더니 전혀 모른다고 대답하였다. 라오스는 대통령을 중심으로 하는 사회주의 국가이기 때문에 어느 정도 통제가 있지 않을까 생각했는데 그런 점은 전혀 보이지 않았다. 표면에 드러난 사회적·정치적 분위기는 우리나라와 조금도 차이가 없다는 것을 알게 되었다.

현지 최대 전력변전소에서 라오스 대통령 딸과 함께

대통령의 딸과 직원 1명이 우리들을 안내하기 위하여 대통령실 전용의 고급 봉고차 한 대를 가지고 왔다. 우리들은 라오스에서 제일 큰 국영 변전소 겸 발전소를 방문하였다. 변전소 입구에 다다르니 사전에 다 연락을 취했다는데도 불구하고 출입문 막대기를 올려 주지 않았다. 어쩔 수 없이 대통령 딸이 직접 내려가서 관계 책임자와 전화를 하고 방문자 명단에 서명을 한 다음에야 출입문을 통과할 수 있었다. 그때까지 우리는 차 안에서 한참을 기다리고 있었다. 그러나 안으로 들어간 다음부터는 출입 통제를 엄격히 할 때와는 정반대로 아주 정중한 태도로 우리들을 안내하고 필요한 모든 자료를 제시해 주면서 접대에 최선을 다하였다.

현지 합작 맥주공장에서 라오스 대통령 딸과 함께

다음에 방문한 곳은 라오스에서는 유일하게 합작으로 설립된 대형 맥주 공장이었다. 이곳에 도착했을 때에도 출입문 막대기를 올려 주지 않아서 변전소를 방문했을 때와 똑같은 수순을 밟아 겨우 안으로 들어갈 수 있었다. 안으로 들어간 후에는 직원들이 우리를 친절하게 수행하며 맥주 음료까지 내놓기도 하였다. 맥주 공장 사람들은 폐수 처리 시설 등과 같은 구석까지 빠짐없이 설명해 주는 한편, 회사와 관련된 브리핑도 해주었다.

다음날은 재래시장을 구경하기로 약속하였는데, 대통령 딸이 수행원도 없이 승용차를 몰고 와서 우리를 놀라게 하였다. 그날은 30도 후반을 오르내리는 무더운 날씨 때문에 시장 안이 무척 더웠으며, 모든 가게마다 선풍기가 요란하게 돌고 있었다. 시장 골목길은 사람이 너무 많아 걸어 다니기가 힘들 정도였고, 우리 일행은 숨 막히는 통로를 따라 여기저기를 대충 구경하였다. 도중에 대통령 딸의 친구가 경영한다는 의류 가게에 들르기도 했다. 가게에는 베트남, 중국, 태국 등지에서 수입한 의류가 즐비하게 걸려 있었다. 아무리 가난한 나라라고 하더라도 제대로 된 의복이 있어야 하는데 이 나라는 자국에서 생산하는 직물이나 편물은 전혀 없기 때문에 그처럼 수입을 하는 것이었다. 그래서 자기 나라에서 생산하는 제품이 한두 개라도 있었으면 하는 간절한 소망이 있었을 것이다.

며칠간 대통령의 딸들과 함께한 이후 나는 많은 것을 생각할 수밖에 없었다. 아무리 작은 나라라 할지라도 대통령의 자녀쯤 되는 이들은 특권의식을 지니고 있을 것으로 생각했으나, 그들은 아무런 특권 의식 없이 개인 회사의 시원이니 일반 국민처럼 살아가고 있었다. 그녀들의 행동과 생각은 지극히 서민적인 것이었다. 정부 기관 단체나 기업체 등도 이들에게 특별한 예우를 하지 않았던 점도 실로 인상 깊었다. 무더위 속에서 내세울 것조차 변변한 것이 없음에도 불구하고 재래시장을 직접 안내하고, 설명해주는 대통령 딸의 모습을 보면서 사회 지도층이 권위의식을 지니고 있는 다른 나라나 우리나라라면 어떠했을까 하는 생각에 마음이 편치는 않았다.

비록 짧은 만남의 시간이었지만, 라오스 대통령 가족의 따뜻한 대우와 그들의 겸손한 태도, 시장개혁과 경제발전을 위해 외국 기업을 적극적으로 유치, 수용하려는 개방성, 그리고 이러한 지도자에 대해 기업 및 기관의 공정한 예우는 라오스 사회의 건강성을 입증하는 듯하였다. 아직은 많은 것이 부족한 나라이지만 긍정적인 의식과 발전 가능성이 높은 이곳, 라오스에 많은 외국 기업들이 투자하기를 기대하면서 비엔티안을 뒤로 하였다. 한국에 돌아온 이후에도 라오스 대통령과 그 가족들과 함께한 시간들이 내 기억에 오랫동안 남아 있다.

# 읽혀지지 않는 네팔의 재벌가 죠티(Jyoti)

몇 해 전 우리나라에서 규모가 제일 큰 방적 회사의 임원으로 근무할 당시의 일이다. 나는 네팔의 기업과 합작 투자 협의를 하기 위하여 네팔의 수도 카트만두(Kathmandu)를 방문하였다. 한두 차례 또는 불과 며칠에 걸쳐 외국 여행을 하고서 그 나라의 문화나 사회를 평한다는 것은 난센스요, 수박 겉핥기와 같을 것이나 최소한 그 나라의 첫인상이나 사회의 표면은 볼 수 있을 것 같아서 적어본다.

우리나라에서 네팔은 에베레스트, 히말라야와 같은 고산에 오르려는 산악인들 덕에 이른바 '등산 국가'로 잘 알려져 있으며, 서남아시아의 인도 및 티베트와 접경한 내륙에 위치한다. 등산 국가라는 명성답게, 낮은 지형은 해발 70m 정도이지만, 산악 고산 지대에서 가장 높은 곳은 8,848m에 이른다. 인구는 약 2,300만 명으로서, 인구의 약 80%가 아리안족으로 구성된

다민족 국가다. 특기할 만한 점은 불교의 창시자인 석가모니의 탄생지임에도 주민의 90%가 힌두교를 믿고 있으며, 불교도와 회교도는 각각 7%와 3%만을 차지한다는 것이다. 면적은 147,181㎢로서, 한반도의 3분의 2에 해당한다. 국민 총생산은 250억 달러이고 1인당 국내 총생산은 165달러밖에 되지 않는 빈곤 국가이기도 하다.

우리 일행을 마중하기 위하여 카트만두 공항으로 나온 사람은 네팔 경제계에서 두 번째 정도의 실력자로 알려진 루푸 죠티(Loop Jyoti) 씨였다. 죠티 씨는 귀공자 같다는 첫인상을 주었으며, 실제로도 매너가 좋고 마음씨 고운 신사였다. 우리 일행은 호텔에서 여장을 풀고 죠티 씨에게 네팔의 이모저모에 대하여 안내받기로 하였다. 죠티 씨와 함께 보낸 네팔의 며칠에 대하여 잊히지 않는 점들을 소개해 본다.

죠티 씨는 매우 친절하고 겸손한 사람이었다. 그는 우리 일행을 자기 집에 초대해서 식사를 대접했다. 경제계의 거물답게 대단한 부호의 집이었으며, 생각보다 과분한 성찬이었다. 인상 깊었던 것은 네팔이 내륙 국가여서 해산물은 당연히 없을 줄 알았는데, 예상과 달리 해산물이 풍성하게 식탁을 채우고 있었던 점이었다.

다음날부터 죠티 씨는 함께 행동하며 재래시장, 산악지대,

기업 현장 등으로 우리를 안내하였다. 처음 찾아간 기업체의 상황은 매우 열악하였고, 마치 우리나라 1950년대를 회상하게 하는 재래식 염색을 하고 있었다. 공장 노동자들은 목조 수직기로 직조하거나 소형 비자동 뮬정방 시설에서 카펫용 방모사를 뽑고 있었다. 시멘트를 사용하여 사각형으로 만든 우물통 같은 곳에 염색한 천을 넣고 발로 밟으면서 수세하기도 하였다. 수직(手織)으로 카펫을 제직하고 있는 모습도 볼 수 있었다. 그 밖에도 죠티 씨는 자기가 직접 경영하는 소규모 철물 공장, 스프링 공장 등을 보여 주었다. 너무나 시대에 뒤떨어진 모습들이었고 과거 우리나라의 가난한 모습이 연상되어서 동질감을 느끼는 한편으로 가슴이 찡하였다.

네팔의 실을 염색하여 권취하는 모습

네팔의 직조공장의 모습

둘째 날은 생사를 오가는 듯한 여정이 이어졌다. 우리 일행은 합작 공장을 짓기로 한 공장 부지가 있는 빌간지(Birganji)를 향해 떠났다. 빌간지 지역과 약 1만 5천추의 시설이 있는 소규모 방적공장(Hetauda Textile Industry Government Company)을 둘러보기 위해서였다. 카트만두에서 빌간지까지 가는 길은 히말라야 산맥 줄기로 연결되어 있었고, 차는 하얀 빙벽이 코앞에 있는 듯한 환상적인 비탈길로 달려야만 했다. 내가 앉았던 좌석의 반대편 차창에서 수백 미터의 낭떠러지가 줄곧 이어지는 풍경을 볼 수 있었다. 우리는 아슬아슬한 도로를 무려 3시간 정도 달려 목적지에 도착했다.

우리가 묵은 숙소는 호텔이라는 이름이 붙어 있었지만 말이 호텔이었지, 여관처럼 허름하고 소박하였다. 벽에는 작은 도마뱀이 붙어 있었다. 깜짝 놀랐으나 사람에게 해가 되지는 않고 모기 같은 해충을 잡아먹는다고 하여서 안심할 수 있었다

돌아오는 길 역시 도로 사정이 좋지 않아서 웅장한 빙벽은 쳐다볼 겨를도 없었다. 나는 낭떠러지에 미끄러지지 않을까 하는 공포와 조바심에 줄곧 시달려야 했다. 히말라야의 길은 신이 열어 주지 않는다면 갈 수 없다는 말이 떠올랐다. 이것이 마지막이 될 수도 있다고 생각하며 눈을 감고 있었더니 어느덧 카트만두에 도착할 수 있었다.

이곳 네팔에는 아직도 카스트 제도가 남아 있다. 네팔 국민들은 윤회(輪廻, samsara) 사상을 깊이 믿고 있어서 이승에서 선량하게 살면 내생에서 훌륭하고 좋은 가정에서 환생할 것을 확신한다. 그래서 주어진 인생에 대한 불만과 불평이 별로 없다. 대부분의 사람들이 어렵고 가난하지만 평화롭고 행복하게 살아갈 수 있는 듯하였다. 또한 주인에 대한 복종심이 매우 강하고 철저하기 때문에 홍콩에서는 경비원에 네팔 사람들을 많이 채용하고 있다는 사실도 알게 되었다.

일주일 가까이 함께 지내면서 보니 재벌임에도 불구하고 죠

티 씨 역시 네팔 사람다운 면모를 지니고 있었다. 그는 참으로 서민적이었고, 자신의 작은 기업을 운영하느라 고생을 많이 하고 있었다. 저녁 식사를 하면서 나는 죠티 씨와 꾸밈없는 이야기를 많이 나누었다. 대화는 대체로 합작 회사를 설립하려는 죠티 씨의 꿈과 그의 생활철학에 대한 것이었다.

나는 대단한 부호이면서도 기업을 운영하느라 고생하고 있는 그가 선뜻 이해되지 않았다. 그래서 "당신들 형제는 미국에서 엠비에이(MBA) 과정을 마치고 미국 시민권까지 취득한 사람들이다. 미국에서 편하게 생활하고 잘 지낼 수 있을 터인데 왜 생사의 기로에 선 듯한 험난한 길을 자주 오가며, 더구나 엄청난 고생을 해가면서 꼭 네팔에서만 살려고 하느냐?"라고 단도직입적으로 물었다. 그랬더니 죠티 씨는 그들 형제와 같은 기업인이 이곳에서 사업을 일으키고, 합작이라도 해서 더 크게 사업을 키워나가지 않으면 누가 이 나라에서 어려운 삶을 개척해 나갈 것이냐며 반문하였다. 또한 헐벗고 굶주린 네팔 사람들을 위하여 일자리를 줄 사람이 누가 있겠냐고 진지하게 말했다. 몸이 아파도 약을 제대로 투여하지 못하여 평균수명이 50세에도 못 미치는 네팔 국민을 위하여 자신의 형제들이 고생하더라도 자신의 조국인 이곳에서 더욱 노력해야 한다는 요지의 대답을 하였다.

나는 그의 진솔한 이야기에 감탄하지 않을 수 없었다. 많은 개발도상국의 재벌들이 개인의 영달을 위하여 각종 부정을 저지르는 이야기를 많이 들었던 것과 죠티 씨는 너무나도 크게 대조를 이루었다.

네팔의 출장을 마치고 귀국해서도 죠티 씨의 행동과 생각은 나의 뇌리에 오래도록 남아 있었다. 그의 소망이 잘 이루어지기를 나 역시도 희망한다.

# 섬유는 또 다른 산업혁명을 가져올 수 없을 것인가?

돌이켜 보건대 산업혁명에 관계된 섬유의 역할은 1차 산업혁명에서는 동력화, 기계화에 의하여 방적 기술에 숙련된 사람들의 손에 의해 이루어지던 것이 일반인에게 이관되었다. 상류층만이 누릴 수 있었던 의류문화의 가치관이 일반 시민에게도 전이되었으며, 이러한 변혁 속에 에너지의 창출이 연계된 것이라고 평가할 수 있다.

2차 산업혁명에 있어서는 고귀한 문화의 결정이라고 할 수 있을 정도의 고가의 견섬유(Silk)가 인조 섬유에 의하여 대체되고 보편화될 수 있는 계기를 마련했으며 대량생산, 대량소비제로서의 현상을 가져왔다고 할 수 있다.

중세기 황금과 같은 양모 섬유와 이에 대한 기술을 가진 "스페인 왕국"은 1492년 탄생된 이래 100년 간에 걸처서 고도의 문화가 축적되었다. 이로써 커다란 부를 손에 넣고 대량소비, 대량생산으로써 근대적 경제 활동의 선구자적인 역할을 하였으며, 이것의 한 요소가 섬유제품이었다는 것은 흥미 있는 일이다.

거부(巨富)가 된 스페인은 무적함대를 편성하여 해상 제패권을 행사하였고 콜럼부스, 마젤란 등을 해외에 보내 아메리카 대륙, 인도 대륙 등과 동남아시아 제국에까지 그 영향력을 크게 미치게 하였다. 그리고 저렴한 임금이 가능하였던 해외 제3국에 현지 공장을 많이 설립하게 하였다. 즉 강대해진 스페인 왕국에서 거부가 된 스페인 상인들은 자신의 부의 원천인 양모 산업에 지불되는 임금을 가급적 낮추기 위해 저임금의 제3국 즉 네덜란드나 포르투갈 등지에다가 생산 기지를 갖추게 된 것이다.

그리하여 스페인은 초창기에는 많은 이익을 얻을 수 있었으나 점차 산업의 공동화 현상을 보이게 된다. 그에 비해 네덜란드나 포르투갈 등지는 당초 스페인 왕국의 산업 기지로 출발하였지만 민족 자본이 육성되어 이를 바탕으로 네덜란드 상인 역시 자기 나라의 생산량에 의한 이익을 송두리째 다른 나라에게 되돌려 주지만은 않게 되었다. 또한 이러한 산업의 발달이 도화선이 되어 스페인에 반기를 들고 독립을 선언하게 된다. 이미 무기력화된 스페인이 현지 산업의 기반을 되찾아 자기 나라 안으로 산업 기지를 되돌리려고 했으나 그때는 시기가 늦어져 역부족이었고 이로써 스페인의 화려한 100년의 역사는 쇠락의 길로 들어선다.

1581년 네덜란드가 독립하였고 이어 1640년 포르투갈이 스페인으로부터 독립함으로써 쇠약해진 스페인의 국력은 곧 방대한 식민지를 모두 잃게 하였다. 1588년 스페인의 위용을 자랑하던 무적함대가 영국에 대패한 사건은 경제적 파탄에서 오는 하나의 상징이라고 할 수 있을 것이다.

이와 같은 섬유를 기반으로 한 산업의 발달 덕분에 네덜란드는 50년, 영국은 200년의 긴 시간 동안 호화로운 경제 사회를 구축할 수 있었고, 또 많은 식민지를 거느렸다. 일본 역시 서구 산업을 도입할 때 섬유 산업을 기초산업으로 육성시키면서 발전되기 시작하여 100년의 역사가 흐르고 있는 동안 이제는 세계적 부국이 되어 있다.

영국이 스페인이나 네덜란드보다 긴 200여 년 동안 산업왕국의 위상을 지킬 수 있었던 것은 산업혁명과 당시의 경제 정책이 탁월했던 것과 무관하지 않다고 한다. 그리고 산업 왕국의 위상 덕분에 아담 스미스와 같은 유명한 국부론자가 탄생될 수 있었을 것이라고 생각한다.

오늘날 선진 공업국에서는 섬유가 대량생산, 대량소비재로서의 의의를 점차 잃어가고 있다. 어쩌면 섬유산업은 의류문화와 직결되어 전통적인 사상의 뿌리를 이어가고 있기 때문인지도 모른다.

한편 현대는 정보화 시대이기 때문에 컴퓨터를 제3의 산업혁명의 주역이라 할 수 있다. 그러므로 이제는 섬유가 산업을 주도하리라고는 꿈도 꿀 수 없는 일이라 하겠다. 그러나 컴퓨터 자체가 곧 산업의 본체라고 하기 보다는 컴퓨터에 의하여 섬유산업의 첨단 소재를 개발하고 또 컴퓨터가 대형화되고 시스템화된 섬유산업을 Operating하고 관리한다면, 이는 또 다른 양상을 가져오지 않을까 생각해 본다.

「월간섬유」 No. 238, 1993. 6.

# 고부가가치 섬유 소재 개발

우리나라의 섬유업계는 섬유 소재 기술을 개발하기 위해 그동안 상당한 노력을 기울여왔다.

최근에는 천연섬유의 극세번수화와 이의 가공기술 그리고 합성섬유의 마이크로파이버(Microfiber) 기술과 이의 특수 가공처리까지, 소재 기술의 발전이 상당히 빠른 속도로 이루어지고 있다. 또한 산업용 자재 및 비의류 분야에서도 섬유를 이용한 소재개발이 활발해지고 있다. 이는 섬유 산업의 부가가치를 높이기 위해 꾸준히 연구해온 오랜 노력의 결과라고 할 수 있다.

특히, 방적사 제품의 경우, 원면(Staple Fiber)에서부터 제직·염색·가공이라는 긴 방출공정을 거쳐야만 비로소 완제품을 만들 수 있는 소재가 된다. 일련의 긴 방출 공정에서 어느 한 공정을 새롭게 바꾸었다고 해서 순식간에 고부가가치 제품이 탄생하지 않는다. 전 공정에 걸쳐 두루 혁신이 이루어져야 비로소 국제경쟁력에서 우위를 점할 수 있는, 즉 시장개척이 가능한 고부가가치의 소재를 만들어 낼 수 있는 것이다.

섬유시장 발전의 역사는 고부가가치 섬유소재의 발전과 궤를 같이 해왔다고 수 있다. 합성섬유를 예로 들어보면, 폴리에스테르, 폴리 아크릴 등 합성섬유의 출현이 섬유산업의 전 분야에 걸쳐 큰 변혁을 가져온 것은 사실이다. 그러나 합성섬유가 단지 신소재이기 때문에 섬유시장이 발전했다고는 할 수 없다.

1937년, 미국 듀퐁(Dupont) 연구소의 월러스 캐로더스(Wallace Hume Carothers) 박사는 세계 최초의 합성섬유인 나일론을 개발했다. 그리고 그는 외쳤다. “거미줄같이 무한하게 그리고 강철같이 질긴 섬유를 개발했다!” 나일론이 소재 개발에 혁신을 가져와 무한한 시장의 개척에 공헌한 것은 사실이다. 그러나 시장의 수요는 꾸준하지 않았고, 나날이 발전해가는 면섬유 등 천연섬유에 의해 다소 주춤하는 양상을 보이기도 했다. 아직까진 합성섬유가 천연섬유를 능가할 수 없기 때문에, 보다 더 부드럽고 감촉이 좋은 감량가공 제품이나 트라이앵글 섬유(Triangle Fiber)와 같은 이형단면 섬유 등 견섬유과 비슷한 제품이 개발되기도 했다.

이후 세계 섬유업계는 ‘합성섬유는 저가품’이라는 이미지를 없애기 위해 꾸준히 연구를 해왔고, 그 하나의 결실로 마이크로 섬유(Microfiber)가 등장했다. 이로써 합성섬유는 흡한성과 속건성 그리고 가공을 통해 투습방수 기능을 갖추게 되면서 스포츠웨어 소재로서의 부가가치를 한층 높일 수 있었다.

이와 같은 기능성 섬유의 개발은 시장을 변화시키고, 또한 시장은 패션 즉 유행의 영향을 크게 받는다. 패션은 끊임없이 그리고 빠르게 변화한다. 섬유업계가 할 일은 사람들이 선호하는 패션에 걸맞은 고부가가치 소재를 만들어내야 하는 것이다. '블루진'이나 '캐주얼'이 유행하는 시장에 극세번수 제품을 개발해 내놓는다면, 이는 나무에 올라가서 물고기를 구하는 일이나 다름없다. 패션의 변화에 발맞춰 소재개발을 하지 않으면 결코 살아남을 수 없다.

요즈음 유명 브랜드에선 "앞으로의 의류는…" 또는 "21세기의 제품은…"이라는 말로, 미래의 패션에 대해 그럴 듯해 보이는 전망을 내놓고 있다. 그런데 여기서 알아둘 점은, 고가의 브랜드 제품이라고 해서 반드시 부가가치가 큰 것은 아니라는 것이다. 중저가제품이라도 부가가치를 높이고 패션의 감각을 읽는다면 얼마든지 오래 생존할 수 있다.

바야흐로 고품질의 시대다. 지금까지 내지 못했던 색상을 발현한다든지, 온습도에 의해 자유자재로 색상이 변하는 섬유가 출시돼 실용화된다든지, 벌레의 침범을 막고 곰팡이를 방지해 주는 방충·방취 섬유의 효과가 검증돼 고부가가치를 낼 수 있는 상품으로 발전한다면, 이는 곧 시장 개척으로 이어질 것이다.

시장 개척은 거창하거나 멀리 있는 게 아니다. 두드리고 또 두드리면 언젠가는 열릴 수 있는 문이다. 비록 시간은 좀 걸리더라도 말이다. 다만 시장의 문이 열리기 위해선 그들 마음에 들 정도의 수준을 갖추려는 노력이 반드시 필요하다. 우리도 아무에게나 문을 벌컥 열어주지는 않지 않은가. 이것이 부가가치를 높일 수 있는 섬유 소재 개발을 게을리 할 수 없는 이유다.

「월간섬유」 No. 230, 1992. 10.

# 기능성 섬유-과연 섬유는 숨 쉬는가?

섬유가 의복의 형태로 되었을 때 그 기능은 옷을 입은 사람의 체온을 조절한다거나 촉감에 따라 기분을 만족시킬 수도 있으며 색상과 디자인(Design)에 따라 주관적인 심미 감을 충족시키기도 한다. 즉 직물(Woven Fabric)이나 편성물(Knitted Fabic)이 의복의 소재로써 활용될 때, 소비 과학적 측면에서 주로 요구되는 것은 위생적 특성, 착용감, 외관, 형태안정성, 태(Handle) 등이라고 할 수 있다.

최근 소비자 요구의 수준 상승과 섬유 과학 기술 발달의 상승작용에 의하여 앞으로 더욱 우수한 성질의 섬유가 출현될 가능성이 나타나고 있다.

현재의 화학 섬유는 대단히 발달되어 가고 있으나 아직도 천연 섬유가 선호되고 있는 것은 태(Handle)의 측면, 피부에의 자극, 정전기 발생 등에 있어 화학 섬유는 천연 섬유가 갖는 그 오묘한 경지의 특성에 미치지 못하고 있기 때문이다.

그래서 화학 섬유에 대하여 더욱더 기능을 부여하려는 연구가 활발히 진행되고 있다. 그리하여 신소재로서 고강력 Aloy 섬유, Alamid 섬유라든가 내열성이 특히 우수한 Super Fiber라든가, Ceramics을 함유시킨 Drape성이 우수한 섬유, Microfiber 등의 이야기에서 자주 거론되는 기능성 고분자와 같은 기능성 섬유 등의 용어가 등장하고 있는 것이다.

실제로 생체기능을 갖는 섬유가 출현된다면 이는 대단히 놀라운 일일 것이다. 또 섬유제품에 Bio-Technology가 아주 조금이라도 활용되었다면, 이를 대단히 크게 과장하여 근사한 상품명을 붙여 팔고 있는 것도 있다. 즉 살균 섬유 제품, 방취 섬유 제품 또는 숨쉬는 섬유, 살아있는 섬유 등의 상품명을 붙인 것으로, Bio-Technology란 생물이나, 생물 기능의 이용 및 생체 기능의 모방을 뜻한다.

섬유에다 Bio-Tec에 의해서 얻어진 것을 첨가하는 것 등에 의하여 섬유 그 자체가 생체 기능을 갖는다면 얼마나 큰 변혁을 가져올 것인지 대단히 기대되는 측면이다.

Bio-Material이란 뼈나 이(齒)의 대용으로 사용되는 단단한 재료로써 Ceramics와 같은 것을 말할 수 있을지 모르겠으나,

금속이나 Ceramics는 우수한 특수파장의 열선이 나온다 하여 이를 Coating 재료로써 사용하는 직물 등이 각광을 받기도 한다.

이와 같은 Bio-Chemical의 특성을 발전시켜 Bio- Material을 섬유에 쉽게 이용할 수 있다면 Polyester 직물에 각종 기능을 부여함으로써 주름이 잘 펴지지도 않고, 강력이 우수하며, 촉감이 좋은, 즉 동물의 모피(毛皮)를 능가하는 섬유가 앞으로 출현되지 않을까라고 생각해 본다.

동물에게는 자체 체온을 일정하게 보유 유지하는 기능이 작동하고 있다고 한다. 만일 우리의 의류가 여기까지 발전한다면 추운 나라와 더운 나라를 함께 여행하는 장거리 해외여행 등에도 여러 가지 의류를 준비할 필요가 없으며, 고급 천연 섬유의 의류에서 가장 불편한 점이었던 구김 때문에 애로를 느끼지 않아도 된다.

오늘날의 섬유 제품은 합성 섬유의 출현으로부터 시작하여 새로운 원료 Polymer의 발명과 제사 기술의 고도화를 거쳐 직물과 편물을 더욱 발전시키고 여기에 특수 가공 처리 기술까지 발달되어 왔다.

시판되고 있는 상품에는 무좀 방지 또는 어린이 기관지 천식의 주범이 되는 곰팡이 방지 상품 등도 있으며 향기 나는 내의류나 양말류, 침장류 등도 있다. 이는 미세캡슐을 직물 및 편직물에 Coating 또는 기타의 방법으로 부착시킨 것으로서 특수 가공 처리 기술의 한 단면이다. 만일 우리의 의류나 양말류에 뱀 등이 극히 싫어하고 침범하지 못하는 향료를 부착한다든지 또는 모기가 접근하지 못하는 향료를 부착한다면 어떨까?

이러한 시점에서 다시 한 단계 위의 신규 Polymer의 발명이 이루어지거나 제사 기술 및 가공 기술을 발달시켜, 천연 섬유와 합성 섬유 각각의 장점을 살리고 결점을 보완하여 천연 섬유에 없는 물성과 특성을 부여하고 쾌적성(快適性)이 아주 우수한 섬유나 산업용의 새로운 고기능성 섬유를 만들어 낸다면, 오늘날의 꿈의 섬유 즉 살아있는 기능성 섬유가 탄생될 것이다. 앞으로 이를 위한 꾸준한 연구 또한 중요하다.

SF 소설의 한 장면 같은 꿈을 꾸면서 새해 설날을 맞이해 본다.

「월간섬유」 No. 234, 1993. 2.

# 기로에 선 한국의 섬유산업

'우리나라의 섬유산업이 어디로 갈 것인가'에 대해 생각할 때면 너무도 하고 싶은 이야기가 많다.

지난 90년 6월, 일본섬유기계학회의 연차대회 및 연구발표회에 참석했을 때였다. 그곳에서 만난 호리카와 아키라(掘川明, HORIKAWA AKIRA)회장은 이런 말을 했다.

호리카와 회장에 따르면, 일본의 인구 1억2천만 명 중 3분의 1인 4천만 명이 섬유와 관련된 직업을 갖고 있다고 한다. 이 많은 사람을 몇 년 내에 다른 업종에 취업시킨다는 것은 상상을 초월하는 엄청난 일이기 때문에 일본은 오래전부터 섬유산업을 선진국형으로 탈바꿈하는 방법을 구상해 왔고, 시행착오를 겪어 가면서 끊임없이 노력해 왔다고 한다. 특히 기술개발에 투자와 노력을 아끼지 않은 결과, 현재 일본은 한국, 대만을 비롯한 동남아 국가들과 현격한 격차를 보일만큼 기술이 발전했고, 섬유

신소재 산업의 기반을 이룩할 수 있었다고 호리카와 회장은 설명했다.

일본은 이미 60년대에 "섬유산업은 이제 완전히 사양길로 접어들었다"고 큰소리로 떠들어댔다. 그러면서 뒤에서는 한국, 대만 등을 따돌리기 위해 별의별 수단을 다 동원하고, 좌초 위기에 놓인 섬유산업을 살리기 위해 안간힘을 다해온 것이다. 일본 특유의 기술개발과 온갖 합리화 정책이 그 노력의 결과물이었다.

실제로 일본에서도 그동안 많은 이들이 섬유산업계를 떠났었다. 그러나 정부는 합리적인 정책을 수차에 걸쳐 실시하면서 이들의 재취업을 적극적으로 유도했다. 그 덕분에 일본이 지금도 '세계 정상의 섬유대국'이라는 타이틀을 거머쥐고 있는 것이다.

이러한 현실에서 우리 섬유산업의 현 위치는 어디이며, 앞으로 어떻게 해야 할 것인가를 생각해보지 않을 수 없다.

우리나라도 4천만 인구 중 약 25%가 섬유와 밀접한 관련을 맺고 있다. 전국 어디든 상가나 백화점에 들어가 보면, 5분의 3은 섬유나 이와 관련된 제품의 매장으로 구성되어 있다. 절대 그래선 안 되겠지만, 만약 백화점에 입점 되어 있는 섬유 관련 매장의 제품이 거의 외국산 수입품이라면 어떻게 될까 생각해

보자. 이 얼마나 무서운 일인가. '무역수지 적자'라는 글자가 눈앞에 아른거린다. 상상만으로도 등에서 식은땀이 날 정도다.

오늘의 한국이 있기까지 섬유산업은 경제발전의 견인차였으며, 아울러 공업발전의 초석이었다. 특히 수출산업으로서 한국경제에 기여한 바가 크다.

그러나 90년대에 들어선 지금, 전문가들은 우리의 섬유산업이 선진국형 섬유산업, 즉 기술집약적 산업으로 재도약할 것인지 아니면 쇠퇴일로를 걷게 될 것인지 중대한 기로에 서 있다고 진단한다.

우리의 섬유산업은 동남아 국가에 추월당하는 지금의 처지에서 벗어나 다시금 선진국을 바짝 쫓는 입장이 되어야 한다. 그러기 위해선 우리 업계 스스로의 깊은 반성과 새로운 각오가 필요하다.

무엇보다 원가절감, 기술개발이나 품질향상, 고부가가치화 기술을 형식적으로 외칠 것이 아니라 내실 있고 알찬 결실을 위한 실질적인 행동이 중요하다. 쉽게 말해, 황금알을 얻고자 할 것이 아니라 황금알을 낳는 거위를 기르기 위해 노력해야 한다. 동남아로부터 싼값에 제품을 수입해서 팔고 있는 지금의 행위를 지양하고, 자사제품의 원가, 기술 등을 다각적으로 분석하고 연구해서 부가가치를 높일 수 있도록 해야 한다. 이런 노력을 기울이지 않는다면, 한국의 섬유산업은 결국 더욱 어려운 길로 접어들 수밖에 없을 것이다.

정부의 경우, 금방 뜨거워졌다가 금방 식고 마는 냄비와 같은 단기 지원책이 아닌 반석과 같은 기반을 만드는 장기적인 지원책을 마련해야 할 것이다. 학계의 경우, 단지 자격 수여를 양산하는 방식으로 학생을 배출하기보다는 업계에 실질적인 도움이 될 수 있는 인재를 육성해야 한다.

앞에서 이야기한 바와 같이 우리 섬유업계는 지금 누란(累卵)의 위기에 처해있다. 쇠퇴의 길이냐 번성의 길이냐가 결정되는 중대한 시기, 정부와 제조 및 무역업계 그리고 소비자 모두가 장기적인 안목을 갖고, 각자 자기의 자리에서 힘껏 애써야 한다. 섬유 선진국으로 가는 길이 트일 때까지 결코 그 걸음을 멈춰서는 안 된다.

「월간섬유」 No. 229, 1992. 9

# 건강과 섬유소재

연말연시가 되면 아무래도 모임이 많아진다. 그래서 모두들 오랜만에 한자리에 모여 함께 어울리며 술이라도 한 잔씩 하고 나면 Relax한 분위기 속에서 노래를 시키고 또 부르며 기분 좋은 분위기를 이어간다.

이럴 때 나에게도 차례가 오게 되면 노래를 잘하지 못하는 나는 곤혹스럽기 때문에 의류건강(衣類健康)에 관한 이야기를 펼친다.(전개한다.)

사람이 항상 입고 있는 의류나 침장류가 건강과 관련 있다고 하는 이야기를 하다 보면 모두가 조용해지고 귀를 기울인다. 그러면 나는 서투른 섬유의 전문지식으로 건강과 관련 있는 의류나 침장류에 관해서 나열한다.

예를 들면 동일한 두께의 직물이라도 Ceramic coating을 한 천으로 Down Jacket을 만들어 입으면 에너지원이 있는 곳에서는 원적외선이 나오게 되며 파장이 다른 이 원적외선이 피부 표면뿐 아니라 내부로 깊숙이 침투하여 혈액순환을 촉진시켜줌으로써 건강에 도움이 된다. 또 어린이 기관지 천식의 발병원인 중 80%는 박테리아에 의한 것인데 이 곰팡이균의 서식을 방지하는 항균가공이나 방취가공을 한 천으로 어린이의 침장류를 만들면 이를 예방할 수 있다.

이와 같이 우리 건강과 밀접한 이야기를 하면 대개 그 원단(천)을 살 수 없느냐고 물어본다. 그리고 특히 모임이 부부동반으로 이루어진 경우에는 더더욱 귀를 기울인다.

실제 오늘날의 섬유소재에 대한 기술의 발달은 이 정도에만 국한되지 않는다. 이제는 제품에서 향기가 나도록 하는 가공도 하고 있으며, 물론 캡슐에 의한 것이기 때문에 어느 정도의 세탁횟수까지 유지되느냐가 문제이지만 온도에 따라 색상이 변하는 제품도 생산하고 있다. 또한 물리, 화학적으로 분리하지 않으면 식별하기 어려울 정도의 실크와 똑같은 촉감의 합성섬유 제품도 생산하고 있다.

이러한 모든 것을 우리 주변의 많은 사람들에게 보다 적극적으로 알림으로써 섬유소재에 대한 국민의 의식수준을 조금은 더 높일 필요가 있다고 생각한다. 그리고 섬유기술 분야에 종사하는 우리들 스스로 보다 더 첨단 소재를 개발해야 할 것이다.

예를 들어 모기나 이와 유사한 곤충이 유난히도 많은 동남아에서 얇은 의류이지만 모기나 곤충이 전혀 접근 불가능한 의류를 개발한다면 어떨까? 물론 인섹트 같은 피부에 바르는 약품이 있기 때문에 전혀 불기능한 것은 아니라고 생각한다.

독사나 코브라도 분명히 싫어하는 냄새나 약품이 있다고 한다. 이러한 것을 필요로 하는 경우도 있을 것이다.

지금 우리는 섬유류에 관한 한 상당히 풍요로운 세상에 살고 있다. 나는 해어진 옷을 외출복으로 입고 다니던 네팔 사람들의 모습을 보고 난 다음부터 그들의 삶이 얼마나 여유 없는 것인지에 대해 생각하곤 했다. 더욱이 이들의 평균 수명이 46세라는 이야기를 들었을 때에는 여러 가지 생각들이 머리 속을 스쳐갔다.

물론 그에 비해 우리의 의류 관련 생활이 훨씬 풍요롭기는 하나, 여기서 멈출 수는 없다. 우리의 섬유산업이 살아남기 위해서는 좀더 고가의 제품을 생산해야 한다. 지금처럼 yds당 1$짜리 제품을 생산해서는 무역전쟁에서 살아남을 수 없으며 최소한 yds당 3$~5$짜리를 생산해야 한다. 또한 선진국이나 국민소득이 높은 곳에서 소비될 만한, 건강을 위한 소재개발의 중요성도 간과하지 말아야 할 것이다.

「월간섬유」 No. 246, 1994. 2.

# 사라진 목화밭

솜 1파운드가 1$를 넘어섰다. 이로 인하여 생산자와 소비자 사이에 극도의 희비쌍곡선이 그려지고 있다.

우리들 세대에게 목화밭은 어린 시절 많은 낭만을 가져다 준 공간이었다. 유년기에 목화가 피기 전 어린 다래를 따서 먹으면 그 속의 섬유질이 무척이나 달콤했던 기억이 있다. 목화 꽃송이가 되기 전의 것을 따먹게 되니까 어른들은 말리면서 다래를 따 먹으면 귀머거리가 된다고 겁을 주곤 하였다.

그 다래가 나중에 여물고 그 속에서 백옥 같은 꽃송이가 피어나면 정말로 아름답다. 우리들이 사랑하는 여인의 모습을 여기에 비할 수 있을는지……. 하얗게 핀 목화꽃은 우리들의 정서를 정말로 차분하고 또 포근하게 만들어 주었다.

맨 처음 핀 목화꽃은 초벌이라고 하여 완전히 숙성된 것이므로 품질과 값이 좋았다. 첫 번째 핀 목화라도 비를 맞게 되면

회백색으로 변하니까 그전에 부지런히 채취해 모아서 길쌈을 하여 하얀 옷을 만들기도 하였으며, 또 이 목화를 팔아서 학비에 보태기도 하였다. 이러한 포근한 정서 때문인지 목화밭이란 노래가 어린 아이들의 동요에도 나오고 있다.

이 목화를 이용하여 우리의 어머니들이 옷을 만들던 것이 우리나라 섬유산업의 효시일 것이다. 어머니들의 길쌈은 우리나라 산업의 근본과 뿌리가 되었지만, 그 목화는 면방산업의 발달과 기계화로 인하여 양적으로 절대적으로 부족했다. 또 품질 면에서도 미국면에 못 미칠 정도였는데 우리가 품종개량을 하기도 전에, 엄청나게 광활한 면적에서 대량으로 재배하는 미면(美棉)이 들어오게 되어, 이제 우리의 목화는 그 종자조차 찾아볼 수 없을 정도로 소멸되고 말았다.

우리나라 방적업계는 미국 면화, CIS, 오스트레일리아, 이집트 면 및 기타 원면 생산국의 각종 원면을 도입하여 사용해 왔다.

세계의 원면 생산량은 약 9,000만B/L(1B/L=480 lb)이나 이 중 1,900만B/L을 미국 원면이 차지하고 있으며, 미국에서 생산되는 1,900만B/L중에서 1,000만B/L은 미국 내에서 소비하고, 나머지 900만B/L은 미국 외 지역에 수출하고 있다. 우리나라는 연간 미국으로부터 180만B/L의 원면을 수입해서 사용한다.

이 미면(美綿)의 값은 약 39년 전에 1lb당 20cent였으나, 점점 그 값이 오르게 되어 최근 1lb당 60-70 cent를 오르내리던 것이 작년 하반기부터 1lb당 1$를 육박하더니, 드디어 미국 면화 시세가 200년 역사를 깨고 1lb당 1$를 넘어서는 최고가를 기록한 것이다.

미국의 농장주를 비롯한 관련업자들은 쥐구멍에 햇볕이 들어간 정도가 아니라 부잣집에 금송아지가 덤으로 들어오는 격으로 부익부가 되었지만, 모든 면섬유 제품의 원료인 원면을 이용하여 실을 만드는 면 방적공장은 더욱 어려운 지경에 놓이게 되었다. 이대로는 차라리 재고 원면을 그대로 파는 것이 1년간 실을 생산하여 파는 것보다 더 이익이라고 할 정도이니, 원면의 수입국인 우리나라와 일본 등은 어떠한 해결 방향도 찾지 못하고 있다.

미국에서 금년에는 목화 재배 면적을 많이 늘린다고 하니까 아마도 금년 하반기에는 원면 가격이 조정되리라고 생각되지만 그렇지 않을 경우에는 면방산업이 극도로 어려워질 것이다.

똑같은 경우라고 할 수는 없지만, 미국의 농산물인 쌀 또한 그 광활한 면적에서 엄청난 양이 생산되고 있으며, 질에서도 비교적 우수하다고 한다. 우리의 농촌도 늦지 않게 빨리 서둘러서 쌀의 합리적 생산대책을 세워야 할 것이다. 말로만 이러쿵저러

쿵하고 또 우왕좌왕하는 정책으로 시기를 놓친다면 미국이나 유럽 쌀이 쌀밥이 주식인 우리의 식생활에 혹시라도 영향력을 행사하게 될지도 모른다.

우리의 섬유산업도 이제는 미국면화의 의존도를 더 낮춰야 하며, 정책당국은 미면을 사용하지 않는 데서 오는 업체의 부담을 배려해 주어야 한다.

인간의 삶을 풍요롭게 해주는 우리의 섬유산업이 2000년대에 들어서면서 품질과 패션, 생산구조 및 자동화 방안 등에 있어서 선진국과 어깨를 겨루고, 모든 소비자의 욕구와 패션 감각에 맞도록 시장 경향을 따라가며 또 이를 이끌어 갈 수 있도록 경영혁신과 국제화 전략 등이 숨가쁘게 전개되어야 할 즈음, 내 머리 속에 그 옛날 포근한 어머니의 숨결 같은 목화밭이 아직도 생생하며 그리워지는 것은 왜일까?

「월간섬유」 No. 260, 1995. 4.

# 4

# 묻어두고 싶은 이야기들

# 묻어두고 싶은 이야기들

지난 6월 29일 오후 6시 우리나라 굴지의 백화점 중 하나인 삼풍백화점이 순식간에 붕괴되었다는 Top 뉴스가 나오면서부터 이 대형 참사사건에 대한 속보가 시작되었다. 천여 명에 이르는 사상자, 곧 453명의 사상자와 200여 명의 실종자를 낸 엄청나고 너무나 참혹한 사건이 아닐 수 없었다.

이와 같은 대형사고 때마다 당국은 철저한 안전관리를 거듭 약속했었다. 그럼에도 불구하고 또 다시 대형 사고인 삼풍백화점 붕괴 소식을 접하게 된 우리로서는 경악과 허탈감과 분노를 금할 수가 없다.

더욱이 이 사건을 계기로 전 세계의 언론들이 '사고한국'이란 기사를 연일 보도하고 있다고 하니 우리 국민 모두에게 수치스러운 일이 아닐 수 없다. 우리와 같이 외국과의 수출입 무역에 의존하면서 발전해야 하는 나라로서는 큰 타격이 아닐 수 없다고 생각한다.

이 엄청난 국가적 손실을 초래한 백화점의 경영자는 모 교회의 장로이며 학원 이사장으로서 겉으로는 가장 존경받아야 하는 차림을 한 사람이었다. 그러나 돈을 버는 데는 양심이나 인간의 생명에 대한 존엄성마저 우습게 여기며 자기 이익만 챙겼다. 더욱이 삼풍백화점 붕괴사고에 희생된 엄청난 인명 피해에도 불구하고 그 사람은 "묻혀진 내 재산이 얼마인데"라는 말을 했다 하니 가증스럽기 한이 없다.

붕괴 사고로 매몰되었다가 극적으로 생환한 최명석 군(20세)이나 유지환 양(18세), 매몰 최고 기록 377시간을 넘긴 박승현 양(19세)이 각각 11일, 17일 만에 기적적으로 구조되어 온 국민에게 희망과 감동을 줌으로써 신세대들에 대한 인식을 새롭게 했다. 특히 최명석 군의 경우, 그의 의지력도 대단했지만 그의 부모와 친인척 모두가 함께 다른 사람이 하기 어려운 모범적인 자원봉사 활동을 하면서 그늘진 곳에서 하늘이 감동할 정도로 애써온 사실이 밝혀져 모든 사람들의 귀감이 되기도 하였다.

기적적으로 살아서 구조되어 젊은 영웅이 된 세 사람은 그 의지력도 강인했으며 원만한 성격을 지녔고 부모에게 효도하는 훌륭하고 착실한 아들, 딸이라는 공통점이 있다고 한다. 그렇기 때문에 이들에게 보내는 찬사가 조금도 아깝지 않다. 또 이들을 구조하기 위해서 생명의 위험까지 느끼면서도 헌신적으로 구조활동을 한 모든 분들에게두 아낌없는 찬사를 보내고 싶다. 또한 이들에게 많은 성금이 쏟아진다니 진정 다행이다.

그리고 한편으로는 붕괴사고 때 부상을 입고 병원에 있는 사람들에 대한 치료와 이들의 정신적 상처를 어떻게 아물게 할 수 있을 것인지 걱정이 앞선다. 눈물은 마르고 아픔만 더해가는 이들의 애틋한 사연을 실은 기사를 읽다 보면 목이 메이고 가슴이 미어질 듯하다.

삼풍백화점 사고는 우리나라 역대 사건사고 중 최악의 참사로서 가장 많은 인명피해를 발생시킨 인재로 사망 453명, 실종 191명, 부상 396명(1995. 7. 18. 보고서)이라는 희생자를 내고 역사의 기록에 남게 되었다.

돌이켜보면 70년 12월 여객선 남일호 침몰 때 326명, 71년 12월 대연각호텔 화재 당시 175명, 74년 2월 해군 YTL정 침몰 때 159명, 83년 9월 KAL기 격추시 269명, 87년 11월 KAL 858기 폭파 때 115명, 93년 10월 서해 훼리호 침몰 때 292명, 95년 4월 대구 지하철 공사장 가스 폭발시 101명 등의 큰 참사와 비교할 때 가장 안전해야 할 백화점에서 이러한 큰 참사가 발생한 데 그 문제의 심각성이 더하다고 하겠다.

특히 문제시되는 것은 첫째, 어느 정도 위험하다는 상황을 보고 받고도 하루의 매출액 약 5억원의 매력(?) 때문에 백화점 종료시간까지 버티려고 했던 사주의 안일한 사고방식이다. 설마 무너지랴 하고 방심한 채 자체 판단한 것이 영원히 그리고 우리나라 역사상 벗을 수 없는 오명을 남긴 사건이 된 것이다. 최고 경영자의 판단 잘못과 고질적인 병폐는 우리나라 일부의 최고 경영자들이 보이는 유아독선적 경영방침의 한 단면이다.

둘째, 이 백화점 경영진에 소신껏 일할 수 있는 전문인이 부재하였다는 사실 또한 문제라 할 수 있다. 전문인이 없다는 것은, 전문가 스스로가 없는 경우도 있겠지만 우리나라의 많은 기업들이 그렇듯이 전문가가 있을 수 있는 입지가 마련되지 않았음을 뜻한다. 우리나라는 선진 제국에 비하여 전문가의 입지가 훨씬 취약하다고 할 수 있다. 전문가가 소신껏 일하려 하다가 하루아침에 목이 달아나거나 불이익을 당한 예는 얼마든지 들 수 있다. 때문에 많은 사람들이 전문가임에도 불구하고 자신의 입지를 상실한 채 있는가 하면, 이로 인한 공백을 외국인에게 의지하려는 최고 경영자들을 우리는 흔히 볼 수가 있었다. 물론 이러한 불신 풍조는 누구 하나의 탓이라기보다 서로가 일정 정도 책임져야 할 측면이다.

검찰 조사의 내용을 볼 때에 삼풍백화점 건축물의 설계와 시공 및 감리 단계를 거쳐 인허가 사무에 이르기까지 모두에게서 비리가 있었다고 한다. 그 동안 모든 실무자나 전문인들이 소신과 능력 없이 일을 처리해온 것에 대해 진심으로 반성해야 한다.

이제 또다시 온 국민에게 슬픔과 부끄러움을 한꺼번에 안겨주는 이와 같은 일은 정말 없어야 하겠다. 그러기 위해서 우리들 모두가 하나같이 해야 할 일, 개선해야 할 제도들이 너무나 많겠지만 제일 중요한 것은 사람과 인격을 존중하는 사회를 만드는 일이다.

「월간섬유」 No. 264, 1995. 8.

# 개성공단 방문 단상

2003년 4월에 착공한 개성공단은 남측의 자본과 기술, 북측의 토지와 인력이 결합된 공업 지구다. 2012년 2월 현재 개성공업지구에는 우리나라 중소기업 123개 업체가 입주해 있으며, 남측 관리자 770명과 북측 근로자 5만여 명이 섬유(72곳), 기계·금속(23곳), 전기·전자(13곳) 등의 업체에서 근무하고 있다. 생산 현황을 보면, 우리 정부의 5·24 강경 조치에도 불구하고, 2011년에는 무려 4억 185만 달러에 달했으며, 이는 매년 증가하는 추세다.

개성공단에 진출한 업체들은 필요한 인력 2만 명을 추가로 요구하고 있는 형편이다. 기숙사가 없어 대규모의 인원 증원은 불가능하지만, 북측은 근로자 수를 꾸준히 늘리고 있다. 입주한 대부분의 기업에 주문이 쇄도하여 공장을 풀가동하고 있다. 봉제 신발용 원·부자재 협력 업체만도 1,000여 개를 상회하고 직간접 종사자수도 2만 명을 넘는다고 한다. 전문가들은 북한 근로자들만 원활하게 유입할 수 있다면 더 많은 수익을 창출할 수 있을 것으로 예측한다.

개성공단 전경

최근 인건비와 근로자 문제로 동남아시아로 진출하려는 중소기업이 많다. 그런데 어느 나라를 가더라도 그 나라의 복잡한 제도와 현지 사정을 고려하여 토지를 임대하고 공장을 건축해야 한다는 어려움이 있다. 한동안 우리나라 중소기업들은 고임금을 피하기 위하여 칭타오(靑島)를 중심으로 한 중국 곳곳에 많이 진출했으나, 2000년대 들어 증가한 중국 정부의 세금 부과와 현지 임금의 상승 때문에 모든 시설과 설비를 그대로 두고 겨우 빠져나와 귀국한 사례가 많았다. 이런 상황에 비추어 볼 때, 개성공단에 입주하기를 희망하는 업체가 줄서 있다는 것은 당연지사다.

연전에 필자는 개성공단 내에 입주한 기업체들을 시찰할 기회가 있었다. 시계 생산 공장과 봉제 공장 등을 방문할 수 있었는데, 그중 우리나라에서도 유명한 한 섬유 봉제 회사가 특별히 기억에 남는다. 이곳은 근로자들을 위하여 강당에 예배당까지 갖추고 있었다. 이 회사는 여성 근로자들이 대부분이었고, 그녀들의 얼굴은 대체로 밝았다. 이들은 한국의 여성 근로자들과 별 차이가 없어 보였다. 이야기를 들으니 여성 근로자들이 처음 입사했을 때에는 입성이 볼품없고 얼굴색이 좋지 않았다고 한다. 그런데 공장에서 주는 음식과 반찬에 더하여 자신들이 가져온 식사를 하고 초코파이 하나씩을 먹어서인지 약 3개월만 지나면 얼굴색이 뽀얗게 되어 예뻐진다(?)는 설명을 들었다.

개성 공단에서 열심히 일하는 북한 근로자들의 모습은 마치 1960년대 남한의 생산 공장에서 일하던 근로자들을 보는 듯했다. 제품을 제조하는 공정에서부터 품질 검사에 이르기까지 규칙과 규정을 철저하게 지키고 있었다. 그래서 출하된 제품에 대한 클레임이 전무하여 제품의 품평이 이전보다 한 단계 올라갔다고 한다. 이는 최종 검사원이 공산주의 체제에서 훈련한 대로 상명하달의 원칙을 철저히 지킴으로써 이루어 낸 결과라고 생각되었다.

개성공단 건설 현장

북한 근로자에 대한 인건비는 아주 저렴하여 일사불란하게 일하는 이들의 평균 임금은 연장 근무를 하더라도 월 100달러 미만이다. 중국이나 베트남 등과 같은 해외 공장에서 추석이나 설 명절이면 40% 내외의 인력이 빠져나가지만, 여기서 그런 일은 일어나지 않는다고 했다. 또한 이곳은 전직이 안 되어 장기

근속을 하게 되며, 그에 따라 근로자들의 숙련도가 향상되어 좋은 제품을 생산할 수 있다고 했다. 특히 해외 노동자들과 달리 이곳 노동자들과는 언어가 자유롭게 통한다는 무시할 수 없는 이점도 있었다.

입주한 공장들은 모두 근로자들을 대상으로 품질 관리 교육을 하였고, 최종 검사를 하여 생산한 제품에서 하자가 발견될 경우 패널티를 주는 제도를 운영하고 있었다. 성적이 우수하거나 생산량이 늘면 그에 따른 보상을 받는다 하니 근로자들은 시장 경제에 대한 원리를 자연히 터득할 수 있는 셈이다. 진출 초기에 북한 근로자들은 묻는 말에도 잘 대답하지 않고, 미숫가루나 초코파이를 주어도 받지 않았으나 이제 무언가를 더 가져가지 못해 아우성이라고 했다. "계"를 결성하여 초코파이를 돌아가면서 한꺼번에 가져가는 모습도 보여 주었다. 변하지 않을 것처럼 보이던 북측 근로자의 의식은 어느덧 변곡점에 도달한 듯하였다.

물론 개성공단과 관련하여 모든 이들이 긍정적인 목소리를 내는 것은 아니다. 우리 정부의 퍼주기 논란과 남북 관계의 정치적 상황에 따라 위험 요소가 개재할 수 있다는 두 가지 난점이 존재한다는 것이다. 특히 후자의 경우, 북측 땅을 정비하여 공장을 짓고 시설과 기계 장비를 가져가야 하는 투자 부담과 우리나라 임직원 770여 명이 북한 경내에 있음으로 하여 안전 문제가 제기될 수 있다는 점에서 새겨들을 만한 문제다.

여러 어려움에도 불구하고 개성 공단은 남북 경제 협력의 상징사업으로서, 민족 공동 번영의 새 역사를 장식하였다. 이 의미 있는 사업을 통하여 남과 북이 협력과 화해를 모색할 수 있는 계기가 되기를 바란다. 또한 시장 경제 원리를 습득한 북한 근로자들이 향후 북한의 개혁에 밑거름이 되기를 조심스럽게 기대해본다.

# 자유분방한 나라 미국의 질서

미국을 몇 차례 방문할 기회가 있었다. 그때마다 나는 많은 것을 느끼고 돌아온다. 첫째는 그 광활한 나라의 땅, 둘째는 거기에 무진장한 지하자원, 그리고 셋째는 그 수많은 인종이 얽혀 사는 복잡한 나라인데도 그토록 정확하게 질서가 유지된다는 사실에 놀라움을 느끼곤 한다. 특히 자유가 남달리 보장된 나라라는 점에서 더욱 그러하다.

가정에서부터 출발하여 학교와 사회생활에 이르기까지 미국 사회의 질서를 공부하려면 상당한 시간과 노력이 필요할 것인데, 다만 몇 차례 몇 개월 미국을 체험하고 미국을 이야기한다면 이는 마치 장님이 코끼리를 만지고 “기둥 같더라”, “벽 같더라”라고 표현하는 것과 다를 바 없으리라. 그 장님이 만진 코끼리 다리는 분명히 큰 기둥과 같으니 그런 표현으로라도 몇 가지를 이야기 하고 싶다.

대부분의 가정에서는 어린이를 정확하게 잘 보호하고 있으며 어린이도 자기의 일을 철저하게 약속한 대로 이행한다. 예를 들면 12세 이하의 어린이를 집에 놔두고 밥을 챙겨 먹도록 해 준 다음 부모만이 여행을 갔다 하여 이 부모는 법원으로부터 영원히 자기의 아이들을 빼앗기는 판결을 받았으며, 다시는 데려다 기르지도 못하게 했다는 보도를 들은 적이 있다.

또 다른 예로는 어린이가 승차하고 있는 황색 School Bus가 서게 되면 이 버스를 어느 차도 추월하지 않는다. 또 버스에서 내린 어린이는 반드시 부모님이 인솔하여 집으로 데리고 간다. 어린이가 학교에서 배운 질서를 그대로 몸에 익히고 자기의 의사를 분명히 말할 수 있도록 지도하는 선생님이 충분히 확보되어 있다. 또한 1인당 30명 이내를 맡게 되는 이 선생님들은 아이들에게 소수는 다수의 의사를 존중해야 하며, 다수의 의사에 의하여 결정된 일은 반드시 지키는 습관을 가르친다. 또 이 습관이 몸에 완전히 자리 잡을 수 있도록 철저히 훈련시킨다. 그리하면 아이들 역시 성장하여서도 그렇게 하게 된다.

교통 문제만 보더라도 교차로의 Corner에 Painting을 해둔 곳에는 절대로 차를 세워두지 않는다. 설혹 신호등이 고장난 네거리 교차로라 할지라도 정확히 모든 차들이 One By One으로 상호 교차하면서 지나간다. 주행 중 차선을 바꾸는 차도 별로 없지만 방향표시등을 켜고 들어오려 했을 때 아무리 밀려도 앞에 넣어 준다.

이런 일에서 미국의 질서를 재음미하게 된다. 이들은 타인에게 불편을 주지 않는 것이 곧 자기가 불편함을 당하지 않는 것이라는 사실을 분명히 인식하고 있다. 너무나 다양한 인종이 서로 얽혀 살기 때문에 각기 자기의 할 일만을 정확히 하고 규칙을 위반하지 않는다면 그 누구도 간섭하지 않는다. 그리고 모든 행동의 자유가 보장된다. 단 자기의 몫을 했을 경우에 한하는 것이다.

호텔이나 맥도널드나 White Castle의 햄버거 가게에서도 먹고 남은 껍질을 아무 데나 버리는 사람도 없지만, 아무리 사람이 많아도 한 명의 새치기가 없이 기다린다. 기다리면 반드시 자기 때가 온다고 확신하고 있으며 그렇게 되고 있는 것이 미국의 특징이다. 이런 점만 본다면 우리와는 다소 거리가 있는 듯하다.

미국 사회의 친절한 질서는 어쩌면 이민족의 혼합 속에, 무기를 각자가 다 지닐 수 있게 했기 때문에 더 철저하게 지켜지는 것이 아닐까 하는 생각도 해보지만, 어쨌든 미국의 질서 의식만큼은 부럽다.

「월간섬유」 No. 243, 1993. 11.

# 세계무역 대전은 시작되었다

국내외에 많은 변화를 가져온 계유년(癸酉年)이 가고 변혁의 원년이 될 듯한 갑술년(甲戌年)의 새 아침이 밝았다. 돌이켜보면 지난 한 해는 무척이나 많은 변화가 있었다고 생각된다.

정치적으로는 새로운 문민정부가 탄생되었다고 하여 큰 희망을 갖고 모든 분야에서 자율화의 목소리를 높이다 보니, 자기몫 찾기에 너무 치우친 듯한 감을 주었다. 경제적으로는 금융 실명제가 실시되었고 UR협상에서 쌀 시장 개방도 합의하게 되었으니 앞으로의 농촌문제도 지극히 어려운 상태에 놓여 있어서 그 해결책 강구에 모든 두뇌와 지혜를 모아야 되겠다. 모든 분야에서 불황의 늪은 그 골이 깊어져 있는 실정이다.

교육면에서도 처음으로 '대학 입학 수능시험'을 1년에 2차례 치르는 첫 해가 되었으며 과학 기술 분야에서도 우리별 1호와 무궁화 1호의 통신위성을 發射하여 바야흐로 첨단 과학 문명 시대의 장을 열었다고 할 수 있다.

이와 같이 정치, 경제, 사회, 교육, 과학 등 모든 분야에서 많은 변화가 생겨났고, 섬유산업에 있어서도 1993년을 계기로 매년 성장을 거듭하던 수출액이 감소하기 시작하였다. 전년도 170억$에서 165억$로 하향곡선을 그리기 시작하였으며, 보유 시설 현황도 감소하였고, 고용인원도 급격히 줄어들고 있다. '외화 가득액(稼得額) 비율이 제일 높은 섬유산업을 그렇게도 쉽게 내버릴 수 없는 일 아니겠는가' 하는 몸부림이라도 하듯 '93년 11월 OSAKA에서 있었던 OTEMA(세계 섬유기계 전시회)에서는 일본인을 제외한 관람자 16,375명 중 한국 사람이 6,000명으로서 단연 1위를 점유하였다고 한다. 많은 한국의 섬유산업관련 분야에 있는 분들이 큰 관심을 가지고 있다는 것은 대단히 바람직한 일이었다.

그러나 한편으로는 그 방대한 전시장 내에 설치된 기계 등에 대해 완전히 음미할 수 있었는가를 이 자리에 참석한 나부터 자성해보고 싶다.

치열한 경쟁 속에서 적자생존 한다는 것은 산업사회가 수용해야 하는 역사의 필연이며, 그 속에서 뒤쳐지지 않기 위해서는 끊임없이 발전해 나가야 한다. 이 같은 국제경쟁에서 살아남는 기업이 많아지고, 건실해질 때 우리의 경제 사회는 윤택해지게 될 것이다.

이제 새 아침은 밝았다. 7년이 넘는 시일을 끌어온 UR협상이 체결되는 새해를 맞이하다 보니 만감이 교차한다. 이제 세계의 무역대전은 시작되었다. 이 새해에 해결해야 할 보따리는 엄청나게 크다. 그것은 UR에 대비하며 모든 분야에서 적극적인 대처를 하여야만, 돌아오는 추위와 무역 전쟁에서 이겨낼 수 있을 것으로 생각되기 때문이다. 즉, 외투가 준비되지 않았다고 겨울이 오지 않는 것은 아니라는 의미의 표현이다.

이제 우리는 선진국 대열에 들어서기 위해서 많은 노력을 해야 한다. 그러나 경제가 더욱 발전하여 1인당 국민소득이 1만$를 넘는다 해도 소위 일등국민이 되지 않으면 선진국은 될 수 없다. 우리가 일등 국민이 되기 위하여 해야 할 일은 무엇일까?

첫째, 자기 의무를 다해야겠다. 내 몫을 찾으려는 생각은 크나, 내가 할 일은 다하고 있는지 생각해 봐야 하겠다.

둘째, 약속의 이행이다. 약속은 계약(Contract)이다. 약속을 지키지 않으면 현대사회는 무너진다. 계약을 이행하지 못하면 갑(甲)과 을(乙)의 어떤 관계도 유지되지 못한다는 것은 누구나 아는 사실이다.

셋째, 친절이다. 상대방을 불편하게 하고서도 미안한 생각을 갖지 않는다면 어떻게 도덕사회가 형성되겠는가. 상대방에게 피해를 주고도 미안하다는 사과를 할 줄 모른다면 그 사회는 병든 사회임에 틀림없다. 진실과 친절이 밑에 깔려있는 예의는 인간과 인간 사이의 예술이다. 보스턴 심퍼니 오케스트라나 영국의 로얄 발레단을 초청한다고 해서 문화국민이 되는 것이 아니다. 한 인간으로서의 성실함이 있어야 일등 국민이 될 수 있다.

다음에는 오늘날의 산업 사회를 뒷받침하는 기술력이다. 오늘날의 국가 경제를 지탱하는 것은 바로 그 나라의 기술력이다. 기술력을 유지하기 위해서는 끊임없는 개발이 필요하다. '기술개발'이라고 하면 첨단 소재의 개발만을 뜻하는 것으로 착각하기 쉬우나 오늘날 우리 생활의 모든 주변의 삶에서 R&D는 산재해 있고 또 필요로 하고 있음을 알아야 하겠다. 그래서 海外에 나가 팔 물건이 없다는 소리가 나오지 않도록 해야 한다.

이와 같은 노력과 준비 속에서 따뜻한 외투를 갖추고 있을 때 우리는 UR의 큰 파도도, 또한 앞으로 불어 닥칠 추운 겨울 바람도 이겨내고 또 한 차례의 따뜻한 꽃피는 봄을 맞을 수 있을 것이다.

「월간섬유」 No. 245, 1994. 1.

# '프라이드' 가 건방지게 끼어들어

'94년 1월 22일자 일간지 신문에 눈에 띄는 기사가 있었다.

우리나라 굴지의 호텔과 백화점 등을 경영하는 'L' 그룹 모 부회장의 아들들이 해외유학 중 방학 동안에 귀국하여 여자 친구와 술을 마시고 난 후, 차를 타고 가다가 자기들이 타고 가는 '그랜저' 고급 승용차 앞에 조그만 '프라이드'가 끼어든다고 하여, 시비 끝에 벽돌과 화분 등으로 머리를 때려 전치 8주의 상처를 입히고 수술을 받게 하는 폭행을 가하였다는 기사였다.

어느 부모를 막론하고 자식들을 이와 같은, 속칭 '오렌지족'을 만들고 싶은 사람은 하나도 없을 것이며, 이 세상의 모든 부모들은 자기의 자식들이 보다 훌륭히 남의 모범이 되도록 자라기를 바랄 것이다.

그러나 왜 이들은 자기의 가장 가까운 육친인 부모의 소망을 저버린 채 이와 같은 엉뚱한 결과를 초래하게 되었으며, 그 부모의 쓰라린 심정은 얼마나 크겠는가 하는 생각이 든다.

지난 90년 나는 회사일로 JOINT-VENTURE를 협의하기 위한 기초조사를 하러 네팔의 KATUMANDU를 방문한 적이 있었다. 그곳에서 네팔의 최고 수준의 재벌가 아들인 Mr. GYOTI라는 사람을 만났다. 그는 한국과 J.V.C를 희망하는 네팔 사람인데 미국의 하버드 대학의 대학원을 나왔으며 학교 졸업 후 네팔에 돌아와 사업을 하고 있는 재벌 2세였다.

당시나 지금이나 큰 변화는 없겠지만 그 때 네팔의 국민소득은 GNP 160$로 너무나 빈곤한 나라였다. 병이 들어도 투여할 충분한 약이 없었고, 해어져 살이 보이는 옷을 입고도 아무렇지도 않게 외출을 하고 있는 모습을 볼 수 있는 사회였다.

그래서 나는 그에게 한마디 물어보았다. "당신은(그의 형도 역시 미국에서 공부를 했다 한다) 미국에서 5년 동안이나 생활하였고, 또 그곳에 MBA 학위도 얻었는데 살기 좋은 그곳을 택하지 않고 왜 이곳에서 어렵게 기업을 하고 있느냐고 물었다."

그랬더니 그는 "자기들 형제가 이곳 네팔에 돌아와서, 물론 미국에서 영주권을 얻어 생활할 수도 있었지만, 사업을 하면서 네팔의 국민을 위하여 열심히 노력하지 않으면 안 된다고 생각하기 때문"이라고 말했다.

비록 한쪽은 학생이고 다른 쪽은 사업가라는 차이점이 있으나, 성년이 된 최고학부의 유학생 신분인 재벌 2세에 대한 국민의 기대감을 저버린 처사에 대해서는 실망을 금할 수 없다. 한편 아무리 못사는 나라에 살고 있을지언정 자기 국민을 위해서 헌신적으로 노력하며 보람을 찾고, 열심히 그리고 너무나 착하게 살아가려고 하는 Mr. GYOTI의 모습이 자꾸만 뇌리 속에 선명하게 떠오르며 지워지질 않는다.

같은 날짜 문화면에 '세계 가정의 해'를 맞아 주간 연재로 덴마크 닐스 닌슨씨 가족을 소개한 것은 전자의 사건과 매우 대조적이었다. 덴마크에선 아무리 잘 살아도 첫 돌 전부터 통장을 만들어 자녀에게 '자립교육'을 시키며, 자녀들은 아르바이트로 저축할 수 있을 뿐 부모는 절대 도와주지 않는다.

그러나 우리 한국의 경우, 일부 부모들이 맹목적인 허영심에 자녀들을 유학 보내고 우리의 상상을 초월하는 너무 많은 액수의 용돈을 보내 흥청망청 생활하게 하여 예의 그 '끔찍한 일'마저도 서슴없이 저지르는 사례가 있다.

좀 더 우리 기성세대가 관심을 가지고 자녀들을 보살핀다면 자기 국민을 위한 헌신적인 노력으로 보람을 찾는 네팔의 Mr. GYOTI와 같은 사람도 배출될 것이며 철저한 자립교육으로 성공한 덴마크 가정처럼 모범적인 자녀를 만나볼 수 있으리라 확신한다.

「월간섬유」 No. 247, 1994. 3.

# 소리만 요란한 징소리와 하모니
## - 국제경쟁력 제고를 위한 제언-

때마침 중추가절(仲秋佳節)이다. 설날이나 추석 명절이면 우리의 전통 농악기인 징, 꽹과리, 장구, 북, 소고 소리가 흥겹게 어울려 울려 퍼진다. 좀 멀리 떨어진 곳이나 여러 곳에 알리기 위해 효과적인 것은 징소리이지만, 막상 가장 흥겹게 어울려 저절로 어깨춤이 나오고 엉덩이가 들썩거리는 것은 소고와 북, 장구 등에 의한 종합적인 조화음이 이루어질 때일 것이다. 유명한 오케스트라와 교향악단도 모두가 하모니를 이루었을 때 아름다운 선율, 고상한 멜로디를 만들어 낼 수 있고, 그럼으로써 훌륭한 음악이 되는 것이 아닐까 생각한다.

요즘 우리의 삶과 산업, 그리고 경제에도 "국제인이 됩시다" 라는 소리가 여기저기서 들려오고 있다. 그런데 막상 요란한 소리에 비해 손발도 맞지 않고 구체적인 방법의 제시도 없는 듯하다. 음악에 비한다면 선율의 조화도 없고, 일반 관객의 흥도 돋

우지 못하고 있는 셈이다. 말로만 "국제인이 됩시다.", "국가경쟁력 제고를 해야 합니다."라고 떠들어대며 외치고는 있는 형국이다.

즉, 소리만 요란할 뿐이다. 정말로 국제화의 길에 제대로 들어서려면 모두가 자기 위치에서 프로가 되어야 하고, 또 이를 위해 피나는 노력을 해야 한다. 사람은 누구나 욕심이 있다. 운동장에 나가 축구를 잘 하는 사람을 보면 자기도 그런 선수가 되고 싶고, 배구나 농구를 잘하는 것을 볼 때 그런 선수가 부러운 것은 당연한 일이다. 그러나 막상 프로 선수가 되려면 그 한 가지에 자신의 인생을 걸고 몰두함으로써만이 이룰 수 있다.

또한, 모든 일에는 장인정신이 필요하다. 가끔 외국사람들이 우리를 평가하는 이야기 중에 무슨 일이 잘 안 되었을 때 그것이 왜 잘 안 되었는지를 깊이 연구하고 또 반추하며 어떻게 해야 성공할 수 있는지를 생각하는 끈기 있는 노력, 즉 장인 정신이 부족하다는 가를 들을 때가 있다. 이런 점은 확실히 우리가 반성해 보아야 할 일이라고 생각한다.

한 가지 예로서 '워크맨'이라는 포켓용 카셋트 라디오는 당초 미국에서 개발했다고 한다. 그러나 잘 팔리지 않았다. 이것을 'SONY' 회사는 끝까지 연구하고 원인을 찾아, 이 소형 카셋트 라디오에 '워크맨'이라는 이름을 붙인 후 이이폰을 달게 하고 불편한 점을 수정.보완함으로써 세계적인 히트 상품으로 만들었다고 한다.

또 다른 한 가지 예를 들어 보자. '94년은 한국 방문의 해'라며 정부에서는 일 년 전부터 떠들어댔다. 신문, 광고 그리고 게시판 등을 통해 여러 번 홍보하고 온갖 선전을 해왔다. 그래서인지 이제 우리 주변에 외국 사람들이 상당히 많아졌음을 보게 된다.

이들로부터 들은 이야기 중에는 한국 사람은 개인적으로 만나면 그토록 친절한데 공공 서비스는 왜 그리 불친절한지 모르겠다는 이야기가 있다. 즉, 친절은 말뿐인 택시의 횡포와 불친절, 대중식당에 가면 배급 주듯이 물컵을 주고 밥조차도 공짜로 먹으러 온 사람에게 나눠주는 듯한 대접과 인상을 받는다고 한다. 이런 일이 몸에 익숙해진 우리는 잘 모르고 지나칠 수 있지만, 외국인의 눈에 보이는 그것이 바로 우리의 객관적 모습일 것이다. 외국 사람이라고 해서 어찌 고급 식당에만 드나들겠는가? 대중식당에서의 서비스와 프로정신의 결여로 나타난 현상이리라.

어느 날 좌석버스를 탔는데 한 사람이 잠시 다른 차가 오는가 하고 뒤를 좀 보다가 타는 듯했다. 그랬더니 그 버스 기사의 말인즉, "타려면 똑바로 탈 일이지 무엇하고 있느냐"며 신경질을 부리는 장면을 본 적이 있다. 왜 그리 불친절한지 모르겠다. 서비스업에 종사하면서도 사람에게 친절하게 하는 것은 고역이고, 자기 일과 시간을 채우는 일은 너무 지겹다는 표정들이다.

아름답고 깨끗한 한강변, 세계 어느 곳에 내놓아도 우리의 한강변만큼 깨끗하고 웅장하고 좋은 곳은 없는 것 같다. '한국 방문의 해'를 맞이하여 실효를 거두기 위해선 정말로 외국 사람이 다시 찾아보고 싶은 곳으로 만들고자 노력하는 프로 정신이 있어야 한다. 그러기 위해서 우리는 변해야 한다. 좋은 쪽으로 변화하지 않으면 우리는 침체되어 주저앉아 버릴지도 모른다.

'파이낸셜 타임스'지를 인용 보도한 '한국경제신문' '94년 8월 28일자를 보면 중국이 2010년에는 최대 부국(富國)이 될 것이라는 내용의 기사가 있었다. 이에 대한 평가는 뒤로 미루고 한국이 아시아의 4마리 용(龍)에서 이미 탈락되었다고 이야기하는 것을 보면 상대적으로 중국이 급부상하고 있음은 분명하다.

그렇다고 우리가 이대로 주저앉을 수는 없다. 세계를 향해 뛰고 있는 우리는, 풍요로운 삶의 추구를 위해서 최고의 품질을 만들려는 프로 정신을 갖춰야 한다. 각자가 자신의 자리에서 최대의 서비스를 창출해 내는 온 국민의 하모니를 기대해 본다.

「월간섬유」 No. 254, 1994. 10.

# 텔레파시(TELEPATHY)

우리는 흔히 이심전심(以心傳心)이나 정신적 감응이 상호간에 일어날 때 "텔레파시가 통한다"라고 말한다. 이러한 인간의 정신적 감응과 같은 형태를 전자 매체를 통해 고속도로 톨게이트의 매표와 수금에 사용하고 있는 한 예가 있어 소개하고자 한다.

지난 달(1994년 10월) 모처럼 이탈리아에 출장을 갔다. 이탈리아는 최초로 고속도로를 발달시킨 곳이라고 명성이 높지만 산악을 관통하는 도로는 과연 경제성을 검토한 것이었는지 의심이 들 정도로 투자 가치가 없어 보였다. 이곳의 BIELA에서 MILANO까지의 고속도로에서 본 것인데 7여 개의 톨게이트 매표원 또는 통행권 발급기 중 3-4개의 Gate 위에는 'Telepatia'라고 쓰인 큰 빌보드가 설치되어 있었다.

미리 감응장치가 가능한 카드를 구입하여 부착한 차들은

이 ‘Telepatia’ Gate로 고속도로에 진입할 때에 감응 신호를 주고받을 수 있고, 역시 고속도로를 빠져 나올 때도 같은 방법으로 통행료를 계산하고 후에 회사나 카드 소지자에게 청구하게 된다.

따라서 톨게이트에서는 뽑기 어렵게 설치된 통행권 발급기 때문에 정체현상이 일어날 이유도 없으며 목적지 톨게이트에 도착해서도 요금정산 하느라 서로 앞서가려고 허우적거릴 필요도, 정체될 이유도 없게 된다.

작은 예이지만 이 텔레파시 톨게이트는 여러 가지 생각을 하게 만들었다. 첫째로 전세계적으로 고속도로의 자동화, 기계화, 전산화가 이루어지는 추세 속에서 우리는 아직도 저만큼 뒤에 있는 건 아닐까 하는 조바심이 생겼다. ‘텔레파시 톨게이트’는 아직 선진 서구문명에서도 널리 보급된 건 아니며 그것이 곧바로 기술 발달의 척도라고 보지는 않지만 복잡한 생각이 들기는 하였다.

우리의 산업 제조현장에도 이와 같은 전자 감응장치가 설치되고 이용해야 할 부분이 많이 산재되어 있다. 그러나 그것이 빨리 보급되고 있지 않을 뿐더러, 이를 보완하는 인력의 균형 있는 배치도 제대로 이루어지지 않고 있다. 젊은 일꾼들을 필요로 하는 곳엔 인력이 부족한 형편이고 다소 나이가 많아도 감당할 수 있는 곳에 젊은이들이 배치되어 있다. 물론 이는 젊은이들이 노동 강도가 덜한 일을 선호하는 요즘 세태 때문일 수도 있다.

다시금 외국의 상황과 비교를 해보면 외국의 공원 매표소나 고속도로 톨게이트의 수금원으로 일하는 이들은 대부분 정년퇴직자나 나이가 지긋한 이들이다. 이러한 현상은 여러모로 보나 국가적 이익인 셈이다. 젊은 사람은 나름대로 그들의 현장에서 일을 하고 고연령자는 그들의 신체조건에 맞는 적당한 노동과 그에 준하는 대가를 받음으로써 자기만족도를 높인다면, 일석이조(一石二鳥)의 효과를 거두어들이는 것이 된다.

이제 섬유업계로 눈을 돌려 내용을 살펴보자. 젊은 노동인력의 부족은 기업으로 하여금 생산시설의 해외 이전을 모색케 하고 있으며 실제 기업체들이 잇달아 해외로 옮김으로써 우리는 산업공동화(産業空洞化)의 우려마저 하고 있는 실정이다.

값비싼 노동력과 높은 임금을 감당할 능력이 없는 경영자는 외국 인력의 수입을 통해 이를 해결하고자 하나 이 역시 여러 가지 사회적 병폐를 일으키고 있다.

무작정 노동을 통해 돈을 벌려고 온 외국 노동인력은 우선 현장 근로자와 의사소통이 원활할 리가 없고, 다 그렇다는 것은 물론 아니지만, 그들의 윤리관과 우리의 것이 빚어내는 마찰 역시 단순히 간과할 것이 아님은 이미 기정 사실이다.

이들을 대하는 우리의 태도에 있어 인도적 차원의 문제점도 없지는 않지만, 우선은 우리에게 미치는 사회적 측면을 더 크게 생각하고 싶다. 문득 일본에 입국할 때 입국 심사관 유리창에 "외국인의 불법 취로를 방지하는 데 적극 협조합시다."라고 씌어 있던 것이 생각나는데, 이제 우리 역시 그 문제에서 예외는 아닌 듯하다.

또 위와 같은 현상은 비단 섬유업계만이 지니고 있는 가슴앓이는 결코 아니다. 모든 산업현장이 국제화(國際化), 세계일류화(世界一流化)를 외치고 있지만 그것이 그렇게 쉽게 이루기가 여의치 않은 현실이다

그러나 우리의 미래가 그처럼 불투명하다고 속단해서는 안 된다. 심산유곡 속에 갇혀 있는 섬유업계의 상황이라고는 하나 정부와, 경영자, 근로자가 상호일체감을 갖고 협력하면서 노력한다면 우리의 미래는 결코 어렵지만은 않다. 이탈리아를 비롯한 유럽의 섬유산업이 아직도 활기를 갖고 있는 것을 보더라도 우리가 미리 좌절할 필요는 없다.

이탈리아에서 짧은 순간 지나치면서 본 '텔레파시 톨게이트' 처럼 정체 없이 뚫리는 고속도로와 같이, 우리의 정부와 경영자 그리고 근로자들이 상호 '텔레파시'를 주고받으며 원활하게 서로 어깨를 걷고 한국의 섬유산업도로를 시원하게 달려보고 싶다.

「월간섬유」 No. 255, 1994. 11.

# 일등주의의 병폐

해방과 더불어 자주 독립을 찾으면서 우리 사회는 오랫동안의 억압과 굴욕으로부터 탈피하게 되었다. 그에 대한 반작용일까? 모든 어버이들이 자식교육에 대해서 일등주의만을 주장하는 분위기가 팽배하게 되었다. 그래서 내 자식만큼은 골목에서도 대장이 되어야 하고 유치원에서부터 최고학부에 이르기까지 최고가 되어 항상 일등만을 바라며 그렇게 교육시켰다.

선진국의 교육은 대부분 잘 협동하면서 놀고 친우들과 교우관계를 원만히 유지하며 질서를 잘 지키도록 어려서부터 훈련시키는 것이 그 근본을 이루고 있다. 따라서 모두가 자기의 주장을 펴면서도 상대방을 충분히 이해하려 하고 배려하며 또 상대방을 설득시키기도 하면서 조화를 이룬다.

우리나라와 같은 좁은 면적의 땅 위에 더구나 빈약한 자원을 갖고 있는 나라로서는 앞으로의 국제화 사회에서 가장 필요한 것이 인적 자원일 것이다. 또한 우리나라가 국제 경쟁력을 갖추기 위해서는 교육, 지식, 기술, 근로윤리, 정보 등의 소프트웨어(Software)를 적절히 개발하고, 그 수준을 높여야 가능할 것으로 본다.

미국의 경영학자 피터 드러커(Peter Drucker)도 미래사회는 지식사회, 정보사회가 될 것이며 그 나라의 교육의 질이 곧 미래사회의 방향을 결정지을 것이라고 예언했다. 일찍이 스위스의 교육자 페스탈로찌도 "일년 앞을 생각하는 사람은 꽃을 기르고 10년 앞을 내다보는 사람은 나무를 기르고 백년 앞을 생각하는 사람은 사람을 기른다."라는 말을 하지 않았는가. 우리도 늦기 전에 사람에 대한 투자 즉, 각 분야에서 최고 전문가가 될 수 있는 인재를 육성하는 데 보다 더 적극적으로 투자해야 할 시점에 와 있다고 하겠다.

그 동안 우리나라의 산업은 고도성장의 정책과 한 많은 과거의 식민지 억압을 탈피하려는 노력으로 급성장하면서 반세기만에 세계 13위의 무역국가가 되었고 세계 15위의 공업국가가 되었다. 그리고 우리의 현시점은 안정적인 성장을 해야 할 시기이며, 지적 산업도 동시에 필요한 시기이다.

그런데 우리나라는 기업의 평균역사가 너무 짧으면서 또한 그 부침도 현저한 편이다. 근속연수 역시 길지 않다 보니, 경험을 뒷받침하는 기술력 또한 낮은 수준에 머무르는 취약점을 노정하고 있다.

근로자의 평균 근속연수를 살펴보면 한국은 4년, 미국은 8년, 일본은 12년이다. 한국 근로자 중 근속기간이 5년 미만인 근로자가 55%를 넘는다. 1,800만 명의 취업자 중 연평균 23%인 약 414만 명이 전직을 하고 있는 실정이다. 실업률이 3%를 넘는데도 3D 업종에서는 구인난을 겪고 있으며, 이로 인해 수만 명의 외국인 노동자가 그 자리를 메우고 있다.

이렇게 된 원인에는 사용자측과 근로자측의 잘못이 공존하고 있다. 근로자들의 경우 빨리 일을 배워 생산성을 높이고 품질면에서 최고의 제품을 만들며 더 많은 일을 하는 데 보람을 찾으려는 것이 아니라, 보다 적게 일하고 편한 곳을 찾으며 더 많은 봉급을 찾아 철새처럼 이동할 것만 생각하고 있는 근로자가 늘어나고 있다는 것에 문제의 심각성이 있다.

경영자 또한 기업의 경륜은 짧으면서도 배타주의와 이기주의가 만연되어 근로자를 위한 작업환경이나 근로조건의 개선을 소홀히 하거나 종업원의 교육훈련방식 및 인사제도 등을 정착시키지 못하고 있는 것이 문제다.

이와 같은 쌍방의 태도를 보건대, 여러 가지 원인이 있겠지만 특히 우리나라 유년기교육의 문제, 즉 어렸을 때 부모의 교육에 대한 가치관이나 학교 교육상 문제가 있었던 것은 아닐까 싶다. 지나치게 독선적이고 일등주의 중심의 사고방식은 상호보호와 협동을 저버리게 하며 공공의 가치를 무시하는 태도를 낳게 한다.

공공의 이익에 무지한 기능자 집단이 여기에 더해 숙련되지도 않았다면, 이는 곧 무서운 결과를 초래한다.

최근에 일어난 대형 사고의 원인을 보면 지하매설물의 상호정보 교환 미비라든지, 건설 집행과 시공에 있어서의 허술함 등에 기인한 것이라고 한다. 부실 공사와 무지 시행으로 인하여 우리의 꽃다운 아이들을 포함한 100여 명의 희생자가 나온 것이다. 어린 시절 부모나 학교로부터 일등주의나 이기주의가 아닌 더불어 살아가는 삶의 윤리를 배웠다면 이런 극한의 사고는 막을 수 있었을 것이다. 모래성 같은 우리 사회의 취약성이 어이없는 대형 사고를 일으키고 말았다.

망건 걸며 소달구지로 짐을 나르는 시대의 사고방식으로 사회와 그 구성원을 관리하려는 태도는 빨리 버려야 한다. 좀더 적극적인 반성과 대책이 필요하다.

「월간섬유」 No. 262, 1995. 6.

# 지옥과 천당이 현존하는 곳

나는 업무차 인도를 몇 차례 방문한 일이 있었다.

인도는 아시아권에 있지만 '아리아'인에 의해 정복되면서부터 이미 기원전 9C경에 '카스트'(Caste, 四姓制度)라는 사회적 계급제도가 시작되어 오늘에 이르기까지 엄격하게 유지되고 있는 나라이다. 민주주의적 평등 개념에 익숙하던 나로서는 그 계급제도에 새삼 놀라지 않을 수 없었다.

제 1 계급인 '브라만'(Brahman)은 승려계급으로 최고의 사회적 지위를 갖고 있으며 제정일치의 막강한 권력을 가진 우두머리이다. 이들 남자는 다른 계급의 여자와 결혼을 할 수 있으나 이 계급의 여자는 다른 계급의 남자와 혼인을 절대로 할 수 없다. 이와 같이 브라만 계급과 다른 계급의 남녀간에 태어난 아이는 '브라만' 계급이 될 수 없다. 그 다음이 '크샤트리아'(Kshatrya)라는 제 2 계급인데 왕후와 귀족이 여기에 속한다.

다음은 일반 민중으로서 '바이샤'(Vaisya)라 하며, 공업, 상업, 목축업 등을 하는 대다수의 '아리아'인이다. 가장 하류계급인 '수드라'(Sidrd)는 주로 원주민인 '드라비다' 족이며 노예와 같은 신분이다.

이 같은 계급조직은 인도의 통치에 많은 문제점을 안겨다 주었으리라 생각된다. 복잡한 사회조직 때문에 인도의 정치와 경제가 오늘에 이르기까지 저만치 멀리 뒤떨어져 있는 것이다.

약 10일간의 인도여행으로 그 나라를 말한다는 것은 넌센스이나 내 머리 속에 너무나 짙게 남은 인상이 뇌리에서 좀처럼 떠나지 않아 몇 가지 언급하고자 한다.

첫째는 3대 문명의 발상지인 이곳이 왜 이렇게 후진성을 면치 못하게 되었을까 하는 것이다. 이륜차(Bicar)를 개조하여 만든 인력거 모양의 디젤차가 이들 대중교통의 수단인 택시이며 고급 택시라야 소형 1300cc급의 디젤 승용차가 고작이다.

도시는 이들 차들의 매연으로 가득 차 있어서 숨이 막힐 지경이다. 이들의 물결 속에 에어컨을 장착한 특수 계층의 자가용 승용차가 제법 뽐내면서 달리고 있다. 그러나 보통의 사람들은 그들이 별개의 계급사람이라고 당연시한다.

둘째로 일반 서민의 생활이 너무나 지저분하고 빈곤에 찌들어 있으며 더러웠다. 웬만한 화장실에 들어가 보아도 화장지가 없다. 타올은 걸려 있는데도 손을 닦고 싶은 생각이 엄두도 나지 않는다. 때문에 비싸도 고급관광호텔을 찾을 수밖에 없다.

차를 타고 'DELIE'에서 'BARODA'시로 가는 길에 보면 주민들은 아직도 가축과 함께 생활 하는듯한 인상을 주었다. 이른 새벽인데 많은 사람들이 자고 일어나서 조그마한 깡통 하나를 들고 어디엔가 찾아가고 있었다. 알고 보니 볼일을 보러 가는 것이고 그 깡통은 물을 떠서 손을 씻는 데 사용된다는 이야기를 들었다. 길가에서 애들이 용변을 보는 것은 쉽게 눈에 띄는 모습이며 소나 돼지 등의 가축이 대로변 차도를 어슬렁거리면서 지나가는 것은 예사이다. 그러면 가는 차도 멈춰야 한다. 소를 다치면 사람을 다치는 것과 똑같이 처벌을 받게 된다. 또 소의 분뇨는 모아서 건조시키는데, 이는 좋은 연료로 사용된다는 것이다. 이러한 환경 속에서 깨끗한 것을 추구하기에는 상당한 시일이 걸릴 것으로 여겨졌다.

세 번째로 놀란 것은 너무나 빈부의 격차가 크다는 점이다. 엄청난 초호화판 저택과 궁궐이 있지만 어느 누구도 이를 문제 삼지 않는다. 한마디로 현존하는 지옥과 천당 같은 생활이 있는 곳이 바로 인도라고 표현할 수 있었다. 특수계층만 출입하는 백화점이 있으며 따로 이 백화점에는 출입을 통제하는 경비원도 있다. 이곳에 들어가 보면 전혀 딴 세상과 다를 바 없을 정도였다. 그리고 이들은 철저한 종교의 신봉자들이었다.

샘족은 타인의 이목에 구애받지 않고, 더구나 귀찮기가 말할 수 없을 정도의 긴 머리를 접어 넣는 Turban을 쓰고 다니며 남자들도 긴 머리를 자르지 않는다. 유일한 자기들의 종교를 믿고 있는데, 많은 수의 힌두교도들은 모든 운명이 그의 수호신에 의하여 좌우된다고 확신한다. 그래서 일체의 살생을 하지 않으며 특히 생명력을 지닌 동물로 만든 음식은 절대 먹지 않는다. 심지어는 해가 떠 있을 때만 식사를 한다는 이야기가 있다. 이는 만일에라도 움직이는 것을 씹을까 걱정되기 때문이라는 억측을 자아내게 한다.

며칠 동안 지내고 나는 인도의 방적공장 중 가장 모범적인 공장을 하나 찾아가 보기로 하였다. 바로 우리와 합작을 하는 회사의 공장이기도 해서 꼭 가보고 싶었다. 그래서 'BARODA'에서 자고 출발하면 하루가 또 소모되니까 야간 열차를 타고 'BOMBAY'에 갔다. 야간기차의 침대칸에 타고서는 7시간을 가야 했다. 장시간 기차 여행으로 무척 힘겨운 상태였는데, 내리고 타는 역의 플랫폼에 누워 있거나 서 있거나 또는 왕래하는 사람들 틈에 끼어 그 퀴퀴한 냄새와 섭씨 37°가 넘는 온도에 시달리다 보니 더욱 지치게 되었다.

더 기운 빠지게 하는 건 'BOMBAY'에서 'KOHLAPUR'로 에어컨도 없는 디젤 소형택시를 타고 9시간을 가야 한다는 사실이었다. 창문을 열면 디젤 매연 때문에 역겨워서 호흡기에 이상이 생길 것 같았고, 병에 걸릴 것만 같은 상태였다. 창문을 닫으면 마치 구름이 낀 듯한 효과를 주어서 덜 더웠지만, 섭씨 35°가 넘는 온도로 인하여 여전히 숨이 막힐 것 같았다. 그래서 창문을 열고 갈 수밖에 없었다.

우리 일행의 이 날 여행은 인간이 생명의 한계에 도전하는 듯한 행로였다고 생각된다.

그런데 반전이 일어났다. 막상 공장에 가서 보니 우리나라에서는 보기 드물 정도로 깨끗하고 새로운 설비를 갖추고 있었고, 무사히 공장의 평가를 마칠 수 있었다. 이른 새벽 되돌아올 때에는 마침 에어컨이 장착되어 있는 그 회사의 특별차를 이용할 수 있었다. 덕분에 꽃이나, 가로수가 새삼스럽게 내 눈에 들어왔고, 모두 아름다워 보였다. 특히 5월에만 잎이 빨간 꽃처럼 피었다가 지고 만다 하여 '메이플라워'(Mayflower)라 이름 붙여진 가로수가 있었는데 대단히 인상 깊게 머릿속에 남아있다.

그러나 그 주위를 돌아보면, 대단히 미안한 이야기나, 가축의 우리보다 못한 서민의 주택이라든가 그것도 없이 도로변 아무 곳에나 잠을 자며 생명을 유지하는 수많은 사람들이 있었고 그들을 보면서 우리 일행은 한국에 돌아가면 결코 주택에 대해 불평하지 않겠다고 이야기 할 정도였다. 나는 자녀들의 교육적 효과를 위해서 이곳 인도를 관광시킬 필요가 있겠다는 생각까지 들었다.

하지만 또 한편으로 이 무한한 인적 자원은 앞으로의 산업발전에 기초가 될 것으로 생각되었다. 그렇게만 된다면 이들의 삶의 질도 급속도로 향상될 것이다. 이렇게 노동인력도 있고 자원도 풍부하기 때문에 이 나라의 장래는 결코 어둡지만은 않을 것이다. 이제 IT산업이 발달하고 교육의 질이 향상되면서 세계의 여러 선진국에 인도의 인적자원이 많이 진출되어있다. 이들의 일부만이라도 돌아와 인도의 산업에 합류한다면 인도의 경제발전은 빠른 속도로 발전할 것으로 확신한다.

# 이제 반성하고 노력해야 할 시간

1945년 8월 15일 해방을 맞고 광복 50주년이 된 오늘에 이르기까지 우리는 숱한 애환의 역사 속에서 반세기를 지내왔다. 이제 상당수의 사람들이 해외관광을 즐길 정도까지의 윤택한 생활과 여유를 가지며 선진국 대열에 진입하려는 위치에 있다.

그러나 현재 많은 기업체들이 인력부족과 인건비의 상승이라는 이중고를 탈피하고자 중국, 베트남, 인도 등지의 개발도상국에 해외투자나 공장의 해외이전 등의 형식으로 진출하고 있는 실정이다. 특히 노동집약적 산업의 하나인 섬유산업의 경우 봉제, 방적, 제직 등의 경공업 분야에서 그와 같은 현상이 두드러지고 있다.

이의 일환으로 나는 네팔, 인도 등을 방문했으며, 최근에는 베트남을 방문했다. 작열하는 태양열 아래 기온은 30도를 웃돌고, 사람들은 무기력했지만, 다행히 온도가 올라가더라도 습도는 우리나라와 반대로 떨어지니 그늘에 들어가면 견딜 만했다.

이 나라 정글의 숲속에는 그 울창한 만큼의 恨많은 역사가 묻혀있고, 구절양장 같은 메콩강 아래로는 월남 패망의 소용돌이 속에서 이곳의 국민들이 겪어야 했던 깊은 슬픔과 굴욕의 감정이 흐르고 있다. 해안선이 길게 드리워져 있고 20세기의 보물 중의 하나인 석유가 나올 정도로 자원이 풍부한 이 나라를 둘러보니 과거에 들었던 이야기 한 토막이 생각났다.

내가 잘 아는 나의 동기동창인 김 제독이 월남을 방문했을 때 그가 재미 유학 때 알고 지냈던 월남의 한 고급장교를 만나기로 했다고 한다. 그런데 이 월남 장교는 1975년 그 당시 김 제독 앞에 예쁜 빨간 차를 타고 왔다고 한다. 김 제독은 의아히 여겨 차를 어디서 구입했냐고 물었고, 그 장교는 짐짓 비밀을 털어놓는 표정까지 지어가며, 미국에서 요격 전투함을 인수할 때 싣고 왔다고 했다 한다.

김 제독이 얼핏 생각하기에도 그 전투함에는 자동차를 실을 수가 없다는 것을 알고 있었기에 재차 그 방법을 물었다. 대답은 무척 황당한 내용이었다. 즉 그 전투함에서 없어서는 안 될 포대 위의 포를 떼어내고 자기 자동차를 그 포 자리에 얹어 싣고 왔다는 것이다. 이 말을 들은 김 제독은 한심스럽기 짝이 없는 이 월남 장교를 보고 월남의 장래가 실로 암담하다고 예측했다는 이야기다.

이제 그러한 월남은 어느덧 역사 속에 묻히고 베트남 국가는 경제발전을 위한 노력에 박차를 가하고 있다. 미국과도 수교를 하게 되었고, 우리나라의 많은 건설업체들도 진출해 있다. 뿐만 아니라, 방적회사만도 충남방적, 방림방적 등이 이미 합작 또는 단독 투자를 하여 현지 공장을 가동 중에 있으며 동국방적 등 다른 회사들도 부지를 확보한 상태이다. 따라서 앞으로도 베트남에 대한 투자는 더욱 활발히 진행될 것으로 예상되며 이 나라의 경제발전에도 큰 도움이 될 것이다.

한편, 우리도 나름대로의 실리를 추구하며 앞날의 청사진을 그려야 한다. 물론 월남의 그러한 장교는 우리나라엔 없다. 그러나 성수대교 붕괴, 대구 가스폭발, 삼풍백화점 붕괴 등은 온 국민을 국제적 망신과 창피, 그리고 고통의 도가니로 몰아버렸다. 이러한 대형참사 사건의 이면에는 썩어빠진 공무원이나 가증스럽기 짝이 없는 경영인, 무능력하고 소신 없는 전문가들이 있다는 사실을 대하면서 우리는 스스로 반성하고 노력해야 하는 시간이 절실함을 느꼈다.

눈 온 뒤에야 송백이 굳셈을 알 수 있고, 어려운 일을 겪은 후에야 대장부의 마음을 알 수 있다는 말이 있다. 8.15 광복 50주년을 맞는 우리의 감회는 자못 크다. 광복 50주년……. 사람의 나이에 비유하면 지천명(知天命) 즉 자기의 운명을 알게 된다는 연륜이 흘렀다.

우리는 얼마 전에 역사상 최초로 우리나라의 위성 '무궁화호 1호'를 발사하기도 하였다. 그러나 지나온 50년의 세월은 통일의 비원(悲願)을 안은 채 피와 눈물과 땀으로 얼룩진 가시밭길이기도 하였다. 아직 도래하지 않은 다가올 우리의 미래를 위해, 광복 후 50년 간 달려온 우리의 역사가 헛되이 흐르지 않기 위해서 국민 한 사람, 한 사람이 각자 일선에서 흘리는 노력의 땀 한 방울이 더없이 소중하고 고마울 때이다.

「월간섬유」 No. 265, 1995. 9.

# 이제는 아름다운 사회를 이룩할 때이다

이제 한강은 외형적인 정비에다 주위의 도로 및 아파트와 고층건물 등이 어우러져 있고 가로등도 잘 정비되어 있어서 세계 어느 곳에 내놓아도 손색이 없을 서울의 자랑거리이다. 그래서인지 우리의 경제나 나라의 발전을 이야기할 때도 '한강의 기적을 이룩하였다'고 표현하면서 한강을 상징화하여 자랑하고 또 이야기한다. 유명한 불란서 파리의 세느강보다도 독일의 라인강, 영국의 템스강보다도 더 웅장하고 깨끗하고 화려하게 보인다.

그러나 우리는 이보다 더 중요한 것을 생각해야 한다. 즉 다른 것과는 달리 미관상으로만 중요한 것이 아니라 한강은 1천만 서울 시민의 젖줄이며 곧 전 서울 시민의 음용수로 쓰인다는 점이다. 이것이 다른 나라의 대표적 강들과는 다른 점이다.

그런데도 한강의 상류 수질 보전 지역에는 폐수를 힘부로 흘려보내 한강의 수질을 오염시키는 음식점을 비롯하여 각종 위락시설이 무질서하게 건립되어 있다. 화려한 건물들이 즐비하게 서 있는 것을 보면, 이들 시설의 생활하수가 어디로 흘러갈지 걱정스럽다. 더구나 때때로 그 생활하수의 처리에 많은 불법과 문제점이 있다는 신문 기사를 보고 나면, 그곳을 지나갈 때마다 너무나도 아쉬운 생각을 갖게 된다. 이러한 요인들로 인하여 산 좋고 물 좋은 우리나라의 이미지와는 달리 이제 물은 생수를 사서 먹어야 하며 더욱이 그 생수가 수입까지 된다고 하니 참으로 서글프다.

겸연쩍지만 미국의 시카고 호수와 비교해 보고 싶다. 나는 시카고 시를 몇 차례 방문하면서 시카고의 호숫가를 가보았다. 호수라기보다는 끝이 안 보이는 바다와 같은 엄청난 규모였다. 이 호수를 끼고 시카고 시가 형성되어 있으며, Seas 빌딩을 중심으로 높은 건물들과 상가와 주택이 아름답게 어울려 있다. 호수에 유람선도 많이 운행된다. 잘 조화된 시가와 호수를 장식하기 위해서 밤에는 일부러 고층빌딩에 불을 켜놓기도 한다는 것이다.

이 호수가 바로 시카고 시민이 먹는 식수(음료수)가 된다고 한다. 따라서 이 호수에 생활하수를 버려 물을 오염시키는 행위는 일절 할 수 없으며, 아무리 자유분방한 나라이지만 캔 하나라도 이곳에 버렸다간 1백$의 벌금이 가해진다고 한다. 호안 도로를 타고 한 쌍의 경찰이 계속 순찰을 돌고 있으며 그 업무를 수행하고 있는 것이 어떤 면에서는 미국 시민 같지 않을 정도로 철저하고 자세가 흐트러짐을 볼 수 없어서 벤치에 앉아 한동안 물끄러미 쳐다보았다. 공공의 이익을 위하여 정해진 규칙만큼은 철저히 지켜내는 태도를 보면서 많은 생각이 들었다.

우리는 베트남과의 합작공장을 유지하면서 그곳의 법령대로 하면 아무 것도 할 수 없고, 그래서 사사건건 적당히 뇌물을 주면서 일을 추진해야 한다는 이야기를 나누었던 기억이 새삼스러웠다. 또 우리나라에서도 개인의 이익에 눈멀어 공공연히 규칙을 무시하는 사람들 또한 적지 않다.

그렇다고 미국이나 선진국의 모든 것이 다 좋다고는 생각하지 않는다. 넓은 녹지대와 공원이 있어서 부럽게 보이는 면도 있지만 자동차로 지나다니면서만 볼 수 있다면 그림의 떡이다. 저녁 산책은 고사하고 대낮에도 무서워 들어갈 수도 없는 공원보다는 우리나라 남산이나 사직공원이 얼마나 아름답고 정다우며 쓸모 있는가! 시간 여유를 갖지 못하는 아쉬움이 있지만, 가끔 가 본 대전의 사정공원같이 운치 있고 깨끗하고 좋은 공원이, 평탄하게 조성되어 있는 런던의 '하이드 파크'보다 못할 것이 없다고 생각한다.

화려하고 좋은 것 같은 선진국의 그늘진 뒷골목엔 무서운 갱단과 마피아, 그리고 마약에 찌든 범죄의 소굴이 있으며, 도난 때문에 자동차를 세워둘 수도 없는 거리가 있다. 이탈리아의 밀라노 같은 곳에서도 차를 세워둘 때마다 핸들에 '잠금'를 채워 놓고 그리고 도난을 방지하기 위해 차의 오디오 세트를 뜯어서 들고 나가기도 한다.

그와 같은 복잡하고 험악한 선진 외국의 거리 같은 것이 우리나라에 형성되지 않게 하기 위하여 우리는 우리의 장래를 잘 설계하여야 한다고 생각한다. 선진국의 험악한 뒷거리는 정치적인 면도 있을 것이며, 경제적인 면에서 빈부의 격차가 심해지면서 유발된 경우도 있을 것이다.

앞으로 나만이 아름다운 경관을 느끼고자 한강의 상류에 호화별장을 짓고 생활하수를 함부로 버리거나, 공장을 지어 오폐수를 흘려보내는 경우는 절대 없어야 한다. 아름다움을 추구한다고 하면서, 또 개인의 이익을 취하기 위해서 시민에게 피해를 줘서는 안 되기 때문이다. 궁극적으로 살기 좋은 사회를 건설하기 위하여 우리에게 당장 필요한 것은 선진의식을 갖는 것만이 아니라, 그늘진 곳을 찾아 봉사하고 노력하는 자세라고 생각한다.

「월간섬유」 No. 266, 1995. 10.

# 한 송이 국화꽃을 피우기 위해

동남아시아 각국의 경제적 성장과 발전 등으로 우리나라의 상당한 업체들이 경쟁력에서 뒤쳐지자 해외로 생산기지를 옮겨가고 있다. 이로 인해 국내 제조업의 생산에 공동화 현상이 나타날 우려가 있어서 이에 대한 대책의 소리가 높아가고 있다.

이에 대한 대책에는 여러 가지 면이 있겠으나, 우선 기술적인 측면을 생각하면 생산 중심에서 발전 중심으로의 전환, 대량 저가 제품의 생산에서 고도 기술이 담긴 제품으로의 생산으로 전환해야 한다. 물론 이것은 단순히 주장한다고 해서 이루어지는 것은 아니며, 그야말로 각고의 노력이 있어야 가능할 것이다. 이와 같은 방향으로의 노력을 성공시키기 위해서는 독창적 기술개발 즉, 창조적 기술 개발이 중요하다 할 수 있다.

주지하는 바와 같이 우리는 급속한 고도성장으로 인하여 비교적 모방적이고 묘목을 이전하는 것과 같은 형식의 기술개발이 많은 편이기 때문에, 구미 선진국과 같이 원리의 기본을 바탕에 둔 기술개발에 비하면 취약하다 아니할 수 없다. 따라서 구미형과 같은 독창적 기술개발 형태와는 차이가 있다고 할 수 있다.

이 독창적 기술개발은 학교 교육의 수재만이 해낼 수 있는 일은 아니다. 요즈음도 거론되고 있는 세계적인 독창적 발명가 뉴턴, 와트, 아인슈타인 등의 인물들이 독창적인 천재이지만 학교성적이 우수한 수재형은 아니었음을 볼 때 우리는 이를 짐작할 수 있다.

또 요즈음 기본적인 기술개발과 동시에 자연으로 돌아가려는 듯한 인상을 주는 그린(Green) 운동이 한창이다. 자연은 어디까지나 원론적인 것이며, 인류 과학의 근본이며 이 근본, 즉 기본원리의 보유자이기도 하다. 이 자연의 섭리와 맥박을 같이 하는 것에 대해 한 번 생각해 보기로 하자. 자연 속에 있는 '셀룰로오스'(Cellulose)의 신비스럽고 오묘한 내용과 인간의 삶을 연관시켜 연구할 필요도 있을 것이며, 그 내용도 엄청나게 많을 것이다.

예를 들어 맑게 갠 날 아침 일찍 가까운 공원이나 산을 산책하면 굉장히 상쾌한 기분이 든다. 이 삼림욕이 건강에 좋은 것은 수목이 발산하는 '테르멘' 때문이라고 한다. 전문적인 식물의 화학반응 작용 등에 대해서는 잘 모르니 언급을 피하기로 하고, 다만 삼림으로부터 여러 가지 기능 효과를 얻을 수 있다는 것은 사실이다. 단순히 기분만을 상쾌하게 하는 것이 아니라 각종 균과 곰팡이의 번식을 억제하는 기능, 동식물의 사체로부터 풍겨나오는 악취에 대한 소취작용, 생태계를 유지하는 곤충의 배출과 기타 작용 등과 보습작용 및 혈액순환을 좋게 하는 작용들이 있다고 한다.

이 삼림 속에 존재하는 '셀룰로오스'는 지구상에서 가장 많이 존재하는 천연 고분자 화합물질이다. 이 자연의 고분자 화합물질과 동등한 성질의 고분자 화합물질을 합성하려는 인간의 노력은 꾸준히 이어지고 있다. 그러나 이 천연의 고분자 화합물 '셀룰로오스'에는 미치지 못하고 있으며, '셀룰로오스'는 오늘날 가장 각광을 받는 천연자원이다.

'셀룰로오스'에서 개발된 레이온에서 그 성질을 보관한 개질(改質) 레이온인 폴리노직 섬유가 호평을 받기 시작하였으며, 이제는 '텐셀'이라는 상품명을 가진 일종의 개질 레이온이 우리나라의 시장에 선을 보일 전망이다. '텐셀'은 더욱 개질된 레이온으로서 면섬유의 성질에 가깝기 때문에 여러 가지 자연섬유의 장점을 지니고 있다. 또한 한쪽으로는 합성섬유에 가까운 장점, 즉 강력과 드레이프성 등에서 뛰어나기 때문에 현재로서는 양모섬유(wool)보다 더 비싼 수준으로 제품가격이 형성될 것으로 보인다. 이로 인해 심히 우려되는 바도 적지 않다. 잘못하다간 '텐셀'의 Fiber의 메이커인 영국 'C' 회사의 사업만 도와주는 꼴이 되지 않을까 다소 우려되는 바도 적지 않다.

이와 같은 경우를 참고한다면 우리도 여러 면에서 독창적 개발 즉 고도의 기술력을 갖춤으로써 동남아 제국보다 앞설 수 있을 것이다. 아직 독창적 기술 개발 전략을 적절히 펼치지 못하고 있는데 앞으로 끊임없는 노력이 있어야만이 우리나라가 지속적으로 발전해나갈 수 있다고 생각한다.

즉, 보기 좋은 꽃을 꺾어 화분에 꽂는 것과 같은 방식으로는 되지 않는다. 근본적으로 한 송이의 아름다운 국화를 피우기 위해서 많은 노력이 필요한 것과 같이 꽃모양의 형성과 개화를 위해서는 뿌리에서부터 확실하게 길러나가야 할 때라고 생각한다.

「월간섬유」 No. 267, 1995. 11.

# 나는 제외시키고 남 탓만 할 것인가?

우리나라의 섬유 산업뿐만 아니라, 모든 제조업 나아가서 전 산업 분야가 국제적 경쟁에서 이겨내야만 자립경제의 초석을 세울 수 있다. 이 국제적 경쟁에서 이기기 위해서는 경영자, 관리자, 기술자, 생산자와 산업의 주위환경 모두가 국제적 수준을 유지해야 한다. 관리자가 전근대적 사고방식을 가지고 있으면서 생산자만 탓하거나 또는 주위환경은 전혀 무시하고 기술자 탓만을 하다 보면, '개미 쳇바퀴 도는 격'만 되고 말 것이다. 사실 우리나라 사람들 중 많은 수가 '나'를 제외하고 남의 탓만 하는 경향이 있다.

그러나 국제적 정보가 전무한 경영자가 과연 국제 경쟁력 제고를 위한 능력을 발휘할 수 있을 것인가 하는 문제는 이제 충분히 논의되어야 할 시점이라고 생각한다.

우선 모든 분야, 모든 계층의 사람들이 현재 갖고 있는 의식

구조가 국제적 수준에서 본다면 과연 몇 점이나 될 것인지 생각해 보자. 별로 높은 점수를 줄 수가 없다. 또한 기업의 사회적 여건이라든지 또는 정치적 여건도 마찬가지일 것이다.

제품을 생산하는 과정에서부터 우리는 아직도 많은 문제를 지니고 있다. 이렇게 제대로 하지 못할 것이라면 아예 처음부터 시작하지 않았더라면 얼마나 좋았을까 하는 생각이 들 때가 많다. 그랬다면 원료와 에너지의 손실은 가져오지 않을 것이니까.

우리보다 선진국인 일본에서 작업장 제직준비공정인 Warper의 정경장(整經長)[2)]을 맞추는 데 반드시 Double Checking을 하는 것을 보았다. 내가 보기에도 너무 철저하다 생각할 만큼 반복해서 체크하는 그들의 모습을 보면서, 과연 완벽한 품질관리란 이런 곳까지를 빈틈없이 확인하는 걸 뜻한다고 생각했다.

또한, 작업장에 누가 들어오거나 구경꾼이 있거나 간에 아무런 상관없이 자기 일에만 열중할 뿐이다. 예를 들어 방적공정에서 제용면 관리를 하는 것도 마찬가지이며 Sliver 한 가닥 잇는 동작이라든지 또는 Comber 공정에서 Top Comber 하나하나를 관리하는 경우도 마찬가지이다. 또 Roving Tention 하나하나가 정방사의 사절에 큰 영향을 주며 모든 이음 매듭 하나와

---

2) 정경장: 일정한 길이의 날실을 필요한 수만큼 가지런히 펴서 도투마리에 감는 일.

손끝 하나에 의한 결과가 마지막 제품에 큰 영향을 미친다는 것을 확신하고, 작업 전에 반드시 자기가 해야 할 모든 사항을 철저히 체크한 다음 8시간의 자기 업무를 시작하였으며, 적당히 넘기는 일이 없었다.

이와 같이 종합적으로 철저한 의식구조를 갖추었기 때문에 일본의 방적산업은 아직도 세계 최상위의 위치를 지키고 있다. 또 우리나라 면방적이 일본에 접근했다고 하나 아직도 우리나라의 Comer사가 일본의 Top Class의 니트 메이커에 일본 실을 제치고 판매하지 못하고 있다는 사실에 대해 경영자나 관리자, 기술자나 생산자 모두가 반성해 볼 일이다.

무엇보다 이와 같은 결과가 나타나게 된 것은 누구 하나의 잘못이 아님에도 불구하고, 우리는 '내 탓'을 하기보다 경영자의 탓으로 돌리거나 기술자에게 장인정신이 결여되어 있기 때문이라고 한다. 과연 그럴까? 우리나라의 기술은 한국인 특유의 문화 구성 능력에 의하여 형성되고 있음이 사실일 것이다. 동양사상의 영향을 받은 우리나라는 아무래도 중용과 경험을 중요시하고 모방과 종합적 사고방식을 지향하는 데 비하여, 서구 사상은 가부(可否)가 분명하고 논리적이며 창조적이고 분석적인 경향이 강하다. 또한 Polynesia적 해양민족 특유의 사상을 바탕으로 서구문화를 재빨리 흡수한 일본인들과도 다르다. 다만 그들의 사상 내지 의식구조에서도 우리가 취사 선택해야 할 것이 많다고 생각한다.

한 마리의 코끼리라는 동일한 대상을 놓고서, 독일 사람은 '제1장 코끼리는 얼마만큼 크다, 제2장 네 다리가 기둥과 같다'는 식으로 그 구조 자체를 논리적으로 분석할 것이며, 네덜란드 사람은 이 코끼리를 가지고 어떻게 장사를 하면 돈을 크게 벌 것인가를 고민할 것이고, 미국 사람은 이 코끼리보다 더 큰 코끼리를 어떻게 하면 생산해 낼 수 있을 것인가를 연구할 것이며, 프랑스 사람은 코끼리의 Love Story부터 시작하여 코끼리의 생애를 다룰 것이며, 일본인은 이 코끼리와 사자를 혼혈시켜 더 크고 사납고, 용맹한 사자 코끼리를 만드는 방법을 연구할 것이라고 어느 국민성 평가자가 쓴 글이 생각난다. 여기에 우리는 어떠할 것인가를 생각해 본다.

우리에게는 중용의 정신도 있지만, 끈기와 인내도 있으며 대륙적 기질도 가지고 있다. 아마도 이러한 자질을 활용하여 코끼리를 대하게 될 것이다. 이와 같은 우리의 의식 수준을 이제 다시 되새겨보아야 한다. 즉 과학문명의 전환기적인 시점에서 우리의 정신문화적 의식수준도 높아져야 한다고 생각한다.

요즈음 나는 새로운 프로젝트로 5만여 추의 최신 모델공장을 건설하는데 현장에서 직접 지휘 관리를 계속해 오고 있다. 이곳에서 일어난 일 한 가지만 소개하면, 물탱크에서 물이 새어 나오지 않도록 미장 방수 공사를 했는데, 한 번으로 끝내야 할 것을 세 번이나 실시해도 또다시 누수(漏水)현상이 생긴 예가 있었다.

신도시 고층 아파트가 부실공사로 인해 중단명령을 받았다는 기사를 보고, 아름다운 신도시에서 살아보겠다는 새로운 꿈을 안고 새 집을 마련하려는 사람들에게 얼마나 큰 실망감을 줄 것이며, 외국사람이 이 기사를 본다면 얼마나 한심한 나라의 현실이라고 비웃을 것인가 하는 생각이 들었다.

이 얼마나 답답하고 그 얼마나 낭비가 될 것인가? 만일 이와 비슷한 모든 현상이 우리 주위 환경의 여건이라면 이는 우리나라 업계의 국제 경쟁력 제고에 역기능이 될 것이다. 결국, 한마디로 우리나라 사람들의 의식구조에 문제가 있는 것이다.

우리나라 항공기의 로칼 라인이나 새마을 열차에도 외국인의 승차율이 높아져 간다. 이와 같은 현실에서 우리 역시 의식구조를 개선하고 국제적 수준을 갖춰야 한다. 외국인을 위해서 뿐만이 아니라 서로가 기분 좋은 여행을 하기 위해서이다.

이를 위해 우선 공중도덕을 유지하려는 의식이 필요하다. 그런데 몇 명의 어린이가 기차 통로를 오가면서 떠들어대며 어린이로서의 귀염을 받을 한계를 벗어난 행동을 하여 짜증을 불러일으킨다든지, 또는 몇 사람이 의자를 돌려 마주앉아 소리 높여 웃으며 술잔을 기울이거나 큰소리로 노닥거리는 현상을 보면, 마치 자기 집의 거실과 공중의 집합장소를 착각한 것 같은 인상을 받을 때가 있다.

그래도 나무라지도 않고 누가 충고도 않는다. 왜 그 부모는 어린이가 떠들고 노는 장소와 시간을 구분할 줄 알도록 어려서부터 교육시키지 않는 것이며, 왜 우리는 주변사람의 의식 수준을 국제적 수준으로 높이기 위한 충고에 주저하는 것일까 생각해 본다.

물론 우리에게도 좋은 면과 긍정적인 측면에서 자랑할 만한 국민성이 없지는 않다. 또한 우리가 가끔 업무로 일본이나 다른 외국 출장을 갔을 때, 우리의 자랑스러운 태극기를 높이 세우거나 테이블에 크로스시켜 놓고 환영하는 경우를 많이 체험했을 것이다. 만일 개인의 자격으로 동일한 방문을 했을 때 어느 곳에서 누가 그러한 가슴 뿌듯한 영접을 해줄 수 있을 것인가를 생각해 보면 첫째도, 둘째도, 셋째도 자기가 소속된 기업체나 국가가 얼마나 중요하다는 것을 느꼈을 것이다.

섬유제조업은 유난히도 종합 예술적 하모니가 필요한 생산과

정이 많다. 어느 한 공정을 소홀히 해서도 안 되며 어느 한 사람이 잘못을 저질러도 안 된다. 모든 공정에 모든 사람이 정신적으로 그리고 행동 면에서 종합적으로 잘 해야만 좋은 제품을 생산할 수 있으며 국제경쟁에서도 이길 수 있다.

생산 공정에서는 많은 사람이 더불어 공동의 생활을 하며 함께 어울려 일하게 된다. 사람과 사람 사이에는 취미가 같거나 종교가 같다든지 또는 출신학교 등에 따라 더 친하거나 혹은 조금 덜 친한 정도의 차이가 있다. 다만 이를 가지고 비공식적 조직을 형성하여 다른 사람에게 영향을 끼친다면 다른 사람 역시 또 다른 방법으로 그 힘에 대항하려 할 것이다. 결국 파벌이 형성되고 나아가 종합적인 하나의 좋은 생산목교에 금이 갈 수도 있다는 사실은 동서고금의 철칙이다.

우리가 식민지 상황으로부터 벗어나 나라를 찾은 지 반세기가 되어 간다. 그 동안 굶주려도 보았으며 다소의 여유가 있어 보기도 하였다. 또 최근에는 여유가 지나쳐 술에 취해 보기도 하였다. 그러나 아무리 술에 취했다 하더라도 이제 정장을 하고, 비틀거리지 말고 똑바로 걸어가야 할 때가 되었다.

마지막으로 한 가지 예를 더 생각해 보자. 김포공항을 통해서 입국하는 많은 외국인들이 교통 관계에 대해 불만을 토로한다. 실제 일본에서 대중교통을 활용해 본 사람이나 친절한 택시를 체험해 본 사람이라면, 우리와는 너무나 대조적이라는 사실을 금세 알 수 있을 것이다. 이제는 우리도 국제적 수준을 생각하는 의식구조의 개선에 나를 제외하지 말고 스스로 밀알이 되겠다는 각오로 노력해야 할 것이다. 여기에 더하여 우리 산업분야에서도 국제 경쟁력 제고에 앞장서야 할 때라고 생각한다.

「월간섬유」 No. 232, 1992. 12.

# 지천명에 거는 기대

새로운 한 해가 시작되었다. 새해인 1995년은 생각만 해도 가슴이 벅찬 한 해가 될 것 같다.

올해는 일제에서 우리나라가 해방이 된 지 반세기가 되는 해이다. 사람은 나이 50이 되면 인생을 논한다고 하며 공자는 나이 50이면 천명을 알게 된다고 하였다. 천명을 알게 된다는 것은 인간 본연의 자세를 알 만큼 완숙되었다는 이야기가 아닐까 생각된다. 그렇다면 이제 우리나라도 좀 어른스러워졌으면 한다.

그러나 지난 한 해는 생각하기조차 싫을 정도로 너무나 엄청난 일들이 우리 사회의 곳곳을 얼룩지게 만들었다. 특히 성수대교 붕괴 사건을 비롯한 수차례에 걸친 커다란 인명사고, 관리능력의 부재와 부주의에 의한 가스 폭발사고 등과 각종 세금비리가 끝이 안 보이게 나타나는 사회 현실을 누고 신 한숨을 내쉬

지 않을 수 없다.

이러한 사건들의 일부는 외국 언론의 Top News감이 되어 보도되고 우리 기업의 국제입찰에서 탈락의 요인으로 이어졌으니 기가 꽉 막힌다고 하지 않을 수 없다. 이런 일들에 대해 그저 후진성을 탈피 못했기 때문이라든가 또는 예전에 했던 일들이어서 라든가 과거의 정치가, 행정관료들에 의해서 이루어졌기 때문이라고 하기도 한다. 또 기업의 경영진과 기술자에게 그 책임을 전가시키려고 하는 사례도 있다. 그리고서 과학기술의 후진성을 탈피하지 못한 것을 탓하기도 한다.

외국의 경우라면 몇십 년 만에 한 번 있을까 말까 하는 정도의 커다란 사건들이 1-2년 안에 여러 차례 일어나고 있는 것을 보니, 가슴이 아플 뿐만 아니라 무척 안타깝다.

이렇게 한심하게 기업을 길러오게 한 책임이 어디 있으며 그리고 과학기술인들에게 언제 신바람 나게 일하고 연구할 수 있는 기회를 주었는지, 또 아직도 과학기술의 후진성을 탈피하지 못하고 있는 근본적인 원인은 어디에 있는지를 곰곰이 생각해 보아야 한다. 모두가 자기의 부족과 과실은 뒤로 감추어 놓고 남의 잘못만 큰 소리 내어 따지고 있는 것은 아닌지 반성할 필요가 있다.

지난 한 해는 우리 사회 곳곳이 너무나도 썩은 몸통처럼 느껴지곤 했다. 그러나 고목에서도 새로운 싹은 터야 한다. 특히 금년부터는 WTO(세계무역기구)가 창설되어 이 체제에 의하여 세계 무역이 진행된다고 한다. 우리가 좋든 싫든 간에 이제 우리나라는 국제화의 흐름 속에서 미국, 일본 등의 비준에 이어 세계무역기구 즉, WTO라는, 거부할 수 없는 환경 속에 들어선 것이다.

지난 50여 년간 세계의 무역질서를 유지시켰던 관세무역 일반협정(GATT)과 비교한다면, 1995년 1월 1일 공식 출범하게 되는 WTO는 협정에 불과했던 GATT와 달리 강제력을 갖는 무역의 UN이라고 할 수 있다.

따라서 모든 국가 상호간의 총성 없는 경제전쟁 시대에 돌입했다고 할 수 있다. 이러한 급변하는 환경 속에서 우리는 무엇을 생각해야 할 것인가. 오늘날 한 나라의 국가경제는 과학기술이 그 뒷받침을 하지 않으면 안 된다고 본다. 2급짜리 생산제품은 이제 쓸모가 없다. 이들은 결국 시장에서 패배하게 된다.

독립 국가가 된 지 50년이 되어가고 있으니 우리나라도 2급을 탈피해야 되지 않겠는가?

그러기 위해서는 모두가 기초부터 튼튼하고 차분하게 그리고 소수집단의 이기주의에 급급하지 않고, 보다 먼 안목으로 현실을 냉혹하게 비판, 관찰하고 내일의 설계를 알차게 꾸며야 할 것이다. 새해를 맞이하며 올해만큼은 그리고 올해부터는 풍요로운 사회 발전이 이루어지도록 우리 섬유인들부터 부드러운 섬유제품과 같이 보다 부드러운 인간생활을 이룰 수 있기를 바란다.

「월간섬유」 No. 257, 1995. 1.

# 우리 서로 사랑하며

해가 바뀌면 연륜이라는 것이 생긴다. 나무도 해를 더하면 연륜이 생겨 더 커지고 단단해지기도 한다. 인간도 연륜이 더해가면 경륜이 쌓이고 또 완숙해져가며, 정치와 경제 그리고 사랑과 인간의 정서와 교양도 해가 거듭될수록 그 경지가 조금씩 올라가야 한다고 생각한다.

우선 우리나라의 지속적 경제성장률은 세계 2위로 높게 나타났다. 비록 GNP 7,000$의 수준이긴 하지만 식생활 해결이 가장 중요한 문제였던 1950-60년대 절대빈곤의 시기, 생존경쟁이 치열했던 보릿고개를 어렵게 넘기고, 짧은 기간에 선진국형의 사회 환경이 조성되어 가고 있음은 누구에게나 자랑거리가 아닐 수 없다.

세계 어느 곳에서나 한국인 여행객을 볼 수 있으며 한글로

손님을 끄는 선전까지도 대두하고 있다고 하니, 이제 어느 정도 궤도에 오른 듯싶다.

그러나 우리의 속담에 재물은 당대에 모을 수 있으나 집안의 형성(즉 뼈대 있는 집안을 만든다는 것)은 삼대에 걸쳐 보아야만 알 수 있다는 이야기가 있다.

곳곳에서 어글리 코리언(Ugly Korean)이라는 말이 나올 정도로, 경제적으로는 윤택해졌지만 문화적으로 선진국 수준까지는 아직도 멀었다고 볼 수 있다. 하지만 현재까지의 경제성장은 성공적으로 이루어졌다고 자평할 수 있다.

그러나 왜 그런지 모르겠지만 우리나라 정치만큼은 전혀 후진성을 탈피하지 못하고 있는 것 같다. 정치와 관련된 좋지 않은 기사를 읽을 때마다 "그럼 그렇지 뭐"라는 생각을 갖게 되는 것은 왜일까 생각해 본다.

그것은 결코 정치하는 몇몇 사람에게만 책임을 돌릴 일이라기보다, 우리들 국민에게도 일정 부분 책임이 있다는 생각이 든다. 왜냐하면 국민이 정치가를 뽑는 주권행사를 자유로이 할 수 있는 민주주의 토대 위에서 살아가면서도, 우리는 민주시민으로서의 자신의 권리를 제대로 행사하지 못했기 때문이다. 그렇게 되면 결국 책임은 우리 모두인 국민에게 돌아온다.

이제 해도 바뀌었고 우리의 고유명절인 설날도 지났다. 설날에 우리는 서로 인사를 나누며 "새해 福 많이 받으세요"라고 하거나 "새해를 맞이하여 소원성취 하세요"라고 이야기한다. 또 소원을 기원하는 내용을 담은 덕담을 주고받는 아름다운 미풍양속이 있다.

정말로 우리는 서로가 따뜻한 정을 주고받으며 살아온 단일민족이면서도 사색당쟁에 눈이 어두워 나라까지 잃어버렸던 설움을 겪었다. 그런데도 여전히 지역감정의 소용돌이 속에 서로가 불신의 아픈 상처를 치유 못하고 있는 서글픈 한 단면이 있다.

이솝우화 중에 '똑같은 보답'이라는 이야기가 있다. 덫에 걸린 독수리를 한 농부가 구해 주었다. 얼마 후에 그 농부가 무너지려는 벽 아래 있는 것을 본 독수리는 보답을 해야겠다고 생각했다. 그래서 독수리는 농부의 머리띠를 나꿔챘다. 농부는 머리띠를 찾으려고 독수리의 뒤를 쫓아갔다. 얼마쯤 쫓아갔을까. 그 때, 농부가 서 있던 벽은 무너지고, 독수리는 낚아채간 머리띠를 떨어뜨렸다는 것이다.

농부가 머리띠를 찾으려고 안간힘을 다해 그 독수리를 쫓아갔을 때의 심정은 어떠했을까 한번 생각해 볼 필요가 있다. 눈앞의 일만 생각하고 자신의 이익에 급급하여, 대들고 비난하고 당황할 일이 아니라는 것이다. 즉 우리는 결코 근시안적 견해로써 모든 것을 판단해서는 안 된다.

특히 금년 6월 즉, 앞으로 5개월 후면 우리나라 최초의 지방자치를 위한 4대 선거가 있다. 우리나라도 해방이 되고 독립이 된 지 50년이 되었으니 어른이 된 셈이다.

좀 어른스럽게 그리고 성숙된 사회의 일원답게 우리 자신을 위한 선거를 치르고, 서로 도우면서 아끼고 비난하지 말았으면 한다. 우리나라의 앞일을 생각하면서 사랑하고, 자연스럽게 선진국의 문화를 흡수하면서 많은 것을 가져올 수 있는 새해의 한 장이 펼쳐지기를 두 손 모아 기대해 본다.

「월간섬유」 No. 258, 1995. 2.

# 부럼과 초콜릿

입춘이 지나 봄의 소식이 들려올 때마다, 입춘대길(立春大吉) 건양다경(建陽多慶)이라고 써서 문 위의 벽에 붙였던 어린 시절이 기억난다. 계절적으로 설이 지나고 나면 구석구석 깨끗이 청소를 하면서 봄맞이 준비를 하고 새로운 한 해의 본격적인 출발을 하였던 것이 우리네 풍습이었다.

그리고 나면 곧 커다란 우리의 명절인 '정월대보름'을 맞이하게 되는데 지난 2월 14일은 정월대보름이며 발렌타인 데이가 우연히도 겹쳐진 날이기도 했다. 재래시장과 백화점은 때 아닌 대호황을 누리게 되었다. 나이가 좀 드신 분들은 도대체 발렌타인 데이가 또 무슨 명절(?)인가 의아해 하실 것이다. 나도 몇 해 전까진 역시 생소한 단어였으니 말이다.

발렌타인 데이란 여성이 남성에게 사랑을 고백하면서 초콜릿을 선물한다는 서양의 풍습이다. 이렇듯 우리 것과 서양의 풍습이 아무렇지도 않게 넘나들면서 공존하고 있다.

그러나 내가 우려하는 것은 우리 젊은 세대들이 우리의 정월대보름이란 명절을 얼마나 알고 있으며 1년 중에서도 가장 밝다고 하는 보름달을 한번 쳐다보기나 하는지, 그러면서 소원 성취를 바라며 감상이나 하는지이다. 물론, 초콜릿을 주고받는 아이들에게 이런 걸 바라는 건 어쩌면 부질없는 바람일 수도 있다.

'95년 벽두부터 세계의 각 곳에서 난기류가 흐르는 등 지극히 심상치 않은 기후 변화에 마음 조였는데 일본의 KANSAI(關西) KOBE 지방에서는 금세기 초유의 대지진으로 5,000명이 넘는 인명을 순식간에 앗아갔으며 재산 피해액만도 10조엔(약 80조원)이 넘는다는 발표가 있었다.

그러나 그 속에서나마 살아남은 사람들은 여전히 고향 고베에 살면서, 고베를 복구하고 고베 부흥에 힘쓰면서 타지로 이사나 이민을 생각한 사람은 거의 없다는 이야기를 들었다. 자신의 것을 지키려 애쓰는 그들에게 격려의 박수를 보내고 싶었다.

유사한 비유가 될지 모르겠지만, 지난 해 이른 봄 어느 날

밑기둥이 불에 타서 누워있는 복숭아나무가 꽃을 피워내고 있음을 보았다. 얼마나 강인한 삶의 몸부림일까? 아름다운 꽃을 피우기 위한 마지막 혼신의 노력이었다. 그 광경에서 무어라고 표현하기 어려운 감동을 받았다.

어려운 고난에 처했어도 복숭아나무의 본분은 꽃을 피워냄이고 그리하여 곧 복숭아를 열게 함이 자신의 역할을 다하는 것이며 그것이 곧 복숭아나무의 위치를 지키는 것이 될 것이다.

이처럼 인간이나 자연은 자연의 섭리대로 순환의 주기를 따르며, 될 수 있는 한 벗어나지 않으려는 의지를 내재하고 있다. 더군다나 요즘과 같은 세상에서는 우리의 것을 지키는 데 복숭아나무처럼 엄청난 시련이나, 역경, 고난을 겪지 않고서도 얼마든지 편안히, 즐거운 마음으로 지속 발전시킬 수 있다.

귀밝이술이며, 온갖 병을 물리쳐 달라고 깨무는 부럼이며, 색색의 오곡밥과 나물들, 불붙은 깡통을 빙빙 돌리며 흔쾌해하는 쥐불놀이 등 정월대보름에 맛보는 놀이들은 정말 매력적이다.

초콜릿은 당장은 달고 자극적이겠지만 우리의 것, 내 것은 결코 아닌 것이다. 우리의 젊은 세대에게 당부하고 싶다. 초콜릿만 선물하지 말고 호두나 밤을 주고받으면서 그 날만이라도 하늘을 보고 밝은 달을 쳐다보며 느껴보라고. 우리의 건강에도 초콜릿을 많이 먹는 것보다 밤이나 호두, 콩 등을 즐기는 것이 훨씬 더 좋다는 것은 다 아는 상식이다.

우리의 것을 지키고 보존한다는 것이 얼마나 가슴 뿌듯하고 벅찬 일인가를, 그리고 내 것이 얼마나 소중한가를 기억하자.

「월간섬유」 No. 259, 1995. 3.

# 두다버버

옛날이야기에 벙어리 세 사람이 있었다. 동네에 불이 난 모양을 보고 "돗네 밧네 붓났네"(동네방네 불났네)라고 한 사람의 벙어리가 말했다. 그랬더니 다른 사람이 "마나머나"(말이냐 무엇이냐의 뜻)라고 꾸짖었고, 이 두 사람의 벙어리 말을 듣고 있던 세 번째 사람이 듣다못해 "두다버버"(둘다 벙어리)라고 평했다는 것이다. 이는 옛날 이야기에 불과하지만 오늘날 우리 사회의 주변에서도 이와 같은 현상이 벌어지고 있다는 생각이 든다.

북한의 핵 문제에 관해서도 그렇다. 한쪽에서는 일관성 없는 정부의 정책이 오늘날과 같은 현상을 빚어냈다고 하면서 꼬집고, 국제연합의 제재조치에만 따라야 할 뿐이라는 등의 발표가 있는가 하면, 다른 쪽에서는 그 사람의 사고방식은 한국 국적이 의심스러운 정도라고까지 맹렬히 비난하는 목소리가 나오기도 한다. 이 틈바구니에서 국민은 무엇이라고 평가해야 좋을지 모르겠다.

우리는 역사를 통하여 어느 나라보다 훌륭했던 조상들의 정신을 확인할 수 있으며, 우리와 후손이 이를 배워 가야 한다고 생각한다. 그러나 한편으로는 나라가 누란의 위기에 처해 있는데도 오로지 당쟁에만 눈이 어두워 결국 나라를 망하게 하였던 뼈아픈 과거를 지니고 있다. 그러면서도 아직도 우리는 역사의 교훈에 등돌리고 사사건건 반대를 위한 반대만이 자기편을 정당화시키는 것으로 생각하는 모습을 보이기도 한다.

교육의 개혁에 관해서도 그렇다. 대학입시제도도 일관성이나 대의를 잃어버린 채 몇 년 터울로 그리고 정권이 바뀔 때마다 변해왔다. 고등학교 입시제도, 교육제도도 마찬가지다. 미국이나 유럽 및 일본 등의 교육제도를 연구하고 온 저명한 분들도 많을 것이며 그곳에서 유학하고 돌아온 우리나라의 석학들도 많을 텐데 우리나라는 왜 그리 일관성 없는 조령모개(朝令暮改) 교육정책만을 반복하고 있는지 한심스러운 일이다. 특히 최근의 학제에 대한 공청회 등을 하는 것을 보면 정말 '두다버버'라고 표현하여야 할 수밖에 없을 것 같다.

UR 체결이 된 후 너나할 것 없이 국제경쟁력을 높이지 못한다면 국제화 시대에 뒤떨어질 것이며, 선진국 대열에 끼어들 수 없다면 결국 살아남을 길이 없을 것이라고 말한다. 분명히 우리들 모두가 국제경쟁에서 앞서야 하고 이겨야 한다는 사실은 당위이다.

그렇다면 이 시점에서 우리 스스로를 한번 되돌아보자.

세계 산업혁명의 주체였고 우리나라 산업발전의 견인차 역할을 담당했던 섬유산업은, 근년에 이르러 전자산업에 수출이 선두자리를 내주었다고는 하나, 아직도 연간 1백 60억 불의 수출을 하고 있으며 또 외화가득액에 있어서도 여전히 높은 비율을 차지하고 있다. 부가가치 창출 산업인 동시에 섬유 선진국의 '섬유무기화' 가능성에 대비해서라도 앞으로도 섬유산업은 국가전략산업으로 육성되어야 할 것이다.

섬유산업은 근본적으로 원료를 해외에서 수입해야 하고 또한 우수한 시설은 아직도 외국의존도가 크며 특히 엔지니어링 분야에서는 선진국에 비하여 뒤떨어진 면이 여전히 많다. 더욱이 여기에다 생산직 근로자의 절대 부족현상과 노동생산성마저 뒤떨어져 가고 있으며 그 질마저 저하되고 있는 상황이다. 이와 같은 처지에서 품질을 향상시켜 국제 경쟁력을 제고시키고 신소재 및 기술개발을 해나가기 위하여서는 정확한 진단과 제언을 아끼지 말아야 할 것이다. 정부 부처 또한 이를 적절히 수용함으로써 제3자에 의해서 '둘 다 벙어리'라는 '두다버버' 소리가 나오지 않도록 해야 되지 않을까 생각한다.

「월간섬유」 No. 251, 1994. 7.

# "말을 할 수가 없다"

사람이 기가 막히면 말이 나오지 않는다고 한다. 요즘 세태를 보건대 정말 그러하다.

'94년이 시작될 때부터 UR 문제로 인하여 온 세상이 떠들썩하였고 국제화의 시대에 또는 지구경제시대에 돌입하게 됨에 따라 필사적 노력을 기울이지 않으면 살아남을 수 없다고 누구나 다 외치곤 했다.

더 나아가 "한 나라의 국민 경제는 국내적 요인보다 국제적 요인에 의해 더 크게 영향을 받을 것이다"라고 말하면서 이제 국민 경제의 발전은 자본이나 기계설비와 같은 하드웨어(Hardware) 분야도 중요하지만 교육, 지식, 기술, 근로 윤리 그리고 정보와 같은 눈에 보이지 않는 정신적 차원(즉 Software)의 유무나 고저에 의하여 좌우되는 비중이 더 클 것이라고 예측하기도 한다. 또한 세계 제일의 상품을 생산하지 못하면 낙후일로의 길을 걷게 될 것이라고 우려하기도 한다.

오랜 역사 속의 이야기도 아니고 먼 나라의 사례도 아닌 바로 가까운 필리핀과 싱가포르가 각각 그 예가 될 수 있다. 영국과 일본의 식민지였고 1965년에서야 말레이시아로부터 완전 독립한 이래 30년도 채 안 된 싱가포르가 오늘날 세계적 모범국가가 되어가고 있는 것에 비해, 그와 정반대로 1960년대까지만 해도 GNP가 우리나라보다 훨씬 높았던 필리핀은 오늘날 점점 쇠락의 길을 걷고 있다.

특히 우리나라에 와서 취업을 하고 있는 필리핀 사람들의 모습에서 그 나라의 전반적 상황을 읽을 수 있다. 그들은 종교의 자유가 보장되어 있으며 사회주의나 공산체제 하에 있지도 않았다.

이러한 상황에서 우리가 생각해야 할 점은 너무나도 많다. 한마디로 요약한다면 선택의 자유는 개인에 있지만 경제는 나라 전체의 문제가 된다는 것이다. 즉 국가를 먼저 위하는 애국심이 중요하다는 것이다.

그런데 요즘 우리 한국 국민의 GNP가 러시아 국민의 배가 훨씬 넘고 중국보다 세 배가 넘는다고 하여 러시아와 중국에 가서 우리의 여행객들이 뽐내고 있다고 한다. 그러나 우리 국민의 애국심의 정도는 GNP의 상승에 오히려 반비례하는 듯하다.

이러니 저러니 해도 지금 우리는 과거 조국의 광복을 위해 일생을 바친 우리 선열들에 비해 과분한 풍요와 자유를 누리고 있다. 일찍이 독립투쟁에 인생을 바치셨던 선열들의 희망은 오직 조국의 광복과 독립이었다. 만일 그분들에게 하나의 소유욕이 있었다면 그것은 조국이었을 것이다.

그에 비해 오늘날 우리의 모습은 어떠한가. 세계화와 선진화의 대열에 아직 진입하지 못했음에도 불구하고 재물, 명예, 권력 등의 욕망에 사로잡혀 조국이니 민족이니 국제화니 세계화니 하는 이야기는 공염불에 불과할 뿐이다. 어찌하여 지금과 같은 급박한 시기에 김일성 사망 조문이니 분향 운운하는 한심스런 소모적 논쟁을 하고 있을 수 있는지 이해하기 어려울 뿐만 아니라 기가 막혀 말도 나오지 않는다.

우리들의 세대는 유난히도 많은 어려움을 겪었다. 일본의 식민지 치하에서 태어나 동족상잔의 쓰라린 6.25를 경험했으며, 4.19 혁명과 5.16 군사독재의 시작부터 5, 6공화국까지를 거치면서 생사의 소용돌이 속에서 오늘날의 한국을 이룩하는 데 동참해 온 것이다. 격변의 시대를 겪은 우리 세대에게 현금의 작태는 도저히 용납할 수 없는 망상일 뿐이다.

진정 국가의 장래를 위하여 이제 우리도 기업 윤리를 확립할 때이다. 또한 근로자의 장기농성으로 몇 백 억, 몇 천 억의 국민 경제 손실을 가져왔다고 하는데, 이제 그만 자제하고 자기 위치를 찾길 바란다. 화염병도, 최루탄도 그만둘 때이다.

비뚤어진 사회의식을 바로 잡기 위해서는, 어렸을 때부터 시민으로서 갖춰야 할 소양을 기본적으로 가르쳐야 하며 교육학자들 역시 양심적인 인재를 육성해야 한다.

스위스의 교육자 페스탈로찌는 "1년 앞을 생각하는 사람은 꽃을 기르고 10년 앞을 내다보는 사람은 나무를 기르고 1백년 앞을 고려하는 사람은 사람을 기른다"라는 말을 하였다고 한다. 거듭 강조하는 바이지만, 세계 무대에서 정신력(software)의 재무장만이 경쟁에서 살아남을 유일한 방법이다.

새롭고 좋은 방향으로 변화하고 국제화를 이루어 내야만 우리 사회가 발전한다는 것을 깨달으며, 기가 막혀 말이 나오지 않을 정도의 요즈음의 세대에 새로운 활력소가 솟아나기를 기대해 본다.

「월간섬유」 No. 252, 1994. 8.

# 견해차이와 장의(葬儀)문화

지난 8월 6일 일본의 대기업 10대 제조회사의 하나이며 매출액이 2,000억￥, 한화 약 1조 6천억 원인 M회사의 전무취체역이었던 故 고니시(小西, KONISHI)씨의 회사장(會社葬)에 참석했었다. 사상 유례가 없는 금년의 더위는 日本에서는 더욱 심하여 이날 KYOTO의 기온은 섭씨 39.7℃였다. 이 견디기 어렵고 힘든 폭염 속인데도 M회사의 직원 800여 명, 그리고 많은 외국인을 포함한 2,000여 명의 조문객이 참석하였고, 장례식은 조그마한 일본식 절에서 거행되었다.

일본 사람은 인간의 3대 행사를 여러 종교 의식 속에서 치러내는데, 흔히 하는 말로 신교(神教)의식으로 태어나고, 기독교식의 결혼식을 거행하고 불교의식으로 장례 지낸다는 것이다.

아무튼 우리나라의 경우, 회사장은 대개 그 회사의 큰 강당이나 또는 운동장 등에서 하는 것이 보통이지만 이 회사의 경우 170여 명이 들어갈 정도의 귀빈실(貴賓室)이 있는 절에서 장례식을 거행했다.

어ㄴ 곳이나 일반석과 귀빈석이 있기 마련이지만 올해 같은 찜통더위에 2,000여 명 모두가 한결같이 위아래 검정색 복장에 흰 와이셔츠와 검정색 넥타이를 하고 참석했으니 땀으로 목욕을 하면서 서 있는 것과 같았다.

그러나 170명의 귀빈석은 에어컨 시설이 완벽하게 되어 있는 실내에 마련되어 있었는데, 이곳에 참석한 인사들 역시 대단한 예우를 받은 듯하였다.

말도 못할 정도의 무더위에 아랑곳하지 않고 고인의 명복을 비는 장례식에 찾아와, 분향하고 정중하게 조의를 표하며 오열하는 모습들과, 참석자 전부가 한결같이 검정색 복장에 염주까지 든 사람이었다는 점이 상당히 인상적이었다.

한편. 그 귀빈석에 앉아 있는 분들의 얼굴 표정을 보면서 여러 생각이 들었다. 정말로 고인의 명복을 빌기 위해서 일부러 해외(海外)에서 저렇게도 상당수의 많은 사람들이 참석했을까? 아니면 큰 회사의 최고위직 중역이었기 때문에 이 회사와 향후 자기와의 사업 관계를 원활하게 유지하기 위해 혹은 체면을 차리기 위해 참석한 것은 아닐까?

장례식은 정중하고 엄숙하게 진행되었다. 회사의 사장이 읽은 첫 번째 조사(弔辭)에는 지극히 평범하고 평상시와 같은 사랑스런 표현이 잘 드러나 있었고, 고인의 친우가 읽은 조사에는 생존시 사귀고 지내던 깊은 우정이 그대로 표현되어 있었다.

특히. 그에 대한 조사(弔辭)에서 이제 남은 가족에 대한 모든 문제는 전혀 걱정 말고 편히 쉬라고 말할 때와 친구가 조사를 읽으면서 서로 어렸을 때 부르던 호칭을 그대로 사용했을 때에는 모두가 가슴이 미어지는 느낌을 갖는 듯하였다.

나는 일본의 장례식에는 세 차례 참석해 보았고 우리나라에서는 주위의 아는 사람들의 장례식이면 가급적 적극적으로 참례하려고 노력해왔다.

자연과학을 전공한 나야말로 인문사회과학 분야는 문외한일 수밖에 없지만 역사적인 측면을 보면 미개한 일본문화를 일깨워준 사람은 우리의 조상이라고 생각한다. 또한 우리는 그 사실에 자부심과 긍지를 느끼고 있다. 일본인 일부도 이를 시인하고 있으며 한국 문화에 관하여 많은 관심을 갖고 있는 사람도 점차 늘어나고 있다.

그래서 자랑스러운 민족문화를 지닌 우리나라에서의 장례절차, 장례의식은 어떠한지 생각해 보았다. 물론 정중하게 그리고 자랑스럽게 그리고 엄숙하게, 정성스럽게 모시는 가정도 너무나도 많다. 훌륭한 본보기가 되는 점도 많이 있다.

나의 표현이 서투르지만 수십 수백 개의 조화가 진열되어 있어야 명문대가의 장례식이고, 수많은 만장의 행렬이 있어야 명문유가(名門儒家)의 참모습이며, 밤을 지새우기 위하여 화투놀이를 하루종일 해야 하고, 술에 취해 떠들썩하게 보내고 있어야 '상갓집 답다'고 생각하는 사람도 있다.

그러나 또 한편으로는 개인의 종교적 신앙의 차이에 따라 자기의 부모라 하더라도 시신에 대하여 절을 하지 않는 사람과 이에 대하여 거부감을 느끼는 사람들 사이에 장의 의식에 대한 견해 차이가 있기도 하다.

내가 어렸을 때 보았던 일로 할아버지와 할머니의 영위를 모시고 흰옷만을 입으신 채, 3년 동안을 매일같이 밥상을 차려 놓으시고 담뱃불을 붙여놓으시다가 6년 후에는 끝내 골초가 되셨던 나의 어머님이 생각난다. 또 캐주얼(Casual) 복장으로 장례식에 참석한다는 요즘 사람들의 풍광도 떠오른다. 이런다고 해서 나무랄 사람은 아무도 없다.

그러나 사람에 따라, 집안에 따라 견해차이(見解差異)는 있을 수 있다. 이러한 견해차이를 흑백논리로 비난할 것이 아니라, 자연스럽게 조화를 이뤄내어 우리의 문화를 한 차원 높은 수준으로 향상시키는 노력을 해야 할 때라고 생각한다.

「월간섬유」 No. 253, 1994. 9.

# 5

# 부록, 인간 김해곤

# 면방 기술 · 운영 두 마리 토끼잡은 大家

## <섬유패션 대상 공로상>

### 한국섬유기술사회 김해곤 회장

김해곤 한국섬유기술사회 회장이 면방은 물론 국내 섬유산업 발전에 기여한 공로를 인정받아 제22회 삼우당 대한민국 섬유·패션 대상 공로상 수상자로 선정됐다.

전라남도 영암 출신으로 전남대 섬유공학과를 졸업하고 숭실대에서 섬유공학과 박사학위를 받은 김 회장은 충남방적 부사장과 연구소장, 혜전대와 청운대 교수, 태전방적 사장, 갑을 해외프로젝트 사장 등을 두루 역임하면서 반세기 이상 면방 경영 일선과 후학 교육에 몸바쳐온 면방기술과 경영의 대가(大家)로 꼽힌다. 특히 그는 산학을 모두 경험하고 정확히 서로의 니즈를 이해해 최적의 두 영역의 연결자로 업계의 평가를 받고 있다.

그는 국내 섬유산업 초기에 P/C Spun yarn을 개발 생산하고 이 P/C 혼방사를 이용한 직물을 독자적 기술로 제직하는데 성공했으며, 충남방적에서 방적시설 60만추까지 증설하고 제직시설 5500대, 염색가공시설 월간 1000만야드를 생산하는 대규모 공장을 건설하는데 기술이사로서 주역을 맡아 완벽하게 수행했다.

재직 기간 중 김 회장은 충남방적 대전공장이 화재로 소실되기 전까지 품질관리 1등급 공장으로 평가받는데 총괄 책임자로서 중추적인 역할을 해 업무 추진력뿐 아니라 뛰어난 운영능력과 리더십도 인정받았다.

뿐만 아니라 김 회장은 개발자로서도 섬유업계에 작지 않은 족적을 남겼다. 그는 충남방적 기술연구소장(과기처 등록) 직을 12년간 역임하면서 핀포인트 옥스퍼드 직물, 다운-프루브 직물, 멜란지 사, 멀티스러브 사 등 국내 섬유산업 역사에 큰 획을 그은 다수의 신소재 개발에 앞장섰다.

특히 1987년 국내 최초로 군용 완전위장복지를 연구 개발하는데 성공하여 외화 절약 및 자주 국방에 공헌한 공로를 인정받아 대한민국과학기술상을 수상했다. 이는 현재까지도 섬유업계

유일한 수상이다.

이와 같은 눈부신 업무 경력을 바탕으로 2013년 한국섬유기술사회 회장에 취임한 그는 섬유기술사들의 권익 보호와 처우 개선은 물론 섬유산업발전의 전기 마련에 앞장 선 공로를 인정받아 지난달 연임이 확정됐다.

「한국국제섬유신문」, 2015. 6. 1.

# 한국과학기술상 受賞者 결정

과학기술처는 17일 제20회 대한민국과학기술상 4개 부문 수상자를 선정, 발표했다. 과학기술상(대통령상·상금 5백만원) 중 과학상에는 지난 30년간 핵물리한 연구에 전념해온 成百能 박사(63· 서울대자연대 교수)가, 기술상에는 부가가치가 높은 첨단섬유를 개발, 극내 섬유산업 발전에 기여한 김해곤 충남방적기술연구소장(52)이 각각 선정됐다. 또 기능상은 20여년간 각종 金型을 개발해온 許盛寬 금성사 校監(40)에게, 진흥상은 한국과학기자클러베 각기 돌아갔다. 시상식은 21일 충남 大德연구단지내 한국과학기술대학에서 열리는 제20회 과학의 날 기념식장에서 갖는다.

**<과학상> 成 百 能 박사**

**<기술상> 金 海 坤 박사**

**<기능상> 許 盛 寬 씨**

**<진흥상> 과학기자클럽**

## 企業연구소 이끌며 新素材 개발

"앞으로 기술개발에 더욱 매진하라는 채찍질로 받아들이겠습니다."

기술상을 받게 된 金海坤 박사는 충남방적기술연구소를 이끌어오면서 여러 가지 新소재와 高부가가치섬유를 개발해낸 장본인. 양모-면혼방직물, 이중구조사직물, 극세섬유직물 등 그가 개발한 신제품은 국산직물의 국제경쟁력강화에 크게 기여했고, 최근에는 야간적외선관측을 피할 수 있는 적외선위장가공직물을 개발하기도 했다.

"우리나라 섬유산업은 수출액 1위를 차지하고 있고, 특정부문에서는 선진국 제품을 능가하는 것도 있어요. 그러나 전반적인 기술에 있어서는 선진국에 뒤지는 것이 사실입니다."

섬유산업이 사양산업이 되는 것을 막기 위해서는 제품의 다양화 및 고급화로 대처해야 한다는 金박사는 이를 위해서는 기술개발을 강화하는 것이 필수적임을 강조한다.

또 정밀기계-전자-정밀화학 등 관련기술과의 연계를 강화하고 學-産-硏-官의 협조체제도 구축해야 한다고 말한다.

앞으로는 高强度섬유 등 관련 신소재 연구개발도 해보겠다는 金박사는 "기술개발에 대한 경영자의 태도가 기업의 사활을 결정하는 것"이라고 주장한다.

「조선일보」, 1987. 4. 18.

# 나의 아버지

## -큰아들 재학-

나의 아버지는 좀 남다르셨다. 일반적인 친구 아빠와는 다른 항상 커다란 벽이 있는 그런 존재셨다. 항상 목표지향적인 활동을 하신 관계로 가정에서의 아버지는 엄격하셨으며, 상하 수직 명령 관계를 기본으로 장착하셨다. 그래서인지 나에게 아버지는 대단히 어려운 존재이셨다.

세월이 지나고 나서 생각해보니 할아버지가 일찍 돌아가셨기에 어린 시절부터 가장의 무게를 이겨내야만 한다는 의지가 강하셨기에 엄하게 훈육하신 것 같다. 그 가슴 아픈 심성이 녹아 흘러 내면의 강건함을 이룬 것이라 본다.

초등학교 저학년 때 보이스카웃 단원 활동을 하였는데, 그날은 학교 강당에서 보이스카웃 대원들이 실내교육을 받고 있었다. 그런데 양복 정장의 남성이 강당을 성큼성큼 걸어들어 오더니 벌안간 내게 다가와 나를 번쩍 들어 안아 주었다. 그러더니

다정하게 포옹을 하고 아무 말도 하지 않고 밖으로 걸어 나가는 게 아닌가. 양복 입은 멋진 신사가 바로 나의 아버지이셨다. 그 때 그 모습을 지켜보던 단원들은 나에게 한껏 부러움과 찬사의 눈빛과 어리둥절하고 당황한 나의 모습이 오버랩 되며 묘한 대조를 이루었다. 지금도 잊혀지지 않는 추억의 한 장면이다.

어릴 때부터 아버지는 잦은 일본 출장으로 자주 뵐 수 없었다. 초등학교 때 서울로 전학을 온 이후에는 집은 서울에, 아버지 직장은 지방에 있는 관계로 일주일에 겨우 한 번 정도 오셨다.

그 일주일에 한 번이 나에게는 힘들고 어려웠었다. 군대에서의 내무반 검열을 받는 것과 같은 마음의 준비를 해야만 했다. 그런데 세월이 흘러 자식을 키우는 입장이 되어보니 그렇게 하셨던 것들이 자녀를 향한 애정 어린 꾸짖음으로 이해된다.

세월이 이렇게 흘러 아버지는 구순을 바라보는 연세가 되셨다. 여전히 연구하시며, 책도 출간하시는 모습을 보며 항상 열심히 인생을 사셨던 아버지께 존경의 마음 가득하다.

고마우신 아버지, 오래오래 좋은 추억과 밝은 웃음, 건강이 충만하시길 기원합니다.

# 아버지, 나의 아버지
## -둘째 기연-

나는 어릴 때 아버지를 기억한다. 아버지께서는 항상 업무에 바쁘셨고, 자식들에게는 엄격했다. 서울로 이사를 온 후에도, 아버지는 대전에서 근무하셨기 때문에 서울집에는 주로 일주일에 한 번 정도 들렸다. 자연스럽게 대화를 나누거나 함께 시간을 보낸 기억은 많이 없다.

그래서인지 어렸을 때의 아버지에 대한 기억은 책임감이 강하시고, 업무에 매우 성실한 존재이자 무서운 분으로 남아 있다.

그런데 내가 초등학교를 졸업하고 나서 A형 간염에 감염되는 일이 생겼다. 어릴 때부터 유약한 체질 때문인지 간염은 쉽게 치료되지 않았다. 그래서 치료를 위해 아버지와 충남 예산의 기숙사 아파트에서 함께 생활하게 되었다. 이때에도 아버지는 여전히 바쁘게 일하셨지만, 덕분에 나는 매일 아비지를 볼 수 있게 되었다. 그때 아버지는 나를 위해 서점에 데려가기도 하고, 회사 견학도 시켜주셨다. 이 시간을 통해 나는 아버지와 더 많은 대화를 나누게 되었다.

내 병세가 호전되지 않았을 때, 아버지는 내가 의지할 유일한 구세주와 같은 분이셨다. 아버지는 사방팔방 물색하여 그 당시 구하기 어려운 독일의 간염 치료제 헤파막스를 구입하여 나를 치료하게 해주셨다. 아버지의 정성과 의사 친구분의 치료 덕분에 나는 건강을 회복할 수 있었다. 그때도 마찬가지였지만 수십년이 지난 지금도 여전히 감사의 마음을 지니고 있으며, 이런 점에서 행운아라는 생각까지 들었다.

병이 회복된 후, 아버지와의 만남은 다시 한 달에 3 내지 4회로 원상복구 되고 말았다.

세월이 흘러 아버지는 구순의 연세가 되셨다. 그럼에도 아버지는 여전히 활발하게 활동하신다. 아버지는 마치 고향 마을 입구의 느티나무처럼 내 곁을 항상 지켜주시는 든든한 버팀목과도 같으시다.

아버지는 정말 배울 점이 많은 '보고(寶庫)'와도 같으신 분이다.

"아버지, 제가 더 배울 수 있도록 오랫동안 건강하시고 행복하세요."

# 한결같은, 나의 아버지

## -딸, 은정-

내가 바라보는 아버지에 대해 글을 적어달라고 요청을 받았습니다. 글도 잘 못쓰지만, 가족에 대해 글을 쓴다는 것은 언제나 어려운 일입니다. 왜냐하면 가장 객관적이기 어려운 존재이기 때문입니다.

아버지가 한평생 살아오신 세상의 반 남짓을 나는 살아왔습니다. 내가 살아온 세상은 아버지가 살아온 세상과는 많이 다른 세상입니다. 나는 아버지처럼 16살이라는 나이에 전쟁을 겪지도 않았고, 그 전쟁 통에 아버지를 잃지도 않았습니다. 나는 두 시간씩 걸어서 초등학교를 다니지도 않았고, 성인이 되어서도 부양해야 하는 여섯 동생들이 있지도 않았습니다.

전쟁에 아버지를 잃은 16살의 내 아버지 모습을 상상하고 그 이후의 삶을 그려본다면, 나는 잘 살지 못했을 것 같습니다. 듣기만 해도 너무나 버겁고, 가슴이 답답합니다.

나는 여지껏 아버지가 소파에 누워서 TV를 보시거나 리모컨을 만지작거리며 채널을 돌리는 모습을 본 적이 없습니다. 소파에 누워서 TV를 보는 행동은 우리에게 어찌 보면 가장 편안한 자세가 아닐까. 아무것도 안하고 무작정 몸과 마음을 쉬고 싶을 때 우리는 편안한 소파에서 아무 생각 없이 리모컨을 이리저리 돌리며 TV에서 떠드는 모습을 보곤 합니다. 나의 아버지는 그런 모습을 한 번도 보여준 적이 없습니다.

지금 생각해보면, 아마도 그런 소소하고 의미 없는 행동들이 아버지에게는 사치이고 시간 낭비였던 것 같습니다. 우리기족의 의식주가 큰 걱정 없이 살 수 있을 때에도 아버지는 한 번도 편안한 모습으로 시간을 보낸 적이 없었던 것 같습니다. 그래서 농담도 잘 안하시고, 가요를 따라 부르는 것도 못 봤고, 콧노래를 흥얼거리는 것도 못 들어본 것 같습니다.

아버지는 늘 공부를 하셨습니다. 회사를 다니시는 중에 야간에 혼자 공부를 해서 세무사 자격증을 땄고, 회사를 다니면서 석사 박사과정까지 모두 마치셨습니다. 공부만 하라고 해도 잘 못하고 어려운데 자격증과 학위를 회사를 다니며 가족들을 부양하며 따냈습니다.

그럼 독불장군 같은 이미지를 상상할 수 있을 텐데 나의 아버지는 놀랍게도 굿리스너(Good Listner)이십니다. 나도 회사에서 일이 바빠지고 직급이 올라가면서 다른 사람의 말을 경청하기 힘들게 된 순간들이 있었습니다. 특히 크게 의미 없는 말을 장황하게 하는 사람의 경우에는 말을 끊는 경우도 더러 있었습니다. 그러나 나의 아버지는 내가 말하는 것들에 대해 언제나 잘 들어 주셨습니다.

잘 들어준다는 의미는 원하는 대로 해주셨다는 것과는 다릅니다. 오히려 그 반대의 경우가 더 많았습니다.하지만 아버지와 뜻이 같건 같지 않건 윗사람이건 아랫사람이건 아버지는 모든 말에 경청해주십니다. 나도 자식을 키우면서 자식이 말도 안 되는 소리를 할 때 번번이 말을 끊곤 했는데 나의 아버지는 그렇지 않으셨다는 것을 이제야 알게 됩니다.

그렇게 열심히 인생을 살아 낸 아버지 덕택에 지금의 나는 좋은 교육을 받고 좋은 환경에서 큰 걱정 없는 삶을 살고 있습니다. 누구에게나 부모라는 존재는 그 사람의 인생에서 큰 비중을 차지합니다.

이렇게 어려움을 겪고 일궈낸 인생을 살아오신 아버지가 90

세를 맞이하시지만, 아직도 정정하신 모습으로 내 곁에 계시는 것만으로도 내겐 큰 용기와 힘이 되고 있습니다. 아버지만큼 부지런하고 열심히, 그리고 치열하게 살아오지는 못했지만, 아버지가 살아오신 그 삶의 가치와 의미를 결코 가볍게 여기고 있지 않습니다.

아버지, 고맙습니다. 그리고 당신을 사랑합니다.

# 金海坤という人

※ 본 란의 번역문은 페이지 427에 있음.

# ニチメン大阪社友会 会報　もくじ

## —第7号—

ページ



<2010, No.7. Page 30~33
2011. No.8 Page 18~21> 綜合.

# ニチメン大阪社友会 会報　もくじ

## ―第8号―

平成22年8月31日
眞沢 英五郎

# 金 海坤という人 ―― 日本統治下の朝鮮

## 再会

昨年(2009年)4月わたしはソウルを訪ねた。1968－69年の1年程の間に3度仕事で出かけて以来41年の歳月が経っていた。

その間韓国は東アジアの優等生として目覚しい経済発展を遂げ、ソウルの街も見違うほど変貌したと聞く。"百聞は一見に如かず"と韓国に向かった。当時知己となった金 海坤(キム ハエコン)という一人の韓国人と再会を果たすことも今回の訪韓の動機であった。

顧みると1966(昭和41)年、年も押し迫った頃、彼の単身来日が初めての出会いであった。韓国大手紡績の工場の技術者であった。自社の紡績技術の向上を通じて輸出企業に育てるため、日本の化合繊紡績技術を習得する研修生だった。そのころ私はニチメンで化合繊原料わたの輸出担当であった。彼の受入窓口として入管手続き、帝人、東洋紡等150ヶ所の研修先の斡旋、1年間の生活の面倒など協力した。彼の朴訥でごく真面目な人柄から受入れ先から好感もたれていたのが印象に残っている。

出会いから4－5年は仕事の上でお互いに往還交流を重ねた。だが私の方の仕事は韓国から離れて中国一辺倒になったため再会することもなく時が過ぎた。その間毎年一度の年賀状の交換は忘れず続いた。ここ数年は「今年こそ御奥様とのご来韓お待ちしています」と添え書きを欠かさず、優しい心遣いが嬉しかった。言うなれば2人の関係は"君子の交わり"＝(淡きこと水の如し)奇しき縁である。

数年前、彼キムさんから分厚い一冊の本が送られてきた。「経糸と緯糸を結ぶ半生記」という彼の自伝であった。ライフワークの紡績技術の研究論文の数々、出生から今日までの辿り来し道、日本の研修時代、交友関係と幅広いものであった。なかに忘れられない日本人として私のことに触れてあり嬉しかった。特に興味をひいたのは、幼少年期、祖父に纏まつわる日本統治下の出来事であった。処々に「克日」の2文字がある。「克日」は日本に負けない勝たねばとの思いだろう。反日、侮日、克日 ― 植民地支配下の朝鮮の人々の当時の複雑な日本観を垣間見た。彼と会って話してみたいと無性に思った。一人旅立った。

朝鮮は日本に最も近い国、歴史的、文化的に深い関係にある。個人的に好き嫌いを超えて、宿命的である。1910(明治43)年、丁度100年前、日本は朝鮮を植民地にした。明治維新以後近代国家として国民的団結を齎らすため排外主義のはけ口として日本資本主義の発達にともなう海外市場として選ばれたのが隣国朝鮮だった。1945(昭和20)年8月、日本の敗戦により36年にわたる日本の統治は終わった。日本の植民地統治を戦後已む無しとする者、否とする者、現代史でも様々語られてきた。

金 海坤少年が11歳のとき、朝鮮は日本の統治から解放された。幼いながら植民地にまつわる鮮明な記憶があった。いまでは日本の統治を知る最後の世代である。たとえ現代の日本の若者の眼には一世紀もまえの統治を古ぼけた対岸のことと無感動でシラケに似た気持ちをもとうとも、統治された朝鮮の人びとがはたしてどんな思いでいたのか、問い直してみるのも必要であろう。

知友 金 海坤の半生が一庶民の営みであり、限られたものであっても、彼にとってはかけがえのない体験であり、記憶である。記憶の背後には彼の抜き差しならない人生があり真実がある。戦争が終わり統治から解放されたとはいえ幼いころに受けた心の傷はいまも消えずに残っている。

彼のことを語るまえに以下とりとめもない私事を少々

わたしは 70 の坂を越えて言葉の学校に入った。中国語を専攻語、朝鮮語(ハングル)を副専攻語に選んだ。朝鮮語のハングル文字は 10 の母音と 14 の子音からなる音標文字であり、日本語とは構造も言葉も似通ったものが多い。易しくもあり難しくもあるが、私には難しくてものにはならなかった。歳のせいにしたいところだがどうも能力に問題があったようだ。

東アジア、そのうち中国は、長年仕事に関わってきた国だけに今も気になる存在である。隣国朝鮮に関心を持つようになったのはごく最近のことである。日本国形成に朝鮮が果たした役割、7−8 世紀の飛鳥・天平の文化は朝鮮文化そのもので、9 世紀以降も中国、朝鮮の影響を強く受けた。特に徳川時代の儒学の成立はもっぱら朝鮮儒学によるものと知り興味は尽きず、身近に親しみを感ずるようになった。

学校はありがたいところ、言葉のほかに古今東西の歴史、文学、芸術、宗教など関心と意欲さえあればいくらでも学べる。私は語学のほか朝鮮関係では一般教養で「朝鮮近現代史」「朝鮮古代の国際環境」を受講したが限りなく楽しく啓発された。

## 出自と半生

「あっ、この本には私の先祖のことが載ってますよ！」

突然彼は叫んだ。訪韓中の一日を百済の旧都 扶余を案内してくれた車中であった。偶々、旅の案内にと持ってきた新書本『朝鮮』金達寿著(岩波新書 昭和 33 年度版)を見付けてのことであった。

彼の先祖に関する記事は冒頭の「姓氏と族譜」のなかにあった。

「駕洛国はいまの慶尚南道金海を中心とした周辺のこと -(中略)- その最初に生まれてたものを“首露”と名付け、これが王サマになり、国を大駕洛または伽耶と称した」

駕洛国をひらいた首露の王が彼の始祖に当たり、海坤は 70 代当主であるという。彼とのこれまでの交遊を通じて聞くこともなかった出自をひょんなことから聞く羽目になった。彼の持ち前の穏やかな風貌挙措から恵まれた家柄の出身ではと思っていたが、代々の両班(ヤンバン)の階級にあり、2000 年にも及ぶ歴史があるのに驚いた。

「駕洛国と首露王」について説明が続く

"朝鮮の歴史を知るに重要な『三国遺事』[2]によると「駕洛国は開闢以来、未だ邦国の称なく、君臣の称もなかった。9人の酋長が7万4千人の百姓を率領していた――頃しも、後漢光武帝(即位 AD25年)のある日、北の方、亀旨の峰でふしぎな人の声がする」要するにそこへ天からの金の函がおりて、六つの金の卵を授かった化して童子となった。その最初に生れしを首露と名付け王サマとなった。金官駕洛国、または六伽耶国ともいった"

天孫降臨、神話の世界だが一体いつごろの時代のことか。後年、新羅に併呑さえるまでここに駕洛という国があったこと史上の事実で、ほぼ2000年前の紀元前後と推定される。

ここに朝鮮の姓氏について簡単に触れておく。

朝鮮人の姓は、中国人同様、ほとんど一字姓で、金、李、朴、崔の順に多い。なかでも金姓が最も多く、姓氏には始祖発祥の地により「本貫」[3]がある。たとえば金氏でも「慶州の金氏」「義城の金氏」「金海の金氏」など多岐に分かれている。金 海坤の本貫は「金海の金氏」であり、金海金を名乗るものは始祖「首露王」を戴き、一族の始祖から連綿と子孫幾代にもわたり幹支の関係を尽く記録された族譜がある。海坤は「金海金」宗家の70代当主というがどうも神がかりである。

因みに、金大中元大統領や金達寿も同じ本貫の「金海金」であり、同じ血が流れている。「金海金」の同族血統者は今も結婚許されないというがいくら儒教の国とはいえいかがなものか。

時は移り、李氏朝鮮(1392－1910年)は高麗時代より継承した儒教、朱子学を国教に中央集権王朝を確立した。世界史でも稀な513年という長期政権を支えたのは科挙[4]によって選ばれた両班官僚という優秀な知識人であった。しかし王を頂点とした君主国家で朝鮮儒教という凝り固まった理念の弊害から李朝社会を停滞させた。一口に儒教、朱子学といえど、根本理念、解釈の違いで両班官僚を二分する勲旧派[5]と士林派[6]の血みどろの抗争が続いた。

15世紀末、李朝建国以来100年の歳月が過ぎた。李朝の士禍で有名な「戊午士禍」(1498)という歴史的事件が起こった。弾圧された士林派三傑といわれた金馹孫(キム イルソン)は、金 海坤の19代遡った直系の先祖である。

「戊午士禍」と「金馹孫」については、「朝鮮王朝史」(李成茂著 2000年刊)および「朝鮮人物事典」(木村誠ほか編 大和書房 1995年刊)に詳しいので以下要約する。

"金馹孫(1464—98)は李朝10代王「燕山君」に仕えた嶺南学派の若手官僚政治家で士林派の領袖 金宗直の第一の弟子で、明・清の翰林院[7]に相当する承旨(国王の秘書役)の要職にあった。当時『成宗実録』[8]の編纂責任者として自ら史草(草稿)をしたためた。その内容が先王朝廷の正当性を否定したとする勲旧派の誹謗を受けて、士林派数十人とともに逮捕され厳しく訊問された筆禍事件であった。全員、有罪、金宗直、金馹孫は最も重い陵遅処刑(処刑後、頭、胴、手足を切断する極刑)と非業の死をとげた。彼の本貫は金海で、清道に本拠があったが、彼の財産である土地や奴婢は清道のほか、金海、龍仁、忠清の木川、漢城(ソウル)と全国にまたがり、彼は少なからざる資産家であった。"

士禍党争に敗れ、夭逝した金駒孫の残された妻や子一族は都落ら、郷村の奴婢たちの助けで、南方の全羅道にかくまわれ生き延びた。そのために今日まで家系を絶やさず連綿と続けることができた。全羅道一円は肥沃な地の穀倉地帯で、封建的身分制度を守ることに厳しく、ために金家の両班としての体面を李朝末期まで続けられて比較的恵まれたようである。

海坤は先祖代々の両班の家柄であった。しかし祖父は士禍の犠牲になった金駒孫の史実を教訓に一切の政治的野心はなかった。漢方医として近郷でも評判で持ち合わせのない患者からはあるとき払いでよいと薬代を受け取ることをしなかった。温厚、実直の人柄は父老として尊敬され頼りにされる存在であった。漢方医だけに漢籍に通暁して、書院では若者に漢書を講読し、周易(9)に明るいことから天体の動きから人間世界に対する天の意志を伝えることもした。

海坤がやっと文字を理解しはじめた４，５歳の頃から祖父から漢籍を学んだ。まず、「千字文」(10)の手ほどき、素読からはじめたというのには驚くほかない。師はつねに祖父である。小学校にあがるころには「千字文」から『明心宝鑑」(11)、「小学」(12)へと進んだという。「千字文」や「明心宝鑑」を孫に素読させた一事に儒教朝鮮の両班知識階級の風が判るというものだ。

海坤はわたしより５歳も若い。

日本統治下にあって彼に漢学を学ばせて一体なんの足しになるのか、もっとほかに教えるべきものがあったのでは…、祖父の心の裡を知る由もない。不条理な統治下の朝鮮なるがゆえ、儒家の説く道、人間として備えるべき人倫こそが尊いのだと一途に思っていたのか、孫に書を播き教えるひとときこそ、晩年の祖父には何よりの喜びであり、安らぎがあったのでしょうと海坤は遠い昔を回想した。

ここで金 海坤の略歴を以下に述べる。

大韓民国 全羅南道 霊岩郡 金井面(村)にて、1934 年 父 金 在赫の三男四女の長男として出生。1950 年、父の急逝で家督を継ぎ、駕洛国首露王より数えて第 70 代当主となる。金井小学校、光州西中、光州高校を経て、59 年全南大学卒業。1 年間国立工業研究所勤務後、紡績業界に入る。1960－74 年日新紡績光州工場(生産部次長)、工場勤務の傍ら全南大学校で修士、崇実大学院で博士号取得。

85 年韓国最大手紡の忠南紡績にスカウトされ、技術本部長、専務理事。

87 年大韓民国科学技術賞(大統領賞)受賞という栄誉に輝く。94 年韓国科学技術翰林院会員に任命される。

あと泰田紡績社長、忠南紡副社長、忠紡エンジニアリング社長、甲乙エジプト社長歴任。

韓国紡績業発展に貢献する。学問分野でも慧田大学、忠南大学、青雲大学等、教授として後進を指導。現在 KISTI(韓国科学技術情報研究院)専門研究員の要職にある。

## 植民地支配の少年時代

1945 年、日本の敗戦、朝鮮は 36 年間の日本植民地支配のくびかせから解放された。当時、金海坤は、全羅南道霊岩郡の片田舎、金井小学校という日本人小学校の 5 年生であった。丁度、少年期の入口に立ち、漸く自我に目覚めた年頃だった。

記憶の彼方に消え去った体験もあるが、彼の植民地下の幼少期はいまも消え去らぬ原体験として残っている。そのときどんな心情であったか、いまは何を感じているか、前々から興味あった統治された朝鮮人の思いを聞いた。

聞き書きは、彼の流暢な日本語に負うもので、幼少期の日本語教育、日本研修前半年にわたる独習によるものであった。

―――― 70 年前、小学校在学中の生活について

「私は、学齢の 7 歳に村に設立されたばかりの日本人小学校に入りました。教育熱心だった祖父の奨めによるものでした。1 クラス 40 名ほどの少人数で、田舎の日本人学校ゆえに数人の日本人とあとは近郷の朝鮮人で私は最年少でした。日本人は教員、鉄道員、警察官の子弟で、朝鮮の子供は比較的恵まれた家庭でした。学校の周囲は山や川に囲まれた自然豊かな環境で戦争の緊迫感も殆どありませんでした。

とくに古川実蔵先生という 40 歳位の校長先生は立派な方でした。日本の子供、朝鮮の子供の差別もなく平等に愛情をもってご指導いただきました。戦後 20 年経って、紡績技術研修のため訪日したとき、なんとか古川先生にお会いできないかと、東京の日本外務省に手紙で問い合わせしました。2 ヶ月程しても、なんの返事もありません。思い余って再度手紙しました。やっときた返信で先生が佐賀市立図書館長としてご健在と判りました。早速、先生に連絡をとり、お盆休みを利用して、佐賀のご自宅を訪れ、固く抱き合い、20 年の空白を一瞬のうちに埋めることができました。2 泊 3 日お住まいに泊めていただき、海水浴にも連れていただき楽しいひとときでした。帰国後も交信は続けました。それから 10 年ほどして、私が音頭をとり、金井小学校の同級生と相談し、先生を金井村に招待が決まり、招請状を出しました。しかしあいにく 2 ヶ月程前、先生は不帰の人になられたとの報に接し、実現しませんでした。もっと早くすればよかったかと悔やまれてなりません。

日本語教育は、日本人学校ですのでもちろん国語(日本語)だけで、ハングルの授業はなく、各人が自分の家で習うほかありません。ほかの一般の朝鮮人だけの学校も同様で民族の言葉と文字を奪われたことは我々には耐え難いことで残念でした。ただ私自身、日本語を習ったことは自分の学問を深めるのに大変役に立ちました。」

―――― 日本の植民地政策の一つ「創氏改名」という自分の姓名を日本式に改める制度を朝鮮や台湾で強制されました。キムさんの家ではいかがでしたか。

「朝鮮の名前を日本式に変えることで、私の家では大変ショックな出来事がありました。それは、いまも判然と覚えています。当時、「皇民化運動」とか「創氏改名」など幼いころだけになにも知りませんでした。ただ 2 年前、小学 1 年の頃、日本の名前に変えるようにお触れがあり、祖父はなんども "これだけは勘弁して下さい" とずっと断っていたことは知っていました。

43 年暮れの小学 3 年の寒い日のこと、昼過ぎ、学校から帰宅すると、祖父を囲んで見慣れない数人と何事か話し合っていました。例の日本風に名前にするよう説得しているようでした。「金」家が名前を変えないで、付近村落の多くが応じてくれないのだと執拗に口説いていました。私のクラスでは、かなり日本名に変えた子もいましたが、変えない子も数名ありました。校長先生はその子供たちに嫌がらせをすることも、圧力も加えませんでした。一方、わが家の「金」姓の改名について当局も、祖父もなぜいつまでもこだわっていたのか、当時、私は理解できませんでした。

突然 2 人の巡警が立ち上り、老いた祖父を後ろから羽交い絞めにしたのです。次に祖父の長く伸ばした髪の毛を後ろで束ねた総髪のもとどりをつかみ、たち鋏で切り落としたのには驚きました。しばし茫然自失の祖父は、矢庭に机上にあった愛用の尺余の煙管をとりあげました。さき程、髪を切り落とした日本人巡警の頭に一撃を加えました。煙管の火皿の角が運悪く眉間にあたり、たらたらと鮮血しました。その場で祖父は暴力、傷害の現行犯として逮捕連行されました。数日の拘置所生活、やっと取調べも終え、許されて父が大八車で引取り帰宅しました。脚全体が腫れあがり、長い布靴も脱げず、父が靴を鋏で切り裂く姿をみて、一目でどれ程手荒いリンチがあったのか想像できました。いまも当時の模様が眼に焼きついています。その日、祖父は何も語らず、一人自室で押し殺すような嗄り泣く声が洩れて聞こえました。どれほど無念の思いがあったか、子供心にも忘れることができませんでした。」

――― ところで「金」姓を日本式の名前についてどうなりました。

「この事件があって、しばらくあと、お上の強要に屈した形で、村役場に日本式名前に届け出しました。旧「金」姓を「一金」という二文字に変更しました。祖父には「金海金」の宗家という自負があったのでしょう。だが受け入れられません。「一金」という一番はだめ。また「一金×××円也」の領収書を連想するとかで、理由にならぬ理屈で断られました。やむなく「三金」ということで受理されました。私は「三金 海坤」となり終戦までの 2 年間ほど名乗ることでした。遠い昔の話です。」

――― 当時の祖父君の思いはどうでしたか。

「私が成人して判ったことですが、祖父が髷を切られて激昂したにはそれなりの理由があったと思います。19 世紀、李朝により断髪令が下されて、朝鮮の官民の反応は冷ややかでした。40 年経っても昔ながらの総髪でいたのは、朝鮮人の固有の髪型、サントウ(髷)は千年の歴史があり、父母への孝の具現でありました。成人男子、身分の象徴として大切にしていた髷を暴力で切り落とされたことは、祖父の儒教的観念、自尊心を否定したことになります。その屈辱、敗北の思いは想像を超えるものでありました。

創氏改名を強要した意企は様々でした。朝鮮人は自分の氏姓を誇りにしています。特に苗字である姓は、先祖の出自と一族の系譜をあらわすもので、殊のほか大事にしてきました。それを捨てることは祖先の骨を売るに等しく、最大の侮辱を蒙ることで堪えられません。

髷を切られた事件を契機に、祖父は不本意ながら、日本式姓を届けたわけですが、実質的に短期間、旧姓の世界で生き続けることで抵抗していました。」

## 聞き書きを終えて

金裕坤は、「両班中の両班」の家柄で生まれ、育ち、祖父の薫陶を受けた教養人であり、韓国紡績業の発展、経済成長に寄与した経済人、科学者でもあった。しかし、半生は必ずしも平坦ではなかった。日本の統治下に幼少期を過ごし、「創氏改名」「皇民化運動」など彼なりの強制、差別を受けた。戦後まもなく朝鮮戦争の勃発、混乱のなか、祖父の老死、三年の喪もあけぬままに父の急逝という不幸で三男四女の総領として家督を継いだ。責任を果たすには、年端もいかない彼には余りにも重かったと想像された。

"オモニ(お母さん)が健在であったし、周りの多くの人に助けられましたよ"と、こともなげに語る彼の言葉が印象的であった。

「併合 100 年」を迎えて、"36 年間の植民地支配は、大変申し訳なかった"と、時の首相はおっしゃった。一方、植民地統治の責任を問われないまま、いまも歴史は封印されている。多くの日本人は「植民地の責任」を忘れ、置き去りにされたままである。いまも日朝は勿論、日韓でも相互のイメージ観に改善がみられないのは残念である。これを契機に人間と人間が表面的ではなく、もっと深いところで相手を理解する気持ちをもてないものか。うんざりする暗い気持ちにする過去も、せめて現実をしっかりみつめ、先の戒めとすることこそが大事である。

(注)

(1) 李朝の階級制度での上級士族。元々東班(文)と西班(武)の両者を総称したものから始まったが、後では文官エリート階級をいう。

(2) 日本の「古事記」「日本書紀」のごとき、朝鮮の歴史を語るには「三国史記」とともに重要な記録。1280年高麗の僧 一然により編まれたもの

(3) 日本でいう本籍、朝鮮では始祖の地との意味

(4) 中国、隋から清にかけ行われた官吏登用試験、朝鮮では高麗、李朝時代に採用されたが、受験できるのは両班の子弟に限られた。

(5)(6) 儒教、朱子学を信奉する両班儒者グループに変わりないが、勲旧派は、李朝の創業と守成に参加した現実参与派、士林派は地方郷村を地盤とする道学政治の経学派といえる。

(7) 科挙の合格者のうち抜きん出た官僚で、皇帝の側近として詔勅ほか文章、草稿を書く役所を翰林学士院、英語ではアカデミーといえる。

(8) 李朝第9代国王・成宗の在位26年間の実録。297巻150冊、活字本

(9) 易経 占卜の書。五経の一つ「易」、天体の変化、天人相関の思想(天上で起こることは、地上でも起こると発想)、自然科学、天文学の分野

(10) 梁 周興嗣によって書かれた識字本、道徳や生活に関わる事項を四字句によって表現されたもの。(4字×250句)。例えば天地玄黄、宇宙洪荒、寒来暑往など、日本には百済 王仁が「論語」とともに持ち込み、日本に文字を伝えたという。

(11) 倫理、道徳の処世書、高麗、李朝で広く用いられた箴言集(先哲の句集)

(12) 南宋、朱子の門人、劉子澄の著書、道徳につき述べ、内編と外編から成る。

## 中学の友人の手紙ご参考まで（5枚）

P~1

拝啓　長引いた猛暑に一時はどうなることかと案じていたけれど、十一月も下旬に入ると、樹木が一気に秋の気配を醸し出してくれました。吉野から飛鳥に至る沿線の里山の種々の樹木が織りなす黄葉、紅葉が常緑樹と綾なして実に見事です。特に晴天の朝方の斜光を受けている姿は、正しく「山粧う」の感があります。（絵を描く人間にとっても「樹木の自然」の多様性は有難いことです。）

さて、貴兄から心のこもったお便りと、素晴しく且つ重厚な内容の原稿を戴いてから、早、半月が経ってしまいました。その間にも北朝鮮による延坪島砲撃事件があり、高まる緊張を如何に捉えるべきか、無関心では居れません。

お心づかい下さった二十七日(土)は、月一回の主治医による健康診断日で、高田市まで出かけ、大阪クラブでの貴兄のお話を聞けなかったのは、残念且つ申訳けなく思っています。

それから、同期仲間についての情報としては、貴兄の知らせて下さった三君の他に、小生の方には、井原淳吉君が、七月七日に他界された旨の奥様よりの便りと、喪中葉書が届いています。

小生の個展の折、ここ数回は、奥さんと共

P-2

に来てくれていました。奥さんが熱心に見て下さっている間、彼は静かに坐っていましたが、残念なことです。（療養半年とのことでした。）

さて、『金海坤という人―日本統治下の朝鮮』

全文にわたる貴兄の、金海坤その人についての深い理解のみならず、隣国朝鮮の歴史や文化や民俗についての探究の深さと熱意。金海坤氏との友情の深さ。出自の明確な由緒ある家系の海坤氏の語る事実と体験の重さ等々、読めば読むほど感動させられ、考えさせられています。

そもそも このような国家や民族の枠を越えての深く優れた相互理解と友情が生まれたのは、社用がきっかけとは言え、最初の出会いの折の、貴兄の懇切な受け入れと協力と、加えて、金氏の優れた人格と、お二人の間に共鳴し合う人間的なものがあったからだと思います。

其後も 朝鮮半島の地図や、『世界史図表』等を傍に置きつつ、回を重ねて読ませてもらっています。（勿論、貴兄のように、学問的に深めることは出来ませんが。）今は、一篇のドラマか、ドキュメンタリーを観ているように

p-8

イメージが広がり湧いて来そうです。
（実際、これは、NHKあたりでTVに採り上げてもらいたい内容だと思いますが－アジアや世界各地で緊張や摩擦や相互不信が高まる現在、国際理解や協力のあるべき姿の一つとして、ドキュメンタリー番組等で。）

貴兄の熱い問いかけから浮かび上がって来た 金氏が体験した 日本人小学校の状況や、その中での古川実蔵校長先生の存在。そして、幼少の金氏に只管漢籍を学ばせ、両班の家柄と朝鮮民族としての資質と矜恃を言外に体得させた祖父の存在。その祖父が 金少年の目前で、創氏改名に抗して 日本官憲に弾圧され、総髪を断ち截られ、投獄された重い事実、[illegible] 日本統治下で受けた様々な強制や差別。そして、漸く迎えた独立後も続いたさまざまな苦労……。

それらの重い体験を、金海坤氏が ことも無げに語ったのは、語る相手が信頼する貴兄であったからこそであり、意中に、遠い日の古川先生の存在もあったからではないかと思います。

尚、理性的で優れた 金氏が、祖国の南北分断の現状を どのように

p-4

把えて居られるのか、知り学びたいところです。
貴兄が文末に書いておられる七行、特に「人間と人間が表面的でなく、もっと深いところで相手を理解する気持ちをもてないものか。……」の問いかけは、貴兄が金海坤氏との間で正に実践されているだけに重いものがあります。

理解・学習も浅く、感動をうまくまとめ切れないままの便りとなりました。
ご許容下さい。
多くを学ばせて下さった貴兄に更めてお礼を言います。

---

今秋は、当団地の自治会発足30周年記念の集会や、18回目を迎える北野文化祭など慌ただしく過ぎました。絵画同好会の仲間達（殆ど主婦）もよく描き、よく発表し、会場設営などにもよく働いてくれました。
家族・親戚等のことで困難を抱えている仲間もいますが、「勉強会がオアシス」と言い、条件を見つけては参加しています。さりげなく細かい連絡

p-5

をしたり、つらい事情や思いの話を聞いてあげたり、そっとクルマの手配をして
くれている仲間もいます。
来週は、吉野川沿いの千石荘で忘年会を開きます。
貴兄も呉々もお体大切にお過ごし下さい。
お礼が遅くなった上、乱筆乱文で申訳けなく思います。お許
し下さい。 ―尊敬と感謝をこめて―

敬具

十二月一日

沖田幸和

奥沢英五郎様

2011(平成23)年10月7日
須沢　英五郎

## 「金　海坤という人」を読んで

### まえがき

2010(平成22)年8月31日付の拙文は、ニチメン社友会会報に寄稿したものでした。日本統治下の朝鮮を背景に金　海坤氏の半生を語ったもので、40年余りにわたる一韓国人との交流から生まれたものです。当時の朝鮮人の受けた深く且つ重い心の痛み、悲しみを訴える意企からでした。しかし果してどれほど的を射た表現ができたか、今でも内心忸怩たる思いでいます。

拙文は会報以外に、後日、金　海坤氏本人及び私の多くの知人に残暑お見舞いと消息報告を兼ねて発送しました。私自身これまでいろんな人から、自分史、文集とか句集の類を送られてきました。折角送ってくれながらも、懐かしい反面、何ともうっとうしい気持ちになることも事実です。まして、どうしても独りよがりとしか思えない内容だと索然とした経験があります。それだけに今回は自分の書いたものを無理に押しつけ読ませる、まして感想を求めるなどは避けたつもりです。しかし多くの方から数々の寸評を頂き、好意的反響があったこと、正直言って嬉しく思ったことも事実でした。

金さんからの便りでは「尊兄から私の半生を見事に描写下さったことに正直驚きました。全く予期しないことでした。本当にお礼申し上げます。早速日本語が判る多くの知人に貴稿配布したところ、大変評判がよかったです」とお礼がありました。

ここで拙文に寄せられた感想を列記することで日本人の想いの一端を理解して頂ければ幸甚です。各人の寸評の末尾に氏名(アイウエオ順)、住所、職業、知友関係の順を記しました。敬称略をお許し下さい。

—— ◇ —— ◇ —— ◇ —— ◇ —— ◇ —— ◇ ——

○貴君の知友、金　海坤さんは実業家で教育家という日本で余り、見かけないタイプの大物で、40年前に貴君に世話になったことを忘れずに招待された人格者で、韓国人らしい律儀な人で、やはり儒教社会のためでしょうか。私も5歳から8歳まで父が全羅北道群山港の道立群山病院の医長として大学から派遣され、一家が住んだことがありました。人口7000～8000人の米の輸出港でした。見事に朝鮮人と日本人と住み分けができており、街の中心部を日本人が占拠し、商売も独占していました。今考えれば武力のためでしょうか、日本人は明治維新以後も武士道を持ち込んで、武力で、韓国や中国を欧米列強の様に支配していたと思います。これからの日本の進路にどう影響するか、今後の尖閣事件をみても歴史の根が深いと思います。

宇多　弘次(大阪府豊中市)　元医師―中学同期生

○「金　海坤という人―日本統治下の朝鮮」について

全文にわたる貴兄の金　海坤その人についての深い理解のみならず、隣国朝鮮の歴史や文化や民族についての探求の深さと熱意。金　海坤氏との友情の深さ。出自の明確な由緒のある家系の海坤氏の語る事実と体験の重さ等々。読めば読むほど感動させられ、考えさせられています。そもそもこの様な国家や民族の枠を超えて深くすぐれた相互理解と友情が生まれたのは社用がきっかけとはいえ、最初の出会いの折の貴兄の懇切な受け入れと協力、加えて金氏のすぐれた人格とお二人の間に共鳴しあう人間的なものがあったからだと思います。

その後も朝鮮半島の地図や「世界史図表」等を傍に置きつつ、回を重ねて読ませてもらっています(勿論貴兄のような学問的に深めることはできませんが)、今は一篇のドラマか、ドキュメンタリーを見ているようにイメージが広がり湧いてくるようです(実際、これはNHKTVで採り上げてもらいたい内容だと思いますが。アジアや世界各地で緊張や摩擦、相互不信が高まる現在、国際理解や協力のあるべき姿の一つとしてドキュメンタリー番組等で)。

貴兄の熱い問いかけから浮かび上がってきた金氏が体験した日本人小学校の状況、その中での古川実蔵校長の存在、そして幼少の金氏に只管、漢籍を学ばせ、両班の家柄と朝鮮民族としての資質と矜持を言外に体得させた祖父の存在、その祖父が金少年の目前で、創氏改名に抗して日本官憲に弾圧され、総髪をたち切られ、投獄された重い事実、日本統治下で受けた様々な強制や差別、そして漸く迎えた独立後も続いた様々なご苦労の数々・・・、それらの重い体験を金　海坤氏がこともなげに語ったのは語る相手が信頼する貴兄であったからこそであり、意中に遠い日の古川先生の存在もあったからではないかと思います。

なお理性的な金氏が、祖国の南北分断の現状をどのように捉えておられるか知り学びたいところです。貴兄が文末に書いておられた7行、特に「人間と人間が表面的でなく、もっと深いところで、相手を理解する気持ちをもてないものか・・・」の問いかけは貴兄が金　海坤氏との間で、まさに実践されているだけに重いものがあります。

理解も学習も浅く、感動をうまくまとめきれないままの便り、ご許容下さい。多くを学ばせて下さった貴兄に改めてお礼を言います。

沖田　幸和(奈良県吉野郡)　画家―中学同期生

○社友会会報で投稿の記事を拝見しました。中々力作で小生も感銘を受けました。いい記事を提供されたと感じ入りました。朝鮮の人とは子供の頃、一緒に塾で勉強して、先生のご馳走で鍋をつついたこともありました。終戦近くの頃、ダイキンの堺工場で、向こうから連れてこられた朝鮮人の青年と一緒に働き、同じ弁当を食べたことも憶えています。分け隔てなんて大人の考えることで、皆仲良く食べ物を分け合い、何のわだかまりもなく楽しくやっていました。戦後、その青年が朝鮮へ帰るというので、父に頼んでH.G.ウェルズの「世界文化史大系」全5冊を買ってあげたこともありました。それほど朝鮮の人たちには何とはなしに親しみをもっています。実は１年ほど前から韓流ドラマ時代劇にのめり込んでいます。発端は偶然見た「チャングムの誓い」からです。現在は「イ・サン」、その前は「大王世宗」、古くは原始時代「朱蒙チュモン」なども見ました。朝鮮の歴史をまとめて読んでみようと思っているところです。国策として映画産業に力を入れたのが結果的にアジア、特に日本で評判となったようです。台本、監督、時代考証、俳優、中々に優れています。貴兄に言うように日本に最も近い国ですから、勿論中国とも仲良くせねばならないのに困ったことです。相手の立場に立って物事を考えることがなさすぎます。個人でも国家間でも、外交は誠実が求められるんでしょうね。改めて歴史を勉強しようと思いました。

**大和田　博司（兵庫県芦屋市）　元農協団体役員—中学同期生**

○ご恵贈の「金　海坤氏の交遊について」の一文、じっくりと拝読させていただきました。韓国の由緒ある優秀なる青年に邂逅され、幾歳月を経て立派な人物になられている姿に感動しました。現代韓国の繊維産業が、バングラデシュなどで世界をリードして冠たる業績をあげつつある根拠を理解できました。

**笠原　道夫（岡山県笠岡市）　仏具商経営—大学同期生**

○金さんに絡むレポートを感心しながら読ましてもらいました。いつもながらに無駄のない巧みな文章、未知の朝鮮史の一端を知り得たこと、そして引退して20年の星霜が流れた今も、現役時代の仕事上の知人との親しい交流が続いている事実に感心しています。

**小西　益太郎（奈良市）　元クボタ社員—中学同期生**

○９月１３日付貴翰、特に「金　海坤氏という人」、嬉々として畏敬の念をもって拝誦しました。なにより、貴兄の中国、韓国、学窓、社内外のご交流、さらに同窓諸兄のお世話まで頂いたお姿に心から敬意を表します。中国のみならず、韓国にも足跡を残されておられ脱帽のほかありません。

名門の出である金氏の人柄を垣間見ることができました。日本統治下という逆境にもめげず、学問を修め、紡績、科学技術発展に貢献、誠に範とすべき人物ですね。一方、古川実蔵先生への感謝の気持ちをいまも忘れず、貴兄に対しても常に心にかけておられる、感服のほかありません。創氏改名でも大きなショックであったことでしょう。小生の小学校の同級生、金　炆喚、鄭　炳瞬両君とも私と一緒に今宮中学の試験を受けました。確か金氏は金本と改姓し優秀でしたが、差別されたのか合格しませんでした。今でも気の毒に思っています。貴兄の言うとおり「もっと深いところで相手を理解すべき」でしょう。

**川野　恭彦（大阪府羽曳野市）　元クボタ社員—中学同期生**

○「金　海坤さん」の記事興味深く拝見しました。このような知友をお持ちの貴兄が羨ましく存じました。丁度、日経の朝刊に辻原氏の小説、朝鮮通信使のこと、朝鮮王朝など総られておりますので、ともに興味深く読んでいます。朝鮮の過去の姿は我が国よりも、遥かに階級制度が厳しいのだなあ、一方、士農工商で厳しい階級制度であったといわれている日本の江戸時代は世界でも稀なほど、自由な国ではなかったか等思っています。

後藤　博一(大阪府和泉市)　元裁判所職員—中学同期生

○今年の厳しい暑さの中、会報原稿をまとめられたのには感心致しました。中国、韓国と国は異なっても心の通い合える良いお友達に恵まれておられるのは、一重にご人徳の賜物と存じます。それぞれの国のニュースを聞くにつけ、日本に対する行動に嫌な思いをしていましたが、そんな人ばかりではなく良識ある立派な方もおられるのだと思いました。今回訪韓され旧知の方にお会いになり、さぞ懐かしく話がはずんだことでしょう。日本統治時代、朝鮮の方々の苦しみ辛さは私にはよく判りませんが、様々の恨みを乗り越えて立派に成功された由、本当に尊敬致しています。

関　多加子(大阪市住吉区)　主婦—小学校同期生

○大論文というに相応しい「金　海坤という人」を拝見しました。朝鮮の歴史を知らないまま韓国人と付き合ってきた自分を恥ずかしく思いました、同時に家内がはまっているテレビの韓流映画の背景を覗き見る思いもありました。

鶴岡　誠(大阪府富田林市)　無職—中学同期生

○「金　海坤という人」を読んで、・・・日本帝国資本主義が生産拡大による商品の販売先として韓国を併合して植民地としました。その結果、幾多の韓国の人々が苦労されたことは、私も金　達寿氏の「朝鮮」で知りました。ほぼ同時代の金　海坤氏の苦労は分かるような気がします。

貴兄のすべてに対して無限の前進の姿勢に本当に頭が下がる思いです。私も真似せねばならぬと思いが湧き上がってきますが「のどもと過ぎれば暑さを忘れる」有様です。

徳田　一成(名古屋市)　呉服商—大学同期生

○「金　海坤という人」大変興味を持って読ませていただきました。貴兄の博識、ご勉強振り、そして良き交友関係に敬服します。分断された国家、民族が片や世界、特に情報通信の世界をリードする発展国家、片や世界を恐れさす危険国家を想いながら・・・。

中角　光(京都府向日市)　元ＮＴＴ—中学同期生

○金　海坤さんについてのレポート、レポートというよりは読物のように感心しながら読みました。仕事でのご縁から交流が始まり、４１年ぶりに訪れた韓国での再開に喜びも一入だったことでしょう。金さんのご先祖の歴史から祖父の日本統治下の悲しい体験＝金さんの心の傷、まさに生の体験をご本人に聞かれこのような形で文章にまとめられたことは、本当に貴重な財産ですね。私も１５年前にニュージーランドの語学学校で韓国の女の子と知り合い、それ以降、隣国韓国に興味をもちました。とても仲良くしていましたが、一つだけ気になっていた「韓国(人)は日本(人)のことを恨んでいないの？」と質問したことがありました。私同様戦争を知らない世代の彼女は「昔のことだから、もう気にしていない」と言ってくれ、ほっとした覚えがあります。勿論体験していないから言えたことだと言われればそれまでですが、やはりお互いに事実を知った上で交流することから始めることが大事だなあと当時思いました。

大阪外大での授業で「近くて遠い国、朝鮮」というテキストに日朝関係、ハングルを少しかじりましたが、実際の体験談を読んで、戦争、占領ましては自国の言葉、姓名まで奪われるなど本や映画の出来事が実際に身近に起きていたのだと実感しました。奥沢さんがこのような貴重なものを送って下さって感謝します。

偶々手紙を頂いたタイミングに夫と私がソウルに３泊４日で遊びに行く直前で驚きました。9/２２－２５の期間でしたが、私は以前、乗り継ぎ時間待ちで、半日ソウルで前述の友人と会いましたが、夫は、韓国は初めてでとても楽しい旅でした。私とてほとんど初めてに近く、ハングルもさっぱり読めず、アルファベット圏の国より緊張しました。二人ともツアーが嫌いなので私が全部計画を立て、ある意味添乗員みたいなものだったのですが、お店ではほとんど日本語を話してくれたのでとても助かりました。秋夕(チュソク)という旧盆にあたり、人も少ないはずでしたが、街には人が溢れて大混雑でした。次回はもっと田舎に行ってみたいです。夫とも話したことですが韓国の人々はとても力強くパワーを感じます。日本人の若者は押された感じがします。日本の文化、音楽、アニメ、ファッションなどが開放され、また新しい世代の交流がつくられることでしょう。お互いによい影響を与え合う良きライバルでいられたらなあと思いました。韓流ブームといわれて、かなり経ち、ＤＶＤレンタルは韓国ドラマの棚に一杯で、歴史ものにも興味があり、また見たいと思っています。

ところで反日といえば尖閣諸島問題で中国では随分反日デモが続きます。親日といわれる台湾までも、本当に驚きです。中国では中国人民の不満が政府に向かわないように必死なところもあると思いますが、どうでしょうか？日・中・韓のイメージ調査では段々悪化しているとのこと驚きです。機会があれば是非お話聞かせて下さい。長くなりました。

信岡　美穂(愛知県長久手町)　主婦―大阪外大の若い友人

○尊兄７０歳を過ぎて外国語大学に入学、中国語だけではなく朝鮮語、そして朝鮮の歴史等も勉学された由、伺い敬服しています。よほど勉強せねば、あれ程の寄稿文を書けないと思います。日本統治下の朝鮮の人々の偽りなき対日感情は日本人として誰しも理解しておかねばならない課題でその一半を窺うことができました。

最近私は「チャングム」以来、韓国ドラマにはまっており、「龍の涙」、「イ・サン」など李朝時代のものを毎週ＴＶで観ております。例えば「両班」という言葉の意味や朝鮮の姓氏と族譜などについて大変参考になりました。最近の韓国ドラマを見ていると、日本の映画よりも興味深く、俳優も日本人よりずっと美しく理知的に思われます。尊兄は韓国ドラマを観ておられますか？

早瀬　三郎(兵庫県神戸市)　無職(90歳)—元ニチメンの上司

○早速「金　海坤という人」を読みました。金さんは朝鮮名家の出。日本へ研修生となることには抵抗があったと思われます。人柄も温厚篤実で学者であり、紡績業界で韓国の発展に尽くされたそうで、いい人をお世話されました。

植民地時代の創氏改名が朝鮮の人々を苦しめたのがよく判りました。祖父が辛い目に遭ったことは朝鮮人として忘れられないこと、またよく話してくれましたね。一方で小学校時代の古川先生に恩義を感じておられることは我々にとって救われる思いです。朝鮮は日本への文化伝承者であり、天皇家には遠く百済王家の血が流れています。日本文化の先輩に、皇民化を強いるなど、日本は権益を焦って盲になったのでしょう。併合百年を機に宮内庁保管の李王朝時代の古文書を返還する由、ところが安倍晋三元首相が「古文書の返還は却って禍根を残す。あとで色んな要求を言ってくるにちがいない」とＴＶで表明。首相経験者が未だに相手を見下すようなことを言う、またそれを放送するＴＶもけしからん。日本はまだまだ前途多難です。

福原　昭二(横浜市)　無職(84歳)—元ニチメン社員

○貴兄作成の韓国人のこと小生は韓国仁川で生まれ、終戦後日本に引き揚げてきましたので懐かしく興味深く読ませて頂きました。またお目にかかった時にお話したいと思います。

初田　禎夫(大阪府茨木市)　無職—元ニチメン同僚

○「金　海坤という人」、とても興味深く読ませていただきました。姓氏に対する朝鮮人の想い、両班の知識階級の教養の深いこと、日本占領下での朝鮮人の想いの一端を知ることができました。歴史の教科書には中々このような内容のエピソードは出てきませんが、実際にあった過去の記録として心に残りました。

ドラマやＴＶの情報番組で頻繁に韓国が取り上げられ、物理的・精神的にも近い国のように感じていましたが、韓国人の心にこのような消し去ることができない日本占領下の傷跡があることを忘れてはならないと思いました。奥沢さんのレポートから韓国について本当に知ることは歴史を知ること、韓国人の日本への想いを知ることだと思いました。韓国併合百年目の年に韓国への見方が変わったことは私にとって意義のあることでした。

八城　美由紀(大阪府八尾市)　地方公務員—大阪外大の若い友人

以上

## 김해곤이라는 사람

### - 일제 강점하의 조선 -

원문 : 요자와 히데고로(與沢 英五郎)

번역 : 손진희(문학박사)

※ ニチメン大阪社友會 會報의 번역문입니다.

### 재회(再會)

작년(2009년) 4월, 나는 서울을 방문했다.

1968~69년에 업무차 세 번 다녀온 이후로 41년의 세월이 흘렀다.

그동안 한국은 동아시아의 우등생이라 불릴 만큼 눈부신 경제 발전을 이루고 서울 거리도 몰라보게 변모했다는 말을 주위에서 자주 들었다. '백문(百聞)이 불여일견(不如一見)'이라는 생각으로 한국행 비행기에 올랐다.특히 이때의 한국 방문은 김해곤(金海坤)이라는 한국인 친구와 재회할 목적이 컸다.

김해곤과 나는 1966년 말에 처음 만났다. 그는 한국의 대기업 방적공장 기술자로, 자사(自社)의 빙적기술을 향상시켜 수출

기업으로 키우고자 홀로 일본의 화합섬 방적기술을 배우러 온 연수생이었다. 그 당시 나는 ㈜니치멘에서 화합섬 원료 및 원면,수출을 담당하고 있었는데, 그를 돕는 역할을 맡아 입국 절차를 알아보거나 ㈜데진(帝人)과 ㈜도요보(東洋紡) 등 150곳의 연수처를 알선하고 1년간의 일본 생활에 불편함이 없도록 신경을 썼다. 그를 받아 준 회사에서 그의 순박하면서도 우직하고 성실한 인품을 높이 평가했던 것이 기억에 남는다.

첫 만남 이후 4~5년 동안은 업무 관계상 서로 왕래하며 교류를 이어나갔다. 하지만 나의 업무 대상이 한국에서 중국으로 완전히 바뀌면서 만나지 못하고 시간이 흘러 버렸다. 그동안 일년에 한 번뿐이기는 해도 연하장은 매년 계속해서 주고받았고 최근 몇 년은 '올해는 사모님과 함께 한국에 꼭 오세요.'라는 말이 항상 덧붙어 있었다. 그의 자상한 마음 씀씀이가 너무 고마웠다. 말하자면 우리는 '군자지교 담약수(君子之交 淡若水 : 군자의 사귐은 물처럼 담백하여 영원히 변하지 않는다)' 같은 기이한 인연이었다.

몇 년 전에 그가 두꺼운 책 한 권을 보내왔다. <날실과 씨실로 엮은 반평생>이라는 그의 자서전이었다. 필생의 업적인 방적기술에 관한 수많은 연구 논문, 출생에서부터 현재에 이르기까지 지나온 길, 일본 연수 시절, 교우 관계 등 다양한 내용이 담겨 있었다. 기쁘게도 그 중에는 잊을 수 없는 일본인으로서 나를 소개하는 대목도 있었다. 그 책을 읽으며 특히 흥미로웠던 부분은 일제 강점 하에서 그의 할아버지가 겪은 일이었다. '극일(克日)'이라는 두 글자가 곳곳에 등장하는데 '일본에 질 수 없다, 이기자.'는 뜻일 것이다. 반일(反日), 모일(侮日), 극일(克日) 등 식민지 지배 하에서 조선인들이 품었던 복잡한 일본관을 엿볼 수 있었다. 그와 만나 몹시 이야기를 나눠 보고 싶어졌다. 그래서 훌쩍 혼자 여행을 떠났다.

조선은 일본과 가장 근접한 나라여서 역사적·문화적으로 깊은 관계에 있다. 개인적으로 좋고 싫음을 넘어 숙명적인 관계인 것이다. 지금부터 꼭 100년 전인 1910년에 일본은 조선을 식민지로 삼았다. 메이지 유신(明治維新) 이후, 근대 국가로서 국민적 단결을 이끌어내기 위한 배외주의(排外主義) 배출구로 선택한 곳, 또 일본 자본주의 발달에 따른 해외 시장으로 선택한 곳이 바로 이웃 나라 조선이었다. 1945년 8월, 일본이 패전하면서 36년에 걸친 일본의 통치는 끝이 났다. 전쟁이 끝난 뒤에는 일본의 식민지 통치에 대해 '부득이한 일로 여기는 사람'도 있는가 하면 '반대하는 사람'도 있는 등 현대사에서도 다양한 의견이 오가고 있다.

김해곤이 열한 살일 때 조선이 일제 강점하에서 해방되었다.

비록 어렸지만 식민지였던 시절은 선명하게 기억하고 있다. 지금 현재 그 당시를 아는 마지막 세대라 할 수 있다. 100년 전에 행해졌던 조선 식민지 통치가 요즘 일본 젊은이들에게는 케케묵은 옛일처럼 둔감하고 무심하게 다가올지 모르지만 통치를 당했던 조선인들은 과연 어떤 심정이었을지 들어볼 필요가 있을 것이다.

친구 김해곤의 반평생이 비록 한 개인의 삶이고 한정적이기는 해도 그에게는 무엇과도 바꿀 수 없는 체험이자 기억이다. 기억 저편에는 변하지 않는 그의 인생이 있고 진실이 있다. 전쟁이 끝나고 식민 지배하에서는 벗어났지만 어릴 적 입은 마음의 상처는 지금도 아물지 않은 채 그대로 남아 있다.

김해곤에 관해 말하기 전에 두서없이 내 소개를 조금 해보겠다.

나는 나이 칠십이 넘어서 외국어대학교에 들어갔다. 전공은 중국어를 선택하고 부전공은 한국어를 선택했다. 한국의 고유 글자인 한글은 모음 10개와 자음 14개로 이루어진 표음 문자다. 말이나 구조적인 면에서 일본어와 비슷한 점이 많다. 공부할 때는 쉬운 부분도 있고 어려운 부분도 있었지만 나에게는 대체적으로 너무 어려웠다. 나이 탓으로 돌리고 싶은데 아무래도 능력 부족이 원인이었던 것 같다.

동아시아 중에서도 중국은 업무상 교류가 길었던 만큼 늘 궁금한 나라였다. 이웃 나라 한국에 대해서는 최근 들어 관심이 생겼다. 일본이라는 나라 형성에 조선이 큰 역할을 했고 7~8세기 아스카(飛鳥)·덴표(天平) 문화는 조선 문화 그 자체이며 9세기 이후에도 일본은 중국과 조선의 영향을 많이 받았다. 특히 도쿠가와(德川) 시대 유학(儒學)이 오직 조선 유학만을 토대로 성립되었다는 사실을 알게 된 다음부터는 한국이 자꾸 궁금해지고 점점 친근하게 느껴졌다.

학교는 고마운 곳이다. 관심과 의욕만 있으면 언어 말고도 동서고금(東西古今)의 역사, 문학, 예술, 종교 등을 얼마든지 배울 수 있다. 한국에 관련해서는 어학(語學) 외에도 일반교양으로 '한국 근현대사'와 '한국 고대(古代) 국제 환경' 수업을 들으며 더없이 즐겁게 나 자신을 일깨워 나갔다.

## 출신과 반평생

"아, 이 책에는 우리 조상의 이야기가 실려 있어요!"

차안에서 김해곤이 갑자기 외쳤다. 한국에 머무는 동안 하루 날을 잡아 그의 안내를 받으며 백제의 옛 도읍지 부여로 가던 길이었다. 내가 우연히 여행 안내책자로 들고 온 신간 서적 <조선>(저자 김달수(金達寿), 이와나미신쇼(岩波新書), 1958년도판)

을 본 모양이었다.

그의 조상에 관한 기사는 책의 서두인 '성씨(姓氏)와 족보'에 나와 있었다.

"가락국(駕洛國)은 지금의 경상남도 김해를 중심으로 한 주변을 말한다. …(중략)… 처음 태어난 자를 '수로(首露)'라 이름 짓고, 그가 왕이 되어 나라를 대가락(大駕洛) 또는 가야(伽耶)라 칭했다."

가락국 초대(初代) 국왕인 수로왕이 김해곤의 시조(始祖)이고 현재 그가 70대 손이라고 했다. 이제까지 들은 적 없었던 그의 출신을 엉뚱한 계기로 듣게 되어 신기했다. 그의 온화한 외모와 행동을 보고 좋은 집안에서 잘 자란 티가 난다고 생각은 했지만 이천 년의 역사를 가진 뿌리 깊은 양반(兩班)[3] 가문의 자손이었다니 놀라울 뿐이었다.

가락국과 수로왕 이야기를 조금 더 해 보겠다.

한민족의 중요한 역사서인 <삼국유사(三國遺事)>[4]에 '가락국

---

3) 양반(兩班) : 이씨 조선 계급 제도에서의 상급 계층. 원래는 동반(東班, 문인)과 서반(西班, 무인)의 총칭이었으나 이후에는 문관(文官) 엘리트 계급만을 일컫게 됨.

4) 삼국유사(三國遺事) : 1281년에 고려 시대의 승려 일연(一然)이 쓴 역사서. 일본 역사서 <고지키(古事記)>와 <니혼쇼키(日本書紀)>처럼 <삼국유사>와 <삼국사기(三國史記)>는 한국 역사를 알 수 있는 중요 기록임.

은 개벽 이래, 아직 나라 이름이 없었으며 군신(君臣) 칭호도 없었다. 아홉 명의 추장(酋長)이 7만 4천 명의 백성을 관리하고 있었다.

-후한(後漢)의 광무제(光武帝, 기원후 25년 즉위) 때 북쪽 구지봉(龜旨峰)에서 이상한 사람 소리가 났다.'고 나와 있다.

※ 그 다음 내용을 요약한다.

하늘에서 구지봉으로 금함(金函)이 떨어졌고 금함 안에 들어 있던 황금알 여섯 개가 어린아이로 변했다. 처음 태어난 아이를 수로라고 이름 지었고 그가 왕이 되었다. 나라는 금관가락국(金官洛國) 또는 육가야국(六伽耶國)라고도 했다.

천손강림(天孫降臨), 신화 속 세계지만 대체 언제쯤 있었던 일일까? 나중에 신라로 병합되기 전까지 가락국이 있었다는 사실은 역사적으로 밝혀져 있다. 시기는 대략 이천 년 전인 기원(紀元) 전후쯤으로 추정된다.

이쯤에서 한국의 성(姓)에 대해 간단히 살펴보자.

한국인의 성(姓)은 중국인처럼 대부분 한 글자로 되어 있으며 '김(金), 이(李), 박(朴), 최(崔)' 순으로 많다. 성(姓)은 시조(始祖) 발상지에 따라 본관(本貫)[5]이 나뉜다. 예를 들어 같은 김

---

5) 본관(本貫) : 시조(始祖)가 난 곳. 일본에서는 본적(本籍)에 해당함.

씨라고 해도 '경주 김씨, 의성 김씨, 김해 김씨' 등 다양하다. 김해곤은 김해 김씨로 본관이 김해다. 김해 김씨 사람들은 가문의 시조인 수로왕부터 시작해서 나무가 가지를 뻗어나가듯 자자손손 대대로 김해 김씨 족보에 기록된다. 그가 이런 김해 김씨 종가의 70대 손이라고 하니 어쩐지 비현실적인 느낌마저 든다.

참고로 고(故) 김대중 전(前) 대통령과 앞에서 언급했던 <조선>의 저자 김달수도 김해곤과 본관이 같은 김해 김씨다. 본관이 같은 김해 김씨끼리는 친족이라는 이유로 지금까지도 결혼이 허락되지 않는다고 한다. 아무리 유교 국가라지만 이해하기 힘든 부분이다.

시간이 흘러, 이씨(李氏) 조선(1392~1910년)은 고려 시대에서 계승한 유교와 주자학(朱子學)을 국교로 삼아 중앙 집권 왕조를 확립했다. 513년이라는 세계사에서도 드문 장기 정권을 지탱한 것은 과거(科擧)[6]로 선발된 우수한 지식인, 즉 양반 관료였다. 그러나 조선 유교 이념의 폐해가 왕을 정점으로 한 군주 국가인 이씨 조선 사회를 정체시켰다. 같은 유교와 주자학이

6) 과거(科擧) : 한국과 중국에서 관리를 뽑을 때 실시하던 시험. 중국에서는 수(隋)나라 때에 시작하였고 한국에서는 고려 광종 9년(958)에 처음 실시함. 시험 응시자격은 양반에게만 주어짐.

라고 해도 근본이념이나 해석에 차이가 있었고, 그로 인해 양반 관료가 훈구파(勳舊派)와 사림파(士林派)[7]로 나뉘어 피 튀기는 항쟁을 이어나갔던 것이다.

이씨 조선이 건국되고 100년의 세월이 흐른 15세기 말에 '무오사화(戊午士禍)'(1498년)라는 역사적 사건이 일어났다. 당시 탄압받던 사림파 삼걸(三傑) 중 한 명이었던 김일손(金馹孫)은 김해곤보다 19대 위의 직계 조상이다.

무오사화와 김일손에 대해서는 <조선 왕조사>(저자 이성무, 2000년 간행) 및 <조선 인물 사전>(편찬 기무라 마코토(木村誠) 외, 다이와쇼보(大和書房), 1995년 간행)에 자세히 나와 있다. 다음은 요약한 내용이다.

김일손(1464~98년)은 이씨 조선의 10대 왕 연산군(燕山君)을 섬겼던 영남학파(嶺南學派)의 젊은 관료 정치가다. 사림파 영수인 김종직(金宗直)의 첫 번째 제자로 명나라·청나라의 한림원(翰林院)[8]에 해당하는 승지(왕의 비서 역할)라는 요직에 있었

---

7) 훈구파(勳舊派)와 사림파(士林派) : 두 파 모두 유교와 주자학을 신봉하는 양반 집단이지만, 훈구파는 이씨 조선의 창업(創業)과 수성(守成)에 참가했던 현실 참여파고, 사림파는 지방 향촌을 지반으로 한 도학(道學) 정치의 경학파(經學派)라 할 수 있음.

8) 한림원(翰林院) : 과거(科擧) 시험 합격자 중 우수한 관료가 황제의 측근으로서 조칙(詔勅)을 비롯해 문장이나 초고(草稿)를 썼던 관청. 한림학사원(翰林學士院)이라고도 하며 영어로는 아카데미에 해

다. 당시 <성종실록(成宗實錄)>[9]의 편찬 책임자로서 스스로 사초(史草, 초고)를 기록했다.

그 내용이 선왕(先王) 조정(朝廷)의 정당성을 부정했다며 훈구파의 비방을 받고 사림파 수십 명과 함께 체포되어 엄히 신문을 받는 필화(筆禍) 사건이 일어났다. 그것이 바로 무오사화다. 모두 유죄를 받은 가운데 김종직과 김일손은 가장 중한 능지처참(죄인을 죽인 뒤 시신의 머리, 몸, 팔, 다리를 자르는 극형)을 당해 비명횡사하고 말았다.

김일손의 본관은 김해고 본거지는 청도였다. 그러나 그는 청도 외에 김해, 용인, 충청의 목천, 한성(지금의 서울)에도 토지와 노비가 있었을 정도로 상당한 자산가였다.

사화(士禍) 당쟁(黨爭)에서 지고 요절한 김일손에게는 남겨진 부인과 자식들이 있었다. 그들은 남쪽 지방 전라도로 낙향해서 향촌 노비들의 도움을 받으며 몰래 숨어 지냈다. 그 덕에 오늘날까지 가계가 끊이지 않고 길게 이어질 수 있었다. 전라도 일대는 비옥한 곡창 지대로 봉건적 신분제도를 엄격히 지키던 곳이었다. 그래서 다행히도 김씨 가문이 이씨 조선 말기까지 양반으로서의 체면을 유지할 수 있었던 듯하다.

---

당함.

9) 성종실록(成宗實錄) : 이씨 조선 9대 왕 성종(成宗) 재위 25년간의 실록. 297권 47책의 인본(印本).

김해곤의 집안은 조상 대대로 양반 가문이었다. 할아버지는 사화로 희생된 김일손의 역사적 사실 때문이었는지 정치적 야심이 전혀 없었다. 훌륭한 한의사로서 인근 마을까지 소문이 자자했는데 가난한 환자들에게는 돈은 아무 때나 내도 된다며 약값을 받지 않는 경우가 허다했다. 온화하고 정직한 인품의 마을 어른으로서 존경과 의지를 한 몸에 받았다. 한의사였던 만큼 한문(漢文)에 능했기에 서원(書院)에서 젊은 선비들에게 한서(漢書)를 강독(講讀)하기도 하고 주역(周易)[10]에 밝아서 천체(天體)의 움직임을 보고 인간 세상에 대한 하늘의 뜻을 전하기도 했다.

김해곤은 겨우 글자를 이해하기 시작한 네다섯 살 때부터 할아버지에게 한문 서적을 배웠다. 먼저 입문 단계로서 <천자문(千字文)>[11] 읽기부터 시작했다고 하니 놀라지 않을 수 없다. 스승은 늘 할아버지였다. 초등학교에 들어갈 무렵에는 <천자문>

---

10) 주역(周易) : 유학 오경(五經)의 하나로 역경(易經)이라고도 함. 천체의 변화, 천인상관 사상(天人相關 思想 : 하늘(자연)에서 일어나는 일은 땅(인간사)에서도 일어난다는 사상), 자연과학, 천문학 분야.

11) 천자문(千字文) : 중국 양나라 주흥사(周興嗣)가 지은 책. 자연 현상으로부터 인륜 도덕에 이르는 지식 용어를 수록하였고, 한문 학습의 입문서로 널리 쓰였음. 천지현황(天地玄黃), 우주홍황(宇宙洪荒), 한래서왕(寒來署往) 등처럼 사언(四言) 고시(古詩) 250구 1,000자로 되어 있음. 백제의 왕인(王仁)이 <논어(論語)>와 함께 <천자문>을 일본에 들여와 문자를 전했다고 함.

에서 <명심보감(明心寶鑑)>[12], <소학(小學)>[13]으로 단계를 높여 갔다고 한다. 손자에게 <천자문>과 <명심보감>을 읽힌 것만 보아도 조선의 양반 지식 계급이 얼마나 유교를 중시했는지 알 수 있다.

김해곤은 나보다 다섯 살이나 어리다. 그에게 일제 강점하에서 한학(漢學)을 가르치는 것이 도대체 무슨 도움이 되었을까? 달리 가르칠 만한 것은 없었을까? 할아버지의 마음속을 알 길이 없다. 부조리한 일본 통치하에 놓인 한국이었기 때문에 더욱 유가(儒家)의 가르침과 인간으로서 갖춰야 할 인륜만이 중요하다고 생각했던 걸까? 손자에게 책을 읽고 가르치는 한때가 나이 든 할아버지에게는 가장 기쁘고 평온한 시간이었을 거라며 그는 어린 시절을 회상했다.

김해곤의 약력은 다음과 같다.

1934년에 대한민국 전라남도 영암군 금정면에서 아버지 김재철(金在喆)의 3남 4녀 중 장남으로 출생한다. 1950년에 갑작스레 아버지를 여의고 가장이 되어 가락국 수로왕으로부터 이어져온 집안의 70대 손이 된다.

---

12) 명심보감(明心寶鑑) : 고려 시대와 조선 시대에 널리 사용된 한문 교양서. 중국 고전에서 보배로운 말이나 글을 모아 엮은 윤리, 도덕 처세서.

13) 소학(小學) : 중국 송나라의 유자징(劉子澄)이 주희의 가르침으로 지은 초학자들의 수양서. 예법과 도덕 등을 고금(古今)의 책에서 뽑아 편찬하였으며 내편(內篇)과 외편(外篇)으로 이루어져 있음.

금정초등학교, 광주서중학교, 광주고등학교를 거쳐, 1959년에 전남대학교를 졸업한다. 이후 1년간 국립공업연구소에서 근무하고 방적 업계로 들어간다. 1960~74년까지 일신방적 광주공장(생산부 차장)에 다니며 전남대학교 대학원에서 석사 학위를 취득하고 뒤이어 숭실대학교 대학원에서 박사 학위를 취득한다.

1973년에 한국 최대 방적 회사인 충남방적에 스카우트되어 기술 본부장과 전무이사를 역임한다.

1987년에 한국섬유업계 최초로 대한민국 과학기술상(대통령상) 수상이라는 영예에 빛난다.

1994년에 한국 과학기술 한림원(翰林院) 정회원으로 선임된다.

그 이후로 태전방적 사장, 충남방적 부사장, 충방엔지니어링 사장, 갑을 이집트 사장을 역임하며 한국 방적업 발전에 공헌한다.

학문 분야에서도 혜전대학, 충남대학, 청운대학 등에서 교수로서 후진을 양성한다.

현재는 KISTI(한국과학기술정보연구원)에서 전문 연구위원 요직에 있다.

## 식민지 지배하의 소년 시절

1945년에 일본이 패전함으로써 비로소 한국은 36년간의 일본 식민지 지배하에서 해방되었다. 당시 김해곤은 전라남도 영암군의 벽촌에서 금정초등학교라는 일본인 학교에 다니던 5학년생이었다. 마침 소년기에 접어들며 점차 자아를 깨달아가던 시기였다.

기억 저편으로 사라진 체험도 있지만 그가 식민지하에서 보낸 유소년기는 지금도 지워지지 않는 원체험으로 남아 있다. 그 당시 어떤 심정이었는지, 지금은 무엇을 느끼고 있는지 등 예전부터 알고 싶었던 통치 받은 경험자로서의 한국인 생각을 물었다.

아래 질의응답은 그의 유창한 일본어 실력에 힘입은 바가 크다. 유소년기에 받았던 일본어 교육과 일본 연수 전에 6개월 정도 독학한 덕분이라고 했다.

Q. 70년 전, 초등학교 재학 생활은 어땠나요?

A. 저는 일곱 살 때 마을에 설립된 지 얼마큼 안 되는 일본인 초등학교에 들어갔어요. 교육열이 높았던 할아버지의 권유 때문이었죠. 한 반에 학생이 60명 정도로 많지는 않았습니다. 시골에 있는 일본인 학교여서 일본인 몇 명과 나머지는 모두 근

처에 사는 한국인이었고 저는 그중에서 가장 나이가 어렸죠. 일본인은 교원, 철도원, 경찰관의 자제였으며 한국인은 비교적 부유한 집안의 자식들이었어요. 산과 강에 둘러싸인 학교 주변은 자연이 아름다워서 전쟁의 긴박감도 거의 느끼지 못했습니다.

특히 후루카와 지쓰조(古川実蔵)라는 마흔 살 정도 되는 교장 선생님이 아주 훌륭한 분이셨어요. 일본 아이와 한국 아이를 차별 없이 동등하게 애정을 담아 지도해 주셨죠. 광복 후 20년쯤 지나서 방적 기술 연수를 받으러 일본에 갔을 때 후루카와 선생님을 좀 만나 뵐 수 없을까 해서 도쿄에 있는 일본 외무성에 편지로 문의를 했습니다. 그런데 두 달이 지나도 답장이 없어서 생각다 못해 다시 편지를 보냈어요. 겨우 받은 답장을 통해 선생님이 사가(佐賀) 시립 도서관장으로 계시다는 걸 알았어요. 즉시 선생님께 연락을 드렸고, 추석 연휴 때 사가(佐賀)에 있는 선생님 댁을 방문해서 반가움의 포옹을 나누며 20년의 공백을 한 순간에 메웠습니다. 2박 3일 동안 선생님 댁에 묵으면서 해수욕장에도 같이 가는 등 즐거운 시간을 보내고 왔죠. 귀국 후에도 편지는 계속 주고받았어요. 그로부터 10년쯤 지나, 저는 금정초등학교 동창생들과의 상의를 거쳐 선생님을 금정마을로 초대하기로 하고 초청장을 보냈습니다. 하지만 안타깝게도 선생님께서 두 달 전에 돌아가셨다는 소식을 듣게 되고 말았습니다. 좀 더 빨리 초청했으면 좋았을 거라는 후회와 슬픔이

밀려왔습니다.

제가 다닌 초등학교는 시골학교였기 때문에 한국어 수업이 없었어요. 말은 오직 일본어만 배우고 사용할 수 있었죠. 그래서 한국어는 각자 자기 집에서 배울 수밖에 없었습니다. 이것은 다른 일반적인 한국인 학교도 마찬가지였어요. 자기 민족 고유의 말과 글을 빼앗긴다는 건 정말 견디기 힘든 일이에요. 다만 일본어를 배웠던 것이 저에게는 학문적 소양을 쌓는 데 큰 도움이 되었습니다.

Q. 일본의 식민지 정책 중 하나로써 한국과 대만에서 일본식 이름으로 바꾸기를 강요하는 '창씨개명(創氏改名)' 제도를 실시했는데, 당신의 집에서는 어땠나요?

A. 저희 집에서는 한국 이름을 일본식으로 바꾸는 일로 매우 충격적인 사건이 있었어요. 그 일은 아직까지도 선명하게 기억하고 있어요. 당시는 제가 어렸기 때문에 '황민화(皇民化) 운동'이나 '창씨개명'에 대해 전혀 몰랐습니다. 다만 초등학교 1학년 때 일본식 이름으로 바꾸라는 공고가 나고 압박이 있자 할아버지가 몇 번이나 "이것만은 봐주세요."라며 끈질기게 거부했던 사실은 알고 있었어요.

초등학교 3학년이었던 1943년 말의 어느 추운 날, 오후에 학교에서 돌아오니 낯선 사람들이 할아버지를 둘러싸고 있었어요. 그들은 할아버지와 뭔가 이야기를 주고받고 있었는데 아마도 일본식 이름으로 바꾸라고 할아버지를 설득하는 중인 것 같았어요. 김씨 일가가 이름을 안 바꾸니까 근처 마을 사람들도 대부분 창씨개명에 응하고 있지 않다며 집요하게 회유하고 있었죠. 우리 반에는 일본 이름으로 바꾼 아이가 꽤 많았어요. 바꾸지 않은 아이도 몇 명 있었지만 교장 선생님은 그 아이들을 괴롭히거나 압력을 가하지 않았어요. 그 당시에는 당국과 할아버지가 도대체 왜 그렇게 우리 김씨 집안의 개명에 대해 집착하는지 이해할 수 없었어요.

갑자기 두 명의 순경이 일어나더니 늙은 할아버지를 뒤에서 잡고 꼼짝 못 하게 했어요. 그런 다음 할아버지의 상투를 잡고 재단 가위로 싹둑 잘랐습니다. 너무 놀랐어요. 잠시 망연자실해 하던 할아버지는 순식간에 책상 위에 놓인 한 자 남짓한 담뱃대를 집어 들고 조금 전에 상투를 자른 일본인 순경 머리에 일격을 가했어요. 운 나쁘게도 담뱃대의 담배통 모서리가 미간에 맞아 피가 줄줄 나왔죠. 그 즉시 할아버지는 폭력과 상해를 저지른 현행범으로 체포·연행되고 말았습니다. 겨우 조사를 마쳤고 나가도 좋다는 허락이 떨어지자 아버지가 큰 수레 끌고 가서 할아버지를 집에 모셔왔습니다. 할아버지의 다리는 버선도 못 벗을 정도로 전체가 크게 부어올라 있었어요. 할 수 없이 아버지가 버선을 가위로 질라야 했죠. 그 모습을 보고 단번에 얼마나 심한 폭행이 있었는지 짐작할 수 있었어요. 지금도 당시의 그 장면이 눈에 선합니다. 그날 할아버지는 아무 말 없이 혼자 방으로 들어갔고 소리 죽여 흐느껴 우는 소리가 문틈으로 새어나왔습니다. 어린 마음에도 할아버지의 분함과 원통함이 절절하게 느껴졌기 때문에 그때가 좀처럼 잊히지 않아요.

Q. 결국 김씨 일가의 창씨개명은 어떻게 되었나요?

A. 앞서 말씀드린 사건이 있고나서 얼마 지나지 않아 당국의 강요에 굴복한 형태로 면사무소에 일본식 이름을 신고했어요. '김(金)'이었던 성(姓)을 일본식에 따라 '일김(一金)'이라는 두 글자로 바꿨습니다. 할아버지에게는 김해 김씨 종가(宗家)로서의 자부심이 컸기 때문이겠죠. 하지만 받아들여지지 않았어요. '일김(一金)'은 '1번'으로 착각할 수 있어서 안 되고, 또 '일금(一金)×××엔정(円整)'이라는 영수증을 연상시켜서 안 된다는 등 온갖 이유 같지 않은 이유를 붙여서 반려시켰습니다. 어쩔 수 없이 '삼김(三金)'으로 해서 겨우 수리되었죠. 결국 저는 광복이 될 때까지 2년 정도를 '미카네 해곤(三金 海坤)'이라는 이름으로 살아야 했어요. 먼 옛날이야기네요.

Q. 당시 할아버님의 생각은 어떠셨나요?

A. 제가 성인이 되고나서 알게 된 일이지만 할아버지가 상투를 잘리고 격분한 데에는 그럴 만한 이유가 있었습니다. 19세

기, 이씨 조선에 의해 단발령(斷髮令)이 내려졌을 때 조선 관민(官民)의 반응은 차가웠어요. 다들 머리카락을 자르지 않고 기르는 것이 부모에 대한 효(孝)의 구현(具現)이라고 생각하며 살아 왔기 때문이죠. 조선인의 고유 머리 모양인 상투는 성인 남성의 표시이자 신분의 상징으로서 천 년 동안이나 소중히 여겨져 왔어요. 그런 상투를 폭력적으로 잘린 순간, 할아버지는 자존심뿐만 아니라 '부모님이 물려주신 머리카락도 생명'이라는 유교적 관념마저 짓밟힌 듯했을 겁니다. 그 굴욕감과 패배감은 상상을 초월한 것이었겠죠.

창씨개명을 강요하려 했던 기도(企圖)는 다양했습니다. 한국인은 자신의 이름을 자랑스럽게 생각해요. 특히 성(姓)은 조상의 출신과 일족(一族)의 계보(系譜)를 나타내기 때문에 더욱 소중히 여겨 왔죠. 그런 성(姓)을 버리는 것은 조상의 뼈를 내다 파는 일처럼 참기 힘든 모욕이었을 겁니다.

할아버지는 상투가 잘린 사건을 계기로 본의 아니게 일본식 성(姓)을 당국에 신고하게 되었죠. 하지만 실질적으로는 '김(金)'이라는 옛 성(姓)을 계속 사용하면서 저항의 의지를 나타냈습니다.

## 질의응답을 마치며

김해곤은 뼈대 있는 양반 가문에서 태어나 할아버지의 훌륭한 가르침을 받으며 자란 교양인이었다. 또한 한국 방적업계 발전과 경제 성장에 기여한 경제인이자 과학자이기도 했다. 하지만 그의 반평생은 평탄하지 않았다.

그는 일제 강점하에서 유소년기를 보내며 창씨개명과 황민화 운동 등에 의해 강제와 차별을 받는다. 광복 후 얼마 지나지 않아 한국 전쟁이 발발하고 전쟁의 혼란 속에서 노쇠한 할아버지가 사망한다. 그런데 할아버지의 3년 상(喪)이 채 끝나기도 전에 아버지마저 갑자기 사망하면서 3남 4녀의 장남이었던 그가 집안의 가장이 된다. 어린 그가 짊어지기에는 가장의 무게가 너무 무거웠을 것이다.

"어머니가 건재하셨고 주위 분들이 많이 도와주셨어요."라며 큰일 아니라는 듯이 말하는 그의 모습이 더욱 인상적이었다.

한일 병합 100년을 맞아 당시 일본 총리(간 나오토(菅 直人))는 "36년간의 식민지 지배를 진심으로 사죄한다."고 말했다. 한편 식민지 통치의 책임 문제는 아직 풀리지 않은 채 그대로 역사 속에 봉인되어 있다. 대다수 일본인들은 식민지에 대한 책임을 잊고 살아간다. 몸서리쳐질 만큼 어두운 과거라도 똑바로 바라보고 미래의 교훈으로 삼는 것이 중요하다. 유감스럽게도 여전히 북한과 일본은 물론이고 한국과 일본 역시 서로에 대한 감정이 좋지 않다. 이 글을 계기로 사람과 사람이 조금 더 깊이 상대를 이해하는 마음을 갖게 되기 바란다.

## -김해곤이라는 사람 기사를 읽은 소감-

### ◈ 요자와 히데고로(與沢 英五郎)의 중학교 친구의 편지

요자와 히데고로(與沢 英五郎) 님께

안녕하세요?

한때는 더위가 너무 길어져서 큰일이다 싶어 걱정도 했지만, 11월 하순이 되자 나무들이 한순간에 가을 옷으로 갈아입었습니다. 요시노(吉野)에서 아스카(飛鳥)에 이르는 연선(沿線)을 따라 마을 산의 각종 나무가 만들어내는 단풍이 상록수와 어우러져서 정말 아름답습니다. 특히 맑은 날 새벽에 서광을 받고 있는 모습을 보면 그야말로 산이 화장한 듯한 느낌이 듭니다.(화가에게도 다양한 나무(자연)는 고마운 존재입니다.)

귀형(貴兄)으로부터 진심 어린 편지와 함께 훌륭하고 중후한 내용의 원고를 받은 지도 벌써 보름이 지났습니다. 그동안 북한에 의한 연평도 포격 사건이 일어났습니다. 고조되는 긴장감을 어떻게 받아들여야 할지 몰라서 관심을 갖고 상황을 지켜볼 수밖에 없었습니다.

초청해 준 27일(토)은 한 달에 한 번 다카다(高田)시에 가서 주치의에게 건강검진을 받는 날이었습니다. 그날 오사카(大阪) 클럽에서 귀형이 하는 이야기를 듣지 못해 안타깝기도 하고 미안하기도 합니다.

그리고 동기들에 대한 정보는 귀형이 알려 준 3명 외에 이하라 쥬키치(井原 淳吉)가 7월 7일에 타계(他界)했다는 편지와 엽서를 그의 부인으로부터 받았습니다. 최근 몇 번 그가 부인과 함께 저의 개인전을 보러 온 적이 있습니다. 부인이 열심히 그림을 보는 동안 그는 말없이 앉아 있곤 했지요. 정말 슬픕니다.(6개월 정도 요양을 했다고 합니다.)

<김해곤이라는 사람 - 일제 강점하의 조선>을 잘 읽었습니다. 글 전체에서 귀형의 김해곤에 대한 깊은 이해, 이웃 나라 한국의 역사·문화·민족에 대한 탐구의 깊이와 열정, 김해곤과의 끈끈한 우정, 그리고 유서 있는 가문 출신의 김해곤이 말하는 역사적 사실과 체험의 무게 등이 절절히 느껴졌습니다. 읽으면 읽을수록 진한 감동과 짙은 여운이 더해져만 가더군요.

이처럼 국가와 민족을 뛰어넘는 상호 이해와 우정이 어떻게 생겨날 수 있었을까요? 사우회(社友會) 회보(會報)에 수록할 글을 쓴 것이 계기가 되었다고는 해도, 첫 만남 때부터 그에게 베풀었던 귀형의 친절과 협력, 김해곤 씨의 훌륭한 인품, 두 사람 사이에 형성된 공감대 등이 모두 어우러졌기에 가능한 일이 아니었을까요?

그 후로도 한국 지도와 세계사 도표 등을 옆에 놓고 귀형의 글을 반복해서 읽고 있습니다. (물론 귀형처럼 학문적 깊이를 더해가지는 못하지만 말입니다.) 지금은 한 편의 드라마나 다큐멘터리를 보고 있는 것처럼 머릿속에 이미지가 떠오를 정도가 되었습니다.(실제로 이것은 NHK 같은 곳에서 TV 드라마로 만들어도 될 만한 내용이라고 생각합니다. 아시아를 비롯해 세계 각지에서 긴장·마찰·상호 불신이 고조되는 지금, 국제 이해와 협력의 본보기로서 다큐멘터리로 만들어도 좋고요.)

김해곤 씨가 체험했던 일본인 초등학교 상황과 후루카와 지쓰조(古川 実蔵) 교장 선생님의 존재, 어린 그에게 한문을 가르치고 양반 가문과 조선 민족으로서의 자질과 긍지를 체득(體得)시킨 할아버지의 존재, 그런 할아버지가 그의 눈앞에서 창씨개명에 저항하다 일본 순경에게 탄압받고 상투가 잘린 채 투옥된 사실, 일제 강점하에서 겪은 수많은 강제와 차별, 그리고 드디어 맞이한 광복 후에도 계속된 갖가지 고생…….

그렇게 힘든 체험을 하고도 김해곤 씨가 큰일 아니라는 듯이 말한 것은 아마 듣는 사람이 신뢰하는 귀형이었고, 또한 마음속에 옛 은사인 후루카와(古川) 선생님이 계셨기 때문이겠죠.

이성적이고 훌륭한 인품의 김해곤 씨가 조국의 남북 분단 상황을 어떻게 생각하고 계신지 알고 싶네요.

귀형이 글 말미에 쓴 일곱 줄, 특히 '사람과 사람이 조금 더 깊이 상대를 이해하는 마음'은 귀형과 김해곤 씨 사이에서 실제로 존재하는 것인 만큼 더욱 묵직하게 다가옵니다.

이해와 학습이 부족해서 감동을 잘 정리하고 전달하는 데 미진함이 있습니다. 부디 너그럽게 봐주세요.

많은 가르침을 준 귀형에게 새삼 감사 인사 올립니다.

집회와 18회째를 맞는 기타노(北野)고등학교 축제 등이 있어서 정신없이 지나갔습니다. 그림 동호회 회원들(대부분 주부)은 그림도 잘 그리고 발표도 잘하는데 회장(會場) 설치 일까지 잘해 주었답니다.

가족과 친척 등 주변 사람들 때문에 어려움을 겪는 회원도 있지만 '그림공부 모임이 오아시스'라며 시간 날 때마다 참가하고 있습니다. 넌지시 사적인 연락을 하거나 힘든 사정과 걱정거리를 들어 주거나 몰래 자동차를 준비해 주는 회원도 있습니다.

다음 주에는 요시노(吉野) 강가에 있는 센고쿠소(千石莊)에서 망년회를 합니다.

귀형도 몸 건강히 잘 지내세요.

감사 인사도 늦고 내용과 글씨 모두 엉망이라 죄송합니다. 그래도 존경과 감사를 담아 보내니 부디 이해해 주세요.

그럼, 안녕히 계세요.

12월 1일

오키타 코와(沖田 幸和) 드림

사우회(社友會) 회보(會報)에 기고한 것이었습니다. 일제 강점하의 조선을 배경으로 김해곤(金海坤) 씨의 반평생을 적은 글로 40여 년에 걸친 한 한국인과의 교류에서 기인되었습니다. 그 당시 조선인이 느꼈던 깊고도 무거운 심적 고통 및 슬픔을 알릴 의도였습니다. 하지만 '과연 정확히 표현하고 제대로 전달한 게 맞나?' 싶어서 지금도 내심 부끄러운 마음이 듭니다.

추후 김해곤 씨를 비롯한 많은 지인들에게 안부도 묻고 소식도 전할 겸해서 여름 안부 인사장(暑中見舞い)과 함께 회보에 실렸던 저의 글을 동봉해 보냈습니다. 저 또한 지금까지 여러 사람에게 자서전, 문집, 구집(句集) 등을 받아 왔습니다. 애써 보내줘서 반가운 반면에 왠지 성가신 기분이 드는 것도 사실입니다. 게다가 도저히 독선이라고밖에 생각할 수 없는 내용을 읽고 흥미를 잃은 적도 있습니다. 그래서 이번에는 저의 글을 억지로 읽게 하거나 감상평을 들으려고 하지 않았습니다. 하지만 많은 분들이 다양한 촌평(寸評)을 보내 주셨고 의외로 반응이 호의적이어서 솔직히 기뻤습니다.

김해곤 씨는 편지로 '귀형이 저의 반평생을 있는 그대로 잘 묘사해 주셔서 솔직히 놀랐습니다. 전혀 예상 못한 일이었습니다. 정말 감사합니다. 저도 일본어를 할 줄 아는 여러 지인들에게 귀형의 글을 보냈는데 평이 아주 좋았습니다.'라는 감사 인사를 전해 왔습니다.

아래에 저의 글에 대한 몇몇 분의 감상을 남기겠습니다. 비록 일부에 지나지 않지만 일본인의 생각도 알아 주셨으면 합니다. 각자의 촌평 말미에 이름, 주소, 직업, 저와의 관계를 순서대로 적었습니다. 경칭(敬稱)은 생략하니 이해해 주세요.

**※ 요자와 히데고로(與沢 英五郎) 2011년 10월 7일**

———— ◇ ———— ◇ ———— ◇ ————

◈ 귀형의 친구인 김해곤 씨는 사업가이자 교육자라는 일본에서는 드문 유형의 거물이네요. 한국인답게 우직한데다가 40년 전에 신세 졌던 귀형을 잊지 않고 한국에 초대할 만큼 인품도 좋은 사람 같습니다. 한국이 유교 사회이기 때문일까요? 저도 5~8세까지 가족과 함께 한국에서 산 적이 있습니다. 아버지가 대학에서 전라북도 군산항에 있는 도립 군산병원의 주임 의사로 파견되었기 때문이죠. 인구가 7~8천 명 정도인 쌀 수출항이었습니다. 조선인과 일본인은 사는 곳이 정확히 분리되어 있었어요. 일본인이 지역의 중심부를 점거하고 장사도 독점했죠. 지금 생각하면 무력에 의한 일이지 않았을까 싶어요. 일본인은 메이지 유신(明治維新) 이후에도 무사도(武士道)를 들여와서 무력으로 한국과 중국을 구미(歐美) 열강처럼 지배했던 것 같습니다. 앞으로 일본 진로에 어떤 영향이 있을지 걱정입니다. 센카쿠(尖閣) 사건만 봐도 역사적으로 문제의 뿌리가 깊다고 생각합니다.

**※ 우다 히로쓰구(宇多 弘次) : 오사카(大阪)부 도요나카(豊中)시, 전직 의사, 중학교 동창**

◈ <김해곤이라는 사람 - 일제 강점하의 조선>에 대해

글 전체에서 귀형의 김해곤에 대한 깊은 이해, 이웃 나라 한국의 역사·문화·민족에 대한 탐구의 깊이와 열정, 김해곤과의 끈끈한 우정, 그리고 유서 있는 가문 출신의 김해곤이 말하는 역사적 사실과 체험의 무게 등이 절절히 느껴졌습니다. 읽으면 읽을수록 진한 감동과 짙은 여운이 더해져만 가더군요. 이처럼 국가와 민족을 뛰어넘는 상호 이해와 우정이 어떻게 생겨날 수 있었을까요? 사우회(社友會) 회보(會報)에 실을 글을 쓴 것이 계기가 되었다고는 해도, 첫 만남 때부터 그에게 베풀었던 귀형의 친절과 협력, 김해곤 씨의 훌륭한 인품, 두 사람 사이에 형성된 공감대 등이 모두 어우러졌기에 가능한 일이 아니었을까요?

그 후로도 한국 지도와 세계사 도표 등을 옆에 놓고 귀형의 글을 반복해서 읽고 있습니다. (물론 귀형처럼 학문적 깊이를 더해가지는 못하지만 말입니다.) 지금은 한 편의 드라마나 다큐멘터리를 보고 있는 것처럼 머릿속에 이미지가 떠오를 정도가 되었습니다. (실제로 이것은 NHK 같은 곳에서 TV 드라마로 만들어도 될 만한 내용이라고 생각합니다. 아시아를 비롯해 세계 각지에서 긴장·마찰·상호 불신이 고조되는 지금, 국제 이해와 협력의 본보기로서 다큐멘터리로 만들어도 좋고요.)

김해곤 씨가 체험했던 일본인 초등학교 상황과 후루카와 지쓰조(古川 実蔵) 교장 선생님의 존재, 어린 그에게 한문을 가르치고 양반 가문과 조선 민족으로서의 자질과 긍지를 체득시킨

할아버지의 존재, 그런 할아버지가 그의 눈앞에서 창씨개명에 저항하다 일본 순경에게 탄압받고 상투가 잘린 채 투옥된 사실, 일제 강점하에서 겪은 수많은 강제와 차별, 그리고 드디어 맞이한 광복 후에도 계속된 갖가지 고생……. 그렇게 힘든 체험을 하고도 김해곤 씨가 큰일 아니라는 듯이 말한 것은 아마 듣는 사람이 신뢰하는 귀형이었고, 또한 마음속에 옛 은사인 후루카와(古川) 선생님이 계셨기 때문이겠죠.

이성적이고 훌륭한 인품의 김해곤 씨가 조국의 남북 분단 상황을 어떻게 생각하고 계신지 알고 싶네요. 귀형이 글 말미에 쓴 일곱 줄, 특히 '사람과 사람이 조금 더 깊이 상대를 이해하는 마음'은 귀형과 김해곤 씨 사이에서 실제로 존재하는 것인 만큼 더욱 묵직하게 다가옵니다.

이해와 학습이 부족해서 감동을 잘 정리하고 전달하는 데 미진함이 있습니다. 부디 너그럽게 봐주세요. 많은 가르침을 준 귀형에게 새삼 감사 인사 올립니다.

**※ 오키타 코와(沖田 幸和) : 나라(奈良)현 요시노(吉野)군, 화가, 중학교 동창**

◈ 사우회 회보에 투고한 기사를 보았습니다. 상당한 역작이어서 감명을 받았습니다. 좋은 기사를 제공해 주셔서 감사합니다. 어렸을 때 조선인과 함께 학원에서 공부도 하고 선생님이 사 주신 전골 요리도 먹었던 기억이 있습니다. 태평양 전쟁이

끝날 무렵에는 조선에서 데려온 청년과 같이 ㈜다이킨의 사카이(堺) 공장에서 일하며 똑같은 도시락을 먹었던 적도 있고요. 차별은 어른들의 생각이었을 뿐, 우리는 사이좋게 음식을 나눠 먹으면서 아무 맺힌 감정 없이 즐겁게 지냈습니다. 태평양 전쟁이 끝난 후에 그 청년이 귀국한다는 소식을 듣고 아버지께 부탁해서 허버트 조지 웰스의 <세계 문화사 대계>(전5권)를 사 주었죠. 그 정도로 한국인들에게는 왠지 모를 친근감이 느껴집니다. 실은 1년쯤 전부터 한류 드라마, 특히 사극에 푹 빠져 있어요. 우연히 본 <대장금>이 발단이 되었죠. 그 후에 <주몽>, <대왕세종> 등을 거쳐 현재는 <이산>을 보고 있습니다. 한국 역사를 한꺼번에 몰아서 읽어 볼 생각이에요. 한국이 국책(國策)으로 영화 산업에 힘 쏟은 것이 결과적으로 아시아, 특히 일본에서 인기를 얻게 된 이유 같습니다. 대본, 감독, 시대 고증, 배우 등 전반적으로 뛰어납니다. 가장 가까운 나라 한국은 물론이고 중국과도 사이좋게 지내야 할 텐데 여러 가지로 걱정입니다. 상대방의 입장에서 생각하는 일이 너무 없으니까요. 개인 간이든 국가 간이든 외교에는 성실함이 필요하겠죠. 역사 공부를 다시 시작해야겠습니다.

**※ 오와다 히로시(大和田 博司) : 효고(兵庫)현 아시야(芦屋)시, 전직 농협단체 임원, 중학교 동창**

◈ 보내 주신 '친구 김해곤 씨'에 대한 글을 찬찬히 읽어 보

았습니다. 귀형이 유서 깊은 가문의 우수한 한국 청년과 재회하거나 세월이 흘러 그가 훌륭한 인물이 되어 있는 모습이 감동스러웠습니다. 현대 한국의 섬유 산업이 방글라데시 등에서 세계를 선도하며 최고의 업적을 올리고 있는 근거를 알 수 있었습니다.

**※ 가사하라 미치오(笠原 道夫) : 오카야마(岡山)현 가사오카(笠岡)시, 불교용품점 경영, 대학교 동창**

◈ 김해곤 씨에 대한 글을 감탄하면서 읽었습니다. 늘 그랬듯이 군더더기 없는 정교한 문장이더군요. 잘 몰랐던 한국사의 일부를 알게 되어 좋았습니다. 은퇴 후 20년의 세월이 흐른 지금까지도 현역 시절에 업무상 사귄 친구와 끈끈한 우정을 이어오고 있다니 놀라지 않을 수 없었습니다.

**※ 고니시 마스타로(小西 益太郎) : 나라(奈良)시, 전직 ㈜구보타 사원, 중학교 동창**

◈ 9월 13일자 편지, 특히 <김해곤이라는 사람>을 경외하는 마음으로 즐겁게 읽었습니다. 무엇보다 귀형이 중국, 한국, 학교, 사내외의 교류뿐만 아니라 여러 동창들 소식까지 받고 있는 모습을 보고 무척 감탄했습니다. 중국을 넘어 한국에도 발자취를 남기고 있으니 경의를 표하지 않을 수 없네요.

귀형의 글을 통해 명문가 자제인 김해곤 씨의 인품을 엿볼 수 있었습니다. 일제 강점하라는 역경을 딛고 학문에 매진하여 방적과 과학 기술 발전에 공헌한 그는 실로 본받을 만한 인물이더군요. 후루카와 지쓰조(古川 実蔵) 선생님과 귀형에게 아직까지 감사하는 마음을 간직하고 있다니 놀라울 따름입니다. 창씨개명도 큰 충격이었겠죠? 저의 초등학교 동창 중에 김문환(金炆喚), 정병순(鄭柄瞬)이라는 조선인 친구 두 명도 저와 함께 이마미야(今宮)중학교 입학시험을 봤습니다. 김문환은 성을 '김(金)'에서 '가네모토(金本)'로 바꾸고 성적도 우수했지만 차별이 있었는지 불합격하고 말았습니다. 지금 생각해도 안타깝네요. 귀형이 말한 대로 '조금 더 깊이 상대를 이해하는 마음'을 가져야 할 것 같습니다.

**※ 가와노 야스히코(川野 恭彦) : 오사카(奈良)부 하비키노(羽曳野)시, 전직 ㈜구보타 사원, 중학교 동창**

◈ '김해곤 씨'의 기사를 흥미롭게 읽었습니다. 그런 친구가 있는 귀형이 많이 부럽네요. 일본경제신문 조간에 연재된 쓰지하라 노보루(辻原 登)의 소설에도 마침 조선 통신사와 조선 왕조 이야기가 나와서 재미있게 읽고 있습니다. 조선의 계급 제도는 일본보다 훨씬 더 엄격했더군요. 일본 에도(江戸) 시대는 사농공상의 계급 제도가 엄격했다고 일컬어지지만 실은 세계에서도 드물 만큼 자유로운 나라였지 않나 싶습니다.

**※ 고토 히로카즈(後藤 博一) : 오사카(大阪)부 이즈미(和泉)시, 전직 법원 직원, 중학교 동창**

◈ 심한 더위로 모두가 고생하던 올여름에 회보 원고를 정리하다니 대단하네요. 한국과 중국, 나라는 달라도 서로 마음을 나눌 수 있는 좋은 친구가 있는 것은 오로지 요자와(與沢) 씨의 인덕(人德) 덕분이겠죠. 일본과 얽힌 한국·중국의 안 좋은 뉴스를 들으면 거부감이 들기도 하지만 어느 나라든 나쁜 사람보다는 상식 있고 훌륭한 사람이 더 많다는 사실을 깨달았어요. 이번 한국 방문에서 옛 친구를 만나 무척 반가웠죠? 시간 가는 줄 모르고 종일 이야기꽃을 피웠나요? 저는 일본 통치 하에서 조선인들이 받은 고통에 대해 잘 알지 못해요. 그러나 켜켜이 쌓인 한(恨)을 승화시켜 훌륭하게 성공한 김해곤 씨가 정말 존경스러워요.

**※ 세키 타카코(関 多加子) : 오사카(大阪)시 스미요시(住吉)구, 주부, 초등학교 동창**

◈ 논문이라고 해도 손색이 없을 만한 <김해곤이라는 사람>을 잘 읽었습니다. 한국의 역사도 모른 채 한국인과 친분을 쌓아 온 제 자신이 부끄러웠어요. 동시에 아내가 푹 빠져 있는 한류 드라마·영화의 배경을 엿보는 듯한 느낌도 들었습니다.

**※ 쓰루오카 마코토(鶴岡 誠) : 오사카(大阪)부 돈다바야시(富田林)시, 무직, 중학교 동창**

◈ <김해곤이라는 사람>을 읽은 감상을 남깁니다. 일본 제국

자본주의가 생산 확대에 따른 상품 판매처로서 한국을 병합하고 식민지화했습니다. 그로 인해 수많은 한국인들이 고통 받았다는 것을 저도 김달수의 <조선>을 읽고 겨우 알게 되었습니다. 거의 동시대에 살았던 김해곤 씨가 얼마나 고생했을지는 짐작하고도 남습니다.

어떤 일에서든 전진을 멈추지 않으려는 귀형의 자세에 절로 고개가 숙여집니다. 본받아야겠다는 마음은 간절하지만 실천하기가 좀처럼 쉽지 않네요.

**※ 도쿠다 카즈나리(徳田 一成) : 나고야(名古屋)시, 포목상, 대학교 동창**

◈ <김해곤이라는 사람>을 매우 흥미 있게 읽었습니다. 귀형의 박식함과 높은 학구열, 좋은 교우 관계에 탄복했습니다. 분단된 국가·민족이 한쪽은 세계(특히, 정보 통신 세계)를 선도하는 발전 국가가 되고 한쪽은 세계를 위협하는 위험 국가가 되었네요.

**※ 나카즈미 히카루(中角 光) : 교토(名古屋)부 무코(向日)시,전직 ㈜NTT, 중학교 동창**

◈ 김해곤 씨에 대한 보고서, 아니 보고서라기보다는 책처럼 감탄하며 읽었어요. 업무상 인연으로 교류가 시작되고 41년 만에 한국에서 재회가 이루어졌으니 기쁨도 한층 더하셨겠죠? 이

글은 김해곤 씨의 조상에 관한 역사와 일본 통치하에서의 슬픈 체험·마음의 상처 등 생생하고도 다양한 증언을 당사자에게 직접 듣고 적었기 때문에 정말로 귀중한 재산이 될 거예요. 저도 15년 전에 뉴질랜드로 어학연수를 갔다가 한국 여학생과 친해져서 이웃 나라 한국에 관심을 갖게 되었어요. 아주 사이좋게 지냈는데 평소 마음에 걸렸던 한 가지, 즉 "한국(인)은 일본(인)을 원망하지 않아?"라는 질문을 한 적이 있었어요. 저처럼 전쟁을 모르는 세대였던 그녀가 "옛날 일이니까 이제 신경 안 써." 라고 말해서 안심했던 기억이 나요. 물론, 직접 경험해 보지 않아서 그렇게 말할 수 있다고 하는 사람도 있겠죠. 당시에 누군가와 교제할 때는 역시 서로의 실제 배경을 알고 나서 시작하는 것이 중요하다고 느꼈어요.

오사카(大阪)외국어대학 재학 시절에 수업에서 <가깝고도 먼 나라, 조선>이라는 교재로 한글과 한일 관계에 대해 조금 배우기는 했어요. 하지만 실제 체험담을 읽고 전쟁, 점령, 언어 말살, 창씨개명 등 책과 영화에서나 나올 법한 일이 실제로 가까이서 일어났었다는 것을 실감했죠. 요자와(與沢) 씨, 이렇게 귀한 글을 보내 주셔서 감사해요.

편지를 받았을 때가 마침 남편과 함께 3박 4일 일정으로 서울에 놀러가기 직전이었기 때문에 놀랐어요. 9월 22~25일까지 즐거운 여행을 하고 돌아왔죠. 저 같은 경우에는 예전에 비행기 환승 대기 시간(반나절 정도)을 이용해서 앞서 말한 한국인 친구를 만나러 서울에 갔던 적이 있었어요. 하지만 남편은 한국 여행이 처음이었죠. 저도 거의 첫 방문에 가까웠기 때문에 한국어도 전혀 못해서 영어권 나라보다 더 긴장했어요. 둘 다 패키지여행을 싫어해서 제가 계획도 짜고 가이드 역할도 했는데 가게에서는 대부분 일본어가 통해서 좋았어요. 추석이라는 한국의 명절 연휴 기간이어서 서울에는 사람이 적을 거라고 생각했는데 많은 사람들로 거리가 북적였어요. 다음에는 한적한 시골에 가 보고 싶네요. 남편과도 했던 말이지만 한국 사람들에게서는 아주 강한 힘이 느껴져요. 일본의 젊은이들이 그 힘에 눌린 것 같고요. 일본의 문화, 음악, 애니메이션, 패션 등이 개방되고 새로운 세대 간 교류도 이루어지겠죠. 서로에게 긍정적 영향을 주고받는 좋은 라이벌이 되었으면 하는 바람이에요. 한류 붐이 일어난 지도 시간이 꽤 흘러서 DVD 대여점에는 다양한 한국 드라마로 꽉 차 있어요. 사극에도 관심이 많으니까 찾아서 봐야겠네요.

한편 중국에서는 센카쿠 제도(尖閣諸島) 문제로 반일(反日) 데모가 계속되고 있어요. 친일(親日)이라고 일컬어지는 대만까지도 말이죠. 점점 악화하는 한·중·일 이미지 조사 결과를 보고 놀랐어요. 중국에서는 중국 인민의 불만이 정부로 향하지 않도록 필사적인 면도 있는 것 같은데 어떻게 생각하세요? 기회가 있으면 답변을 꼭 듣고 싶네요. 글이 길어져서 죄송해요.

**※ 노부오카 미호(信岡 美穂) : 아이치(愛知)현 나가쿠테(長久手)**

**시, 주부, 오사카(大阪)외국어대학교 젊은 동창**

◈ 귀형이 70세가 넘는 나이에도 외국어대학에 입학해 중국어뿐만 아니라 한국어와 한국 역사 등도 공부했다는 말을 듣고 감탄하지 않을 수 없었습니다. 웬만큼 공부해서는 그 정도로 높은 수준의 기고문은 쓸 수 없었겠죠. 조선인들이 일제 강점하에서 느꼈던 거짓 없는 대일(對日) 감정은 일본인이라면 누구나 알아야 할 과제인데 그 일부를 엿볼 수 있었습니다.

요즘 저는 <대장금>을 본 이후로 한국 드라마에 푹 빠져서 매주 TV로 <용의 눈물>과 <이산> 등 조선 시대 드라마를 보고 있습니다. 귀형의 글을 읽고 드라마에 나오는 '양반'이라는 말의 의미와 조선의 성(姓)이나 족보 등에 대해서도 이해하게 되었습니다. 최근의 한국 드라마를 보면 일본 영화보다 더 재미있고 배우도 일본 배우보다 훨씬 아름답고 이지적인 것 같습니다. 귀형은 한국 드라마를 보시나요?

※ **하야세 사부로(早瀬 三郎) : 효고(兵庫)현 고베(神戸)시, 무직(90세), ㈜니치멘 시절 상사**

◈ 보내 주신 <김해곤이라는 사람>을 받자마자 읽었습니다. 김해곤 씨는 한국의 명문가 출신이어서 더 일본으로 연수 받으러 오기가 쉽지 않았을 것 같아요. 온화하고 착실한 성품의 학자이자 한국 방적업계 발전에 힘쓴 사업가, 그런 훌륭한 사람을

귀형이 도왔군요.

식민지 시대에 행해진 창씨개명이 조선인들을 괴롭혔고, 할아버지가 상투를 잘리며 곤욕을 치른 일도 조선인으로서는 잊을 수 없는 아픔이라는 사실을 알게 되었습니다. 그래도 초등학교 시절 후루카와(古川) 선생님에 대한 은혜는 늘 잊지 않으시더군요. 나쁜 기억만 있는 건 아니어서 저희가 구제받은 기분입니다. 조선은 일본에게 문화를 전승했고 일본 천황가(天皇家)에는 먼 옛날 백제 왕가의 피가 흐르고 있습니다. 일본 문화의 선배에게 황민화를 강요하는 등 일본은 권익 추구를 서두르다 눈이 멀고 말았겠죠. 한일 병합 100년을 계기로 궁내청(宮内庁)에서 보관하던 조선 시대 고문서(古文書)를 한국에 반환할 것처럼 하더니, TV에서는 아베 신조(安部晋三) 전(前) 총리가 "고문서 반환은 오히려 화근을 남긴다. 나중에 틀림없이 여러 요구를 해올 것이다."라고 말하더군요. 총리까지 했던 사람이 지금이 어느 시대인데 아직도 상대를 얕보는 듯한 말을 할까요? 그걸 방송으로 내보내는 TV는 또 어떻고요? 정말 무례한 것 같습니다. 일본은 아직 갈 길이 머네요.

**※ 후쿠하라 쇼지(福原 昭二) : 요코하마(横浜)시, 무직(84세), ㈜니치멘 시절 사원**

◈ 저는 한국 인천에서 태어나 태평양 전쟁이 끝난 후 일본으로 돌아왔기 때문에 귀형이 쓴 한국인 이야기를 그리운 마음

으로 더 흥미 있게 읽을 수 있었습니다. 다시 만났을 때 함께 이 이야기를 나누고 싶네요.

※ **하쓰타 사다오(初田 禎夫) : 오사카(大阪)부 이바라키(茨木)시, 무직, ㈜니치멘 시절 동료**

◈ <김해곤이라는 사람>을 매우 흥미롭게 읽었습니다. 성(姓)에 대한 조선인의 생각, 양반이라는 지식 계급의 높은 교양 수준, 일본 점령하에서 느낀 조선인의 감정을 일부나마 알 수 있었어요. 역사 교과서에는 이런 내용의 에피소드가 좀처럼 나오지 않는데 이 글은 실제 있었던 과거 기록이라서 더욱 마음에 남았죠.

최근에 한국을 다룬 드라마나 TV 정보 방송이 많았기 때문에 한국이 물리적·정신적으로 가까운 나라처럼 느껴졌습니다. 그런데 한국인의 마음속에 그토록 지워지지 않는 일본 점령하의 상처가 있었을 줄은 몰랐네요. 그 사실을 절대 잊어서는 안 될 것 같아요. 요자와(與沢) 씨의 글을 읽고, 진정으로 한국에 대해 알고 싶다면 한국의 역사를 알고 한국인의 일본에 대한 생각을 알아야 한다고 생각했어요. 한일 병합 100년째가 되는 해에 한국에 대한 견해가 바뀐 것은 저에게 매우 뜻깊은 일이었어요.

※ **야시로 미유키(八城 美由紀) : 오사카(大阪)부 야오(八尾)시, 지방 공무원, 오사카(大阪)외국어대학교 젊은 동창**

(일본 ㈜니치멘 오사카(大阪) 사우회(社友会) 회보(会報) 제7호(2010년) 및 제8호(2011년)에 수록된 요자와 히데고로(與沢英五郎)의 글을 문학박사 손진희가 번역함)

# 김해곤

## 1. 학력

1947. 4 ~ 1950. 2　광주서중학교

1950. 3 ~ 1954. 2　광주고등학교

1954. 3 ~ 1959. 8　전남대학교 공과대학 섬유공학과 학사

1961. 3 ~ 1963. 2　전남대학교 대학원 섬유공학과 석사

1969. 3 ~ 1971. 2　전남대학교 경영대학원 경영학석사

1981. 3 ~ 1984. 8　숭실대학교 대학원 섬유공학전공 박사

### 연수

1966.12~ 1967. 12　日本 帝人가공기술 연구소 및 東洋紡績(株)에서 섬유기술연수

2000.5.8~2000.6.23　기업 회생을 위한 전문 경영인 스쿨(전국경제인 연합회부설 국제경영연구원 주관)수료

## 2. 주요전문경력

1960.02 ~ 1961.01　국립공업연구소　연구원

1960.04 ~ 1973.09　일신방직㈜　방적, 직포과장 및 차장

1973.09 ~ 1975.11　충남방직(주) 생산부장, 기획관리실장

1975.11.14.　충남방적(주) 기술담당 이사 취임

1990.12 ~ 1993.02　(주)태전방적 대표이사 사장

1993.03 ~ 1998.01 충남방적㈜ 부사장

1995.09 ~ 1997.08 충남대학교 섬유공학과 겸임교수

1996.11 ~ 1998.01 충방Engineering㈜ 대표이사 사장

1998.02 ~ 1999.08 청운대학교 교수(섬유패션공학과)

1999.06 ~ 2003.03 주식회사 갑을(甲乙)부사장 및 이집트 프로젝트 담당사장

2004.04 ~ 2016.12 한국과학기술정보연구원 전문연구위원

2013.04 ~ 2016.12 한국섬유기술사회 회장

2001.12 ~ 현재 아시아아프리카섬유컨설팅 대표

2014.09 ~ 현재 한국섬유패션협동조합 이사장

2012 ~ 현재 용봉리더스포럼 회장

## 3. 주요 업적

### A. 주요 업적

1997.04. ~1998.01 공업기반기술개발사업 총괄(충남방적㈜)

1983.7.4.~1985.7.3 한국섬유산업기술개발 전문위원

1984.5.7~1989.10.31 공업표준 심의위원

1985.7.1~1988.6.30 환경기술감리단 기술위원

1987.04 ~1991.03 ISO TC 전문위원회 위원

1994. 5. ~1998.12 공업기반기술 기획평가위원(상공부)

1996.12 ~1999.12 한국섬유공학회 충청지부장

2007.01~ 2013.12 이달의 엔지니어상 심사위원

2015.05~ 2016.12 한국섬유기술사회 회장

2017 ~ 현재 한국섬유패션협동조합 이사장

## B. 자 격 및 면 허

1981.07.31 섬유기술사

1984.08.30 공학박사

1988.02.05 기술지도사

1971.04.20 세무사

1969.02.26. 경영진단사

1994.11.22. 한국과학기술한림원 정회원

## C. 수상경력

1982.11.11 품질관리 공로표창 수상 (상공부 장관)

1985.11.08 품질관리공로 철탑 산업훈장 수상 (대통령)

1987.04.21 제 20회 대한민국 과학기술상 수상 (대통령)

2009.01.08 전남대학교 서울동창회 자랑스러운 전남대인상

2015.06.02 제22회 삼우당 섬유패션 대상 창조경영 대상 공로상

2016.01.25 재경 광주고등학교 총동문회 자랑스런 광고인상

2019.06.28 대한민국 노벨사이언스상 과학기술대상

## D. 논문 및 저서

### 논문

* Hidden Roving Variation이 정방사에 미치는 영향 1962 전남대학교

* 한국 면방공장의 품질관리에 대한 고찰 1970 전남대학교

* 피복소재포의 구성과 압축특성에 관한연구 1984 숭실대학교

* 직포공장의 관리 중견기술자를위한 제직과관리 1986. 5.19

(KOTITI)

* 국제 경쟁력 재고를 위한 면방산업의 기술개발과 대책 섬유공학회추계세미나1986.10.24 (한국섬유공학회)

* 공조기운전과 보전관리 섬유기술자를 위한 공기조화기술 1986. 11.10(KOTITI)

* Air Jet Spinner(혁신방적)에 관한 고찰 "방 적"1989. 12월호 (대한방직협회)

* 방적기계기술의 최근동향 "기 술 사" 1992.Vol.25(한국기술사회)

* 면 Voile 지의 경사호부에 있어서Poly(acrylic acid-co-vinyl acetate)의 첨가효과(한국섬유공학회지 1995. Vol.32 No.8, p775)

* 면/양모 혼방직물의 color in white염색 한국섬유공학회지 1997. Vol.34 No.5, p27

* 한국 면방 산업의 경영과제 전략 기 술 사 1998.Vol.31 No.1 (한국기술사회)

* Ring 방적 기술은 언제까지 발전할 것인가? 기 술 사 1998. Vol.31 No.5(한국기술사회)

## 저 서

* 날실과 씨실로 엮은 반평생 연음사 2007.4.30

* 내가 만난 세상 한국인물연구원 2014.1.1.

* 전문가가 본 일본과학기술의 흐름 2024.5.25.

## E. 특 허

*이중구조 방적사의 제조방법 특허39428호 (91.1.29.)

1985.11.22.

*칡 섬유의 제조방법 및 이로부터 제조된 칡 섬유특허제10-2457937호 2022.10.19.

*칡 섬유의 제조방법, 이를 포함하는 칡 방적사의 제조방법 및 이로부터 제조된 직편물 특허제10-2475234호 2022.12.02.

## 4. 주요활동사항

A. 한국에서 초기에 P/C Spun yarn 을 개발 생산하고 이 P/C 혼방사를 이용한 직물을 독자적 기술로 제직 하는데 성공.

B. 충남방적㈜에서 방적설비 70000 추 직포 시설은 전무했었는데 방적시설 600,000추까지 증설하고 제직시설 5,500대,

염색가공시설 월간 1000 만 yds 를 생산하는 동양최대규모 공장을 건설하는데 기술이사로서 주역을 맡아 완벽하게 수행.

C. 충남방적 대전공장이 화재로 손실되기 전까지 품질관리 1등급 공장으로 평가받는데 총괄 책임자로서 임무를 수행.

D. 기술연구소장(과기처 등록) 직을 12년간 역임하면서 많은 신소재(예; Pinpoint-oxford 직물, 완전위장복직물, Down-proof 직물, 매란지 사, 멀티스러브 사,등)를 개발하여 영업 확장력을 뒷받침함.

E. 국내 최초로 위장복지를 연구 개발 생산하는데 성공하여 외화 절약 및 자주 국방에 공헌하여 대한민국과학기술상을 섬유업계 최초로 받았으며 지금까지 유일한 수상자임.

F. 산업자원부의 요청에 의하여 Egypt 대형 국영방적 회사인 AMRIA Spinning & Weaving Co.의 실태와 향후 개선책에 대한 조사단의 단장으로써 그 임무를 수행히고 한국

정부와 Egypt 정부에 그 회사의 정상화 대책과 합작기업의 타당성을 보고하였음.

G. ㈜태전방적(50.000추 공장)의 대표이사 사장으로서 법인 설립부터 공장건설, 시설도입 및 설치와 정상가동까지 전과정
의 업무를 수행하고 충남방적㈜의 화재로 인하여 이를 복구하기 위하여 다시 충남방적㈜으로 복귀.

H. 한국 과학 기술 정보연구원(KISTI) 전문연구위원으로 13년간 위촉받아 근무.

I. 현재 한국섬유패션협동조합 이사장으로서 칡 섬유 개발에 특허도 취득하고 산업화를 위한 연구 수행 중.

# 세상, 그 길을 걷다

2024년 7월 10일 초판 1쇄 발행

저자 김해곤

펴낸곳 도서출판 등대

표지사진 박철 作(영암 월출산과 큰바위얼굴)

德不孤必有隣 저자 좌우명

표지디자인 모비엘테크 양소희

출판등록 1997. 5. 12. 제1997-000004호

전화 032-346-6134, 이메일 mjsteahun@naver.com



ISBN 978-89-87839-49-3(03300)